戦略のための
シナリオ・プランニング
How to Win in Every Scenario by Romulo Werran Gayoso
勝ち残りの思考と意思決定

ロムロ・W・ガイオソ
奈良 潤 訳

フォレスト出版

日本語版への序文

　原著"How to Win in Every Scenario"の翻訳本を日本で出版する機会をいただけたことはこの上ない喜びであり、名誉なことである。日本という国は、長い歴史と素晴らしい伝統文化を有し、現在でも国際社会に大きな貢献をしている。日本人の大部分は勤勉で礼儀正しく、誠実な人が多いというのが私の率直な印象である。

　例えば2011年3月11日に、東日本大震災が発生した時のことだ。これは極めて深刻な震災で多数の死傷者を出し、損害の規模も大きいものであった。それでも人々は被災地で他人の物品を盗んだりすることもなく、秩序正しくお互いに助け合って危機を乗り越えようとしていた。その姿は、国際社会からも尊敬の眼差しで見守られていたのである。

　しかし今、日本人全体が学ばなくてはならないことは、問題が生じて被害を受けた後にただ耐えて解決策を考えることではない。むしろ、今後起こるであろう諸問題を事前に予期し、どのようにして自分たちを守るのかという現実的な戦略を考えることである。そのためにも、問題解決にすぐに役立つような戦略的思考および意思決定理論が必要となる。

　そこで今回、私が本書で皆様にお薦めしたい理論が、この「シナリオ・プランニング」である。この理論は、特に国家の政策立案者や企業の経営陣などが、さまざまな将来の起こりうる「筋書き」を思い描き、現実的な目標達成や問題解決の手段をいくつも編み出すために活用されている。理論の詳しい解説や活用方法についてはこの本をお読みいただきたいが、この理論がどれほど実践的かつ効果的であるかはすでに検証済みである。

　有名な事例として、ロイヤル・ダッチ・シェル社がシナリオ・プランニング

を初めて活用したことで、石油危機を乗り越えたばかりか、莫大な利益を上げることに成功したのである。私が長年にわたり勤務してきたインテル社でも、この理論を基礎に経営戦略が立案されてきた。さらに、私は『フォーチュン』誌が選ぶ優良企業のビジネス戦略を予測する仕事にも関わってきた。そのための思考の基盤となったのも、このシナリオ・プランニングなのである。

　この理論を分かりやすく解説するために、私は最近、世界規模で問題になっている事件を三つほど選び、それぞれに関してシナリオ・プランニングで実際に未来を予測してみた。
　それらは、「幹細胞研究の倫理上の問題」「再生可能エネルギー問題」「ウクライナ危機（国際紛争）」である。どれも昨年（2014年）、各国のメディアで連日取り上げられた事件であり、現在でも根本的な解決策は見出されていない。さらに重要なことは、これら三つの問題や事件は現在でも日本と日本人に直接関係しているものである。今こそ日本人もこの理論を学び、活用することで危機を脱却しなくてはならない時期に差し掛かっている。

　幹細胞研究については生命倫理上の側面から未来を予測している。これについて私は、「一人の命を救うために、将来がある胎児を犠牲にするのは許されるのか」というテーマを踏まえて論じている。しかし最近、それとは別の倫理上での問題についても検証する必要が出てきた。
　2014年末から日本で大問題となった、小保方晴子氏（元・理研研究員）による「STAP細胞事件」である。これは小保方氏の幹細胞の実験と論文に関する不正疑惑が持ち上がったのである。後に、この事件は共同研究者であった笹井芳樹氏が自殺するまでに発展した。今後も幹細胞の研究が継続されるにつれて、生命倫理だけでなく、研究技術上の倫理など、さまざまな倫理的問題が生じることになるだろう。国際社会は、日本人がこうした問題にどう対処するのか注目している。

　再生可能エネルギー問題については、経済的コスト、利便性、安全性、環境

保全の観点から未来を予測してみた。先に東日本大震災の事例を挙げたが、この地震から福島第一原子力発電所事故が発生した。放射性物質が東日本列島一帯、太平洋海水にまで流出したのである。国際原子力事象評価尺度（INES）によれば、最悪のレベル7ほどの規模と判定されている。日本のこの惨事から、改めて世界はどのような観点から今後のエネルギー問題に対処するべきなのか、検討することになった。

　今後も世界的な人口増加が予想される中で、エネルギー問題は一国だけでなく、地球規模で考えなくてはならない課題である。もし日本が再生可能エネルギー問題を解決できるのであれば、日本は国際社会におけるモデル・ケースとなるだろう。世界が日本から教えを請うことになる。

　ウクライナ危機は、欧米の西側世界とロシアによる、ウクライナの国土と利権をめぐる国際紛争である。ウクライナだけでなく、この紛争に直接的・間接的に関係する国家の未来を予測してみた。幸い、今日まで世界大戦の時のような大規模な犠牲者は出ていない。しかし、日本人はこの遠い地での紛争を「対岸の火事」と考えてはいけない。最近の「イスラム国」で邦人が命を落とした事件があったように、いつ火の粉が自分たちに飛んでくるのか分からないのである。

　ところで、東西の各陣営のメディアを比較すると、各々の政治的思惑が複雑に絡んでいて真相を把握するのが難しい。このように事件を多角的に検証せざるを得ない時、シナリオ・プランニングがその威力を発揮する。日本は日米同盟を締結しているが、日露外交も同じく重要である。天然資源をロシアに依存している日本は、西側世界とロシアとのバランスのとれた関係を築き、国際社会における一触即発を抑止する役割がある。「調和」と「共生」という独特な伝統的価値観を持つ日本だからこそ可能なのではないだろうか。

　本書は、米国、メキシコ、ブラジル、ポルトガルですでに刊行されているが、日本の伝統文化・芸能について詳しく紹介している。私は、シナリオ・プランニングと日本の伝統芸能である「能」との類似点を偶然にも見出したからであ

る。シナリオ・プランニングの研究者は、世界にはそれなりの数が存在する。それでも日本の能との共通点を発見した研究者は、おそらく私が世界で初めてだろう。これも私が大の親日家であり、またシナリオ・プランニングの研究者ということで奇しくも導かれた結果だと思っている。

　両者の相違点については、第 7 章に詳しく書いてある。この章では、さらに日本が先の三つの問題にどのように取り組むべきかについて、日本人の視点でシナリオ・プランニングしてみた実例が含まれている。なお、第 7 章は日本の読者のために加筆したものであり、原書には含まれていない。今回、このような形で日本の読者にこの本をご提供できることを心からうれしく思う。どうか、親愛なる日本の皆様に気に入って下さいますように！

　世界はこの上なく速く変化している。この本が、少しでも明るい日本の未来に貢献できることを心より切望している。

日本の皆様に敬意を表して
ロムロ・ウェイラン・ガイオソ
2015 年 4 月　米国アリゾナ州フェニックスにて

戦略のためのシナリオ・プランニング●目次

日本語版への序文　　001

第1部 「舞台」「登場人物」「物語（＝シナリオ）」を準備する

第1章 本書で学ぶシナリオ・プランニングとは？　　014
シナリオ・プランニングとは戦略的思考の道具　　014
三つのシナリオ事例から意思決定能力を身に付ける　　015
世界を傍観する視点　　018

第2章 主体──国際舞台におけるさまざまな要因　　021
国際舞台の仮面に覆われた「登場人物」たち　　021
登場人物たちが繰り広げる「舞台（場）」　　023
事件は「時の流れ」の中で展開していく　　024
演じる者たちの「視点」が思考プロセスを形作る　　026
役者たちの役割──主体的な役者と二次的な役者　　030
本章のまとめ　　035

第3章 国際舞台で勝つ国、負ける国　　038
戦略ゲームのシナリオが動き出す　　038
ドイツについてのシナリオ考察　　039
ドイツが国際舞台で勝つとすれば……　　039
ドイツが国際舞台で負けるとすれば……　　041
ロシアについてのシナリオ考察　　043
ロシアが国際舞台で勝つとすれば……　　043
ロシアが国際舞台で負けるとすれば……　　047
ウクライナについてのシナリオ考察　　052
ウクライナが国際舞台で勝つとすれば……　　052
ウクライナが国際舞台で負けるとすれば……　　056

米国についてのシナリオ考察　061
- 米国が国際舞台で勝つとすれば……　061
- 米国が国際舞台で負けるとすれば……　065
- 本章のまとめ　069

第4章　シナリオ・プランニングの方法論――理論編　076
- 未来を予測し、行動を取るための方法論　076
- 物事の成り行きを把握する戦略的プランニング　078
- 企業が意思決定するための方法　082
- 「環境上のリスク」について　085
- 「テクノロジー」における問題点　087
- 「分断化」という問題点　088
- 「不確定需要」における問題点　090
- 「規制」における問題点　091
- 「環境上のリスク」についてのまとめ　092
- 戦略的にリスクをプランニングする　094
- シナリオ・プランニングがもたらす企業への恩恵　095
- シナリオ・プランニングの弱点　097
- シナリオ・プランニングが企業に与える影響　099
- シナリオ・プランニングにおける事例――最近の出来事から　102
- 本章のまとめ　104

第5章　シナリオ・プランニングの方法論――実践編　105
- シナリオ・プランニングの道筋とは　105
- シナリオ・プランニング――工程段階　106

意思決定のためのステップ1――チーム構成　110
- シナリオとはテーマと観衆を理解すること　110
- 未来に対するシナリオを生み出す　116
- シナリオ・プランニングする人材を役立たせる　123

意思決定のためのステップ 2 ── 競合上のデータを収集・分析　129
意思決定のためのステップ 3 ── マクロ・データの収集　134
　どのような情報を入れるか ── データ分類　137
　異なる情報元からデータを生み出す　138
意思決定のためのステップ 4 ── シナリオを作成　140
　シナリオ作成のための根本的な要素　140
どうやってシナリオを作るのか？　146
　努力ではなく、発想力で作成する　146
　定量的・定質的なシナリオを作る　149
　規模的評価法から変化を考える　156
　シナリオの構成をまとめる　159
意思決定のためのステップ 5 ── 価値の付加　162
　今あるシナリオに付加価値を加える　162
　「ギャップ」「リスク」「機会」を認識する　163
　企業が抱える理想と現実のギャップを埋める　165
　本章のまとめ　167

第2部　実際にいくつもの「シナリオ」を思い描いてみる

第6章　シナリオ・プランニングを事例から学ぶ　170
　ビジネスにおける三つのシナリオ事例　170
シナリオ事例 1 ── 幹細胞研究　171
　希望か、倫理かの矛盾に満ちた幹細胞研究　171
　利益と将来性のジレンマ　172
　シナリオの構造 ── 視点　173
幹細胞研究におけるシナリオ考察　173
　シナリオ 1 ── 最も望ましいシナリオ　173
　シナリオ 2 ── 中道路線のシナリオ（その 1）　174

  シナリオ 3——中道路線のシナリオ（その 2）   175
  シナリオ 4——絶望的なシナリオ   177
  情報収集、調査から世論の動向を見守る   178
  意思決定のための提言   179

シナリオ事例 2——再生可能エネルギー   181
  環境上のリスクを再検討する   181
  シナリオ要因 1——進行させるために重要な要素   184
  シナリオ要因 2——企業間の競争   185
  シナリオ要因 3——マクロ経済による成長   189
  シナリオ要因 4——政策における連続性   196
  シナリオ要因 5——技術の開発   202
  エネルギー開発におけるシナリオ   206
  2020 年までのエネルギー開発のシナリオ——春   206
  2020 年までのエネルギー開発のシナリオ——夏   209
  2020 年までのエネルギー開発のシナリオ——秋   212
  2020 年までのエネルギー開発のシナリオ——冬   214
  エネルギー開発におけるシナリオのまとめ   217
  シナリオ研究の限界   218
  再生可能エネルギー政策に対する提言   219
  再生可能エネルギー研究に対する提言   219
  エネルギー産業の実務家に対する提言   220
  エネルギー産業の理論家に対する提言   221
  再生可能エネルギーのまとめ   222

シナリオ事例 3——ウクライナ危機   224
  有事における展開の予期   224
  ウクライナ危機における現状把握   227
  ウクライナ危機における「主体」を明確にする   227
  各国の視点から主体の行為を考える   231
  各国のメディアからデータ収集をする   235
  シナリオ要因から物語の進行と情報を見定める   236

シナリオ要因1――覇権争いと勢力圏　　　　　　　　　　237
シナリオ要因2――経済成長率　　　　　　　　　　　　243
シナリオ要因3――2013年までの国境線　　　　　　　　246
シナリオ要因4――情勢不安における紛争の可能性　　　　248
ウクライナ危機のシナリオ1A――「現代西洋帝国主義権力」　250
ウクライナ危機のシナリオ2A――「わが道を高速道路で行く」　252
ウクライナ危機のシナリオ3A――
　　　　　「どうぞ、わが道を高速道路で行かせて下さい」　　255
ウクライナ危機のシナリオ4A――「ポロネーズ」　　　258
ウクライナ危機のシナリオ1B――「現代西洋帝国主義権力」　262
ウクライナ危機のシナリオ4B――「ポロネーズではなく、マヨネーズ」　263
物語の「道標」が適切かどうか判断する　　　　　　　266
どのようにして「道標」を解釈し、編集するか　　　　268
ウクライナ危機における提言　　　　　　　　　　　　269
ウクライナ危機におけるまとめ　　　　　　　　　　　274

第3部　シナリオ・プランニングで、日本が勝ち残るための戦略を考える

第7章　日本が考えるべきシナリオ・プランニング　　282
国際社会において、日本は「主体」となりうるか？　　282
「能」という視点から、シナリオ・プランニングを再検討する　284
日本が導き出すシナリオ事例1――幹細胞研究　　　　293
日本が導き出すシナリオ事例2――再生可能エネルギー　296
日本が導き出すシナリオ事例3――ウクライナ危機　　299
日本が世界で果たすべき役割　　　　　　　　　　　　306

謝辞	308
翻訳者あとがき&解説	310
参考文献（原著版）	316
参考文献（最終章日本語版）	326

HOW TO WIN IN EVERY SCENARIO by Romulo Werran Gayoso
Copyright © 2014 by Romulo Werran Gayoso
Japanese translation rights arranged with Romulo Werran Gayoso through
Tuttle-Mori Agency, Inc., Tokyo.

第1部

「舞台」「登場人物」「物語(=シナリオ)」を準備する

第1章 本書で学ぶシナリオ・プランニングとは？

　ウクライナは東洋と西洋の交差路の位置に存在し、東西の経済陣営がその支配をめぐって争ってきた。しかもウクライナは、そのどちら側につくのかを決めるように追い込まれている。どちらの陣営が優勢にあるのだろうか。東ヨーロッパとコーカサス地方において、どちらの陣営が優勢になるのだろうか。ウクライナ紛争によって起こりうるいくつかの結末は、どのようなものだろうか。

●シナリオ・プランニングとは戦略的思考の道具

　本書は、シナリオ・プランニングについての本である。シナリオ・プランニングとは一般的に、人が現実を理解するのを助長し、戦略的思考の道具として機能するように利用されているビジネス上の研究手段である。

　よくあることだが、私たちの現代社会は多くの困難を抱えていて、周囲の状況から多くの刺激にさらされている。現状を理解することは気が遠くなるような作業であり、未来を理解することは置き去りになってしまうものである。

　お分かりであろうが、人には、「過去」「現在」「未来」という、一つの時間軸の上で三つの異なる現実に生きている。過去の思い出に生きる人もいれば、現在にこだわって生きる人もいる。しかし、ある程度、過去と現在を把握することができても、未来については未知なままである。人というのは、過去について批判的に考察する能力を持ち、状況がこの上なく雑音に満ちていても、一般的に現状を理解することができるものである。しかし、未来を見通すことになると、人はたいてい何もできなくなる。未来を予測するということは、思いがけない魔法の産物などではなく、むしろシナリオ・プランニングと呼ばれる学問的手法によって可能となりうるのである。

　シナリオとは、言ってしまえば「物語」なのである。そうであるからこそ、

そこには舞台があり、登場人物がいて、筋書きもある。もしある人が演劇プログラムを選んでその予告編を観れば、その演劇の舞台、筋書き、重要な登場人物が誰なのかを推察できる。しかし、その劇を最後まで観たいのならば、チケットを買わなくてはならない。人がある物語に心が奪われるのも、その物語にある種の「心のつながり」を持つことになるからである。人は登場人物たちを好むようになり、彼らの味方になり、そして物語がハッピー・エンドになることを期待するのである。

現実の生活において、物事の成り行き、その筋書きの進む方向、また実現する可能性があるいくつかの結末について、私たちが何かいいアイデアを持つことができるのであれば、どれほど素晴らしいことだろうか。本書では、ある状況における起こりうるいくつかの結末を単に予測するためだけでなく、現実を理解するためにも、このシナリオ・プランニングという手法を完全に使いこなせる、ということである。

現実というのは、少なくとも社会科学者の観点からして、一連の価値観、体験、そして偏見と呼ばれる先入観などによって認知されるものである。本書では、読者が第一に自分の偏見を認知し、次にそれらを効果的に最小化するか、中和できるようにするために、偏見そのものを分類する方法を提示する。ひと度、自分の偏見が和らげば、完全に異なる現実の姿が目に映り、新しい事実を発見することになるであろう。

●三つのシナリオ事例から意思決定能力を身に付ける

本書では、ビジネス研究上での理論により私たちの思考プロセスが決定づけ、この研究テーマに関する文献を、複雑で微妙な意味合いも含めて理解できるようにするために、多くのさまざまな理論を検証することにする。また、シナリオ・プランニングの思考プロセスのバックグラウンドとなる多くの理論を紹介する。これは、その理論構造そのものに興味を持っている人のためのもので、この理論がどのように機能するのかを学びたい人のためにある。読者は、この本の方法論編（第4章）を喜んで読み進めることになるだろう。

また、理論のみならず、どのような読者でも自分なりにシナリオ・プランニングを利用できるように、実践的な戦術を提供している。「シナリオ・プランニングの思考法の五つの方法」は、頭の中でそれを実際に活用するために記されたものである。
　経済学者というのは、建築家と同様に、人が物事を実現させるのに必要な段階が描写されている青写真や図表を好むものである。私は教育畑の人間である。よって、物事を単純化して複雑な概念を伝えたいという願望がある。これこそが、私の究極の目的でもある。

　シナリオとは、人が複雑化した問題を対処でき、理解でき、そして可能性のある結果を予測できるようにするためのメカニズムのことである。本書では、その複雑さに応じて、三つの異なる事例を読者に紹介することにする。
　第一の事例は、幹細胞研究についてである。重要な論点は、おおよそ倫理上のジレンマについてである。すなわち、人は生命を守ることか、それとも苦痛を取り除くことかの、どちらに価値を置くべきなのかということである。
　第二の事例はより政治的なもので、より多くの関係者が加わるであろう、再生可能エネルギー開発という難題についてである。
　第三の事例は、本書のメイン・ディッシュでもあるウクライナ危機について取り上げるが、これははるかに複雑化した問題で、ここには何人かの強力な登場人物も参入している。また、第一、第二の事例とは異なり、第三の事例では想像を絶するほどの好機が起こりうるもので、それによって何百万人もの人々の生活がより良い方向に向かうかもしれないし、同時に極めて危機的な可能性もありうることを示すものである。

　私たちは、現実を理解することと、未来を正確に予測する能力により価値を置くべきである。それというのも、起こりうる未来の結末において、現実それ自体が私たちの友になりうることもあれば、別の場合において、現実が手ごわい敵にもなりうるからである。
　研究者たちは、未来を理解することに全力を尽くしているものである。それ

も、もし他の代わりとなりうる「現実」が望ましいものであるならば、それが現実化するように多大なエネルギーをつぎ込むであろうし、逆に、他の「現実」が望ましいものでないのならば、同じ程度のエネルギーを、それ以上でないにしても、好ましくない状況にならないように努力するようになるだろう。

　シナリオ・プランニングという手法がどのように機能するのかを理解し、この手法の基礎をひと通り学んだのならば、次にシナリオにおける「標識」に注意を払わなくてはならない。この標識とは、道路上にあるマイル・マーカー（訳注：ある起点から何マイル進んだかを示す標識のこと）や高速道路上にある道路標識のようなものである。つまり、それらは進行方向を示しているのである。

　いったん進行方向が分かったのならば、起こりうる可能性について話し合うことが十分に可能になる。この可能性とは、一つの現実が他の現実よりも高い確率で起こりうるのかということである。研究者は、シナリオを厳密に起こりうる未来として思い描くのである。しかし、その可能性を明確にする以前に、もしかしたら何かが起こるのではないかを判断することがまず大切である。

　実際問題として、各シナリオの最後の部分は非常に重要である。これは、どのように付加価値を付けるか、ということである。人は多くの発見を積み重ねてきて、今日、私たちは非常に多くの情報を持っている。それらを実際に分類することは難しい。それでも民間部門や行政部門において、それが何らかの見返りという形で付加価値を生み出すことの努力は重要である。シナリオのまさに最後の段階では、登場人物の付加価値が最大になるように、何らかの戦略や助言をそれぞれの登場人物に提供することになる。

　私が多大なる努力を注いだ点として、読者が他人の観点を理解できる方法を紹介することである。このことは、それぞれの登場人物の動機を理解する過程において、肝心な部分であるからだ。経済学が、道徳観念と無関係であることを知るのも必要である。そのことは、私たちが何らかの価値観に縛られていないということを意味する。むしろ、経済学者というのは、社会的現象と社会的価値観に対する行為を観察することを求めていて、人々がどのように他者と交

流するのかを理解するのである。

　また、本書の大前提として、ホモ・ソシアリス（社会的存在）という概念——人々は社会的な創造物であり、その人間の行為は、ある状況下や、一連の体験の中で理解される必要がある——を挙げている。

●世界を傍観する視点

　私は、他人の視点から世界や現状を傍観してみることをお勧めしている。そうすることで、自分とは異なる見解を持つ人たちのことを理解することができるようになるからである。学者として、読者を一方的な見方や別なものの見方を認識させることではなく、むしろ異なるものの見方を読者に模索させることが目的なのである。私の主張は本文より推察されるだろうが、知的誠実さ（訳注：自分の思想や考えに責任を持ち、知ったかぶりをしないこと）のためにも他者の立場や見解を公平な表現方法で示すことに多大なる努力を注いだ。

　西洋文化の中で生まれ育ち、アメリカで教育を受けてきた者として、私は他の文化圏のものの見方、特にロシア人のものの見方を理解するように多くの時間を注ぎ込んできた。問題なのは自分がどちらか一方の見方に賛同するか否かということではない。そうではなく、自分が相手のことを正確に表現できるかどうかということである。

　また私は、読者が今回のテーマについて学ぶために電子情報を紹介することにかなりの時間と労力を費やした。例えば、本書全体には、100以上ものさまざまなホームページへのリンク先が掲載されており、参考文献の章以外で、各章末にて注釈を付け加えた。どうか自由気ままに、いろいろとアクセスしてみていただきたい。そういったサイトにアクセスするのを楽しんでいただくために、リンク先を付け加えている（訳注：巻末ページ参照）。

　本書は、三つの異なる議論が紹介されている。一つのシナリオは、簡略化されたビジネス的な形式に従ったもので、素早く読み飛ばせるように記されている。方法論について節があり、学術的な形式でもう一つのシナリオが記されてあるので、ピア・レビューの学術文献（訳注：専門家である学者がお互いに批

評し合うことで執筆された学術論文のこと）が含まれている。他のシナリオでは、非常に複雑化された状況に立ち向かうためのプロセスについて記されている。

それ故、重要な概念が「はじめに」から出てきて、概念が紹介され、章の最後の部分と重要なメッセージの一節にその要約文が記されるという形式に従っている。本書が、その要約文を「はじめに」と章の最後に導入しているのも、読者が学んだ知識を記憶に留めていただけるようにするためにある。

本書を読むのにいくつかの方法がある。ご自身に最適な方法を選んでいただきたい。もし、あなたがテクニックの背景にある理論に興味があるのであれば、いきなり理論の節に飛んで、参考学術文献をお読みいただきたい。もし、実生活の事例に興味があるのならば、いきなり幹細胞研究のシナリオの章に飛んでいただきたい。もし、あなたが事件の当事者であるのならば、いきなりウクライナのシナリオの章に飛んで、じっくりと読んでいただきたい。

もし、あなたがテクニックにとても興味があるのならば、シナリオ・プランニングの思考過程に関する章から読んでいき、後はすっ飛ばしてもらってもかまわない。もちろん、私の心からの希望としては、読者がご自分の時間を割いてすべてのページを読むに値する内容と思っており、時間をかけてすべての内容について読まれることを期待している。

目的はこれだけではない。教育者として、私は常に学ぶことを求めており、他者との交流なくして学ぶことはできない。本書における議論は、本の中から始まるのではない。また、最後のページまで読み終えて終わるのでもない。読者は、私が主宰しているブログ内で、さまざまなシナリオについて多くを学ぶことができる。読者がそうした討論に参加されることは、大歓迎だ！

これらの話題について、ブログ、フェイスブック、グーグル＋、リンクドインのスレッドもある。私は、そういった場所で読者にお会いできることを楽しみにしている。

ウクライナ危機（Ukrainian crisis）に関する討論は、"Ukraine Crisis"という言葉の検索で見つけることができ、これは英語の文法上のルールだからではな

く、ハッシュタグ #ukrainecrisis のほうがハッシュタグ #Ukrainian crisis よりも人気があるからである。

【参考資料】

◎筆者への投稿は、以下のサイトにて（訳注：すべて英語）
Google: www.google.com/+romgayoso
LinkedIn: http://www.linkedin.com/pub/rom-gayoso-ph-d/2/5/42

◎ウェブ上にて（訳注：すべて英語）
再生可能エネルギー（Renewable Energy）: http://phoenixeconomist.blogspot.com/
ウクライナ危機 (Ukraine Crisis): http://ukrainecrisisscenarios.blogspot.com/
競合情報分析(Competitive Intelligence)
:http://appliedcompetitiveintelligence.blogspot.com/

◎（筆者の）特定の関心事
ポルトガル語で：http://acrisedaucrania.wordpress.com/
ロシア語 (コンタクチェ) で：http://vk.com/public71760459

◎フェイスブック上でのウクライナ危機について（訳注：英語）
アメリカ：https://www.facebook.com/Ukrainecrisisscenarios
ブラジル：
https://www.facebook.com/pages/A-Crise-da-Uc%C3%A2nia/663310693734652

第2章 主体——国際舞台における さまざまな要因

『時折、あなたが誰かと面と向かい合って立っていたとしても、
相手の顔はよく見えていないものだ』
——ミハイル・ゴルバチョフ

●国際舞台の仮面に覆われた「登場人物」たち

　本書の目的から、ウクライナの情勢が進展しうる多くの可能性を理解すること、すなわち、一つの話のうちのいくつかの展開をお伝えすることにある。それ故、国際舞台に登場してくる役者たちを明確にしておくことは必要不可欠である。この劇の登場人物とは、自分の役を理解し、演じ方も決まっていて、その上、他の役者との接し方についても決まっている。誰でも、その相手の文化における芸能的技法に注意を払うのならば、その役者の振る舞いをいとも簡単に理解できるものだ。

　例えば、古代ギリシャの演劇を鑑賞するならば、そこには悲劇的な話の展開が待ち受けている。その劇では、役者たちはペルソナ（仮面）をかぶって装い、その役者がかぶっている仮面によって自分の演技を表現する。役者たちがペルソナをかぶることで作家は物語を書くのを助けられることになり、これにより一般の観客でもすぐに分かるよう話の意図が伝わる。また、その仮面は、役者がしかるべき役を演じるための補助道具にもなり、この仮面こそがその役者の役を決めるのである。

　古代ギリシャの劇は、役者に仮面を利用させることだけの理由で、それが有名な芸能であるということではない。むしろ、仮面を利用するばかりか、その仮面が役者と劇作家たちの補助の役割までも果たし、その登場人物の役を表現し、一般の観客が即座に物語を把握できるようにメッセージを伝えるのであ

る。

　アメリカ南西部には、ホピ族が生み出したカチーナ（訳注：ホピ族が信仰する超自然的な数多くの精霊）があり、それは精神世界から現世に具体的なイメージを用いてメッセージを伝達するための方法である。
　日本のものは、その一歩先を行くものである。能楽と呼ばれる伝統芸能では、仮面は体全体を覆い隠すものではなく、むしろ顔だけを隠すだけである。しかし、演技者は整然とした舞台と柱があるおかげで、自分の位置を確認することができるのである。つまり、能役者たちは仮面を使ってメッセージを伝達することができ、演じるべき空間も分かっている。なおかつ、柱のおかげで自分が舞台のどこにいるのかも分かっているのである。何という完璧な芸能なのだろうか。

　ウクライナ危機における「役者たち」の大部分は仮面をかぶっているわけではないのだが、それでも彼らはある特定の場所に存在し、自分たちの拍子に合わせて舞台に登場してくるものである。それ故、それぞれ役者は、自分の性格を決められたやり方で表現することになる。ここで私たちは、体系的な方法で役者たちの振る舞いを予想しようとする工夫が絶対に必要になってくる。
　国際社会での役者たちを理解し、シナリオの構造上、この本では「役者」と呼ぶところを「主体」と示すことにする。主体とは、国、独立した組織、機関、または個人のことで、達成すべき目的や目標があり、かつ、そのための方法がある対象のことである。そうした主体というのは、情報を選別的に処理し、自分たちが遭遇する取り巻きから多くの刺激を分析し、過去の経験に対応して現実を照らし合わせることができる。そして、自分たちの利潤を最大限にするための方法を決める能力も兼ね備えている。
　言い換えれば、主体のこうした努力により、主体自身は合理的な存在である、と考えられるのである。彼らは、自分たちが勝ち取れる利潤を最大限にすることを追求するため、（投資に対して）利益を最大にすることこそが、実生活での唯一の目的となるのである。こうした行為の単純化といった大前提は必要で、それによってシナリオが展開され、主体が示した選択肢に従って目指す

べき方向に合わせるのである。

　確かに、このような経済学の概念は、ジェレミ・ベンサムの功利主義に基づくもので、いわば、ヴェブレンの進化経済学における「行動の意思決定（物事は、より複雑な相互作用によって決まる）」という概念とは対極をなすものである。つまり、この本では、合理的な主体によって具現化される功利主義的な世界観を選択するということである。もちろん、それは難しい前提であるが、それでも十分に単純化された思考の道具でもある。

●登場人物たちが繰り広げる「舞台（場）」

　役者たちは、演じるための舞台が必要である。それは大切な演技が行われる範囲が区分されている場所であり、また、観客が鑑賞することが限定されている場所のことである。役者が必要とするのと同様に、主体にしても自分たちが活動するための場所が必要になる。

　ここでどうしても読者にお伝えしたいことは、ウクライナ危機のシナリオとなる場所はウクライナだけなのか、という疑問である。しかし、これは「危険な単純化」というよりも忌避すべき話である。現実には、ウクライナ、クリミア半島、東部地方が活動の舞台となる。しかし、主体による行為や、そういった主体の戦略の結果が、東ヨーロッパ、コーカサス地方、西ヨーロッパ、アジア、そして米国にですら影響を及ぼしているということである。まさに舞台が地球規模であると言えよう。

　つまり、一つの事柄に対して、また、あらゆる事柄に対しての物事の流れにおける場所の重要性を強調することが大切である。シュペングラー（Spengler、1932年、1991年）は、カントの表現を借りて究極の形として説明したこととして、「場とは、全世界にいる人間の認識を根底としたもの」ということであった。これは、人々が場に対して多大なほど信用している、または、人々が世界を認識する方法のことを意味している。

　カントやヴェブレンから少々、彼らの優れた概念を拝借することは良いアイデアである。それは、場というのは、おそらく私たちが現実に対して最も強烈

な認識のうちの一つであるということだ。また、その他の複雑な社会的相互作用が生じている場所ということである。場というのは重要であり、それは私たちが現実を認識するのに役立っているからである。それは背景であり、自分たちを取り巻くものであり、物事の流れを意味するからである。

　例えば、晴れたフロリダ州ヒルズボロ・ビーチで、フランツ・カフカの本を読むのは場違いであろうが、プラハに旅行に行き、そこでならば活字が興味深いものとして目に飛び込んでくるだろう。同様に、ミケランジェロの作品について人は語ることができるだろうが、実際にローマにあるサン・ピエトロ大聖堂の内部を鑑賞することなく彼の作品の概念を理解することは難しいだろう。ある体験というのは筆舌に尽くし難いものであるし、また、ある概念というのは十分な説明を必要とするものであるから、場所や土地が持つ利点を利用することなくして議論することはおそらく、不可能に近い。

　例えば、首都ワシントンにあるホロコースト博物館では、あらゆる書物が説明しきれないだけの現代史上の最も暗黒な側面を人は学ぶことができる。米国では強制収容所が明らかに存在しなかったが、その博物館では、その悲劇にまつわる体験や苦難を訪問者が理解できるような設備を設けている。私たちは、2001年9月11日の出来事や明らかになった惨事についての資料を読むことができるが、世界貿易センターの二つのビルを心の中で思い描くことなくして、あの現実を視覚化できない。実際に、論点というのは物的証拠にあり、つまり、それらのビルは飛行機が激突する衝撃で崩壊したということである。

●事件は「時の流れ」の中で展開していく

　役者というのは劇の最中の、ある時点で舞台に登場するものである。そして、主体についても同様で、自分の出番まで大抵は舞台裏で隠れているものである。主体の行為というのは、限られた時間内で観客に理解されなくてはならない。それ故に、私たちはその物語上の出来事がどのように展開していくのかが分かるのである。

　本書では、時間と場の関係を区分して考えるようなことはしない。むしろ、事件が時間の流れの中で展開するものとする。例えば、ウクライナ危機をめぐ

って、プーチン大統領とオバマ大統領との間での行われた最も活発な交渉事は、連続的に行われていたものである。当初、プーチン大統領は、米国がウクライナ危機を助長させていると非難した。それに呼応して、オバマ大統領はブリュッセル訪問中に、「中央キエフの独立広場で抗議している人々は、アメリカ人ではなく、ウクライナ人である」とプーチン大統領に直接に伝えた。

　EUの官僚、ポーランドの外交官、ドイツ外相、ケリー米国国務長官らのキエフへの訪問の旅は必要で、むしろ適切な時期に行われたと言える。危機が発生した直後、ポーランドとドイツはこの危機の解決策を探るために、ウクライナとロシアに積極的に関わってきた。ギド・ヴェスターヴェレは、後々になってドイツ大使のトップの地位に就いた人物だが、2013年12月5日にデモ大衆の中に混じって独立広場に立っていた。しかもそれは、ヤヌコーヴィチ大統領が、彼のウクライナ政府はEUの提案を受託することができない旨を公式声明した数日後のことである。偶然にも同じ時間に、ロシアのセルゲイ・ラヴロフ外相はブリュッセル内におり、ヤヌコーヴィチ大統領がEUとの条約に批准しないことを擁護していた。

　ウクライナ危機について、「時間は重要である（だから急がねばならない）」という金言がかつてないほど必要不可欠であった時はないように思われる。もしモスクワがウクライナ国内のロシア分離独立派への援助をする姿勢を示したとしよう。ならば、クリミア投票でウクライナがロシア側につくと判明したその時点で、モスクワは今がチャンスとばかりに援助する必要があったのである――実際、そうしていた。

　同様に、欧米の西側陣営の合同軍はウクライナ領域内に実際に存在する必要があった。それは、ウクライナ国内で出てきた親EU派への援助を意味していた。すなわち、「西側陣営は親EU派を支援する意思がある」ということを、ブリュッセルやワシントンから美辞麗句で曖昧な声明で発表するよりも、むしろ彼らの嘆願に直接的に対応するためであった。

　2014年3月（Financial Times、2014年3月3日付）のウクライナ危機において、どれだけ時が重要な要素であるかを示す別の事例がある。当時のアルセ

ニー・ヤツェニューク首相が国際通貨基金（IMF = International Monetary Fund）に緊急融資を要請し、そのうちの前金20億米ドルの要請に対して同機関は前向きな返答した。そればかりかウクライナは、EUの指示によって国際通貨基金の効率の良い融資制度から10億ユーロほどの追加緊急融資を受けていたのである。これはタイミングのいい政治介入である。実際、国際通貨基金はウクライナに対して、非常にいいタイミングで関与していたので、同国が責務不履行を回避するよう、また同国の通貨であるグリブナを安定させるために170億米ドルの緊急融資をしたのである。同機関は、後になってそのような声明を発表したのである（Bloomberg News、2014年4月24日付）。

●演じる者たちの「視点」が思考プロセスを形作る

　主体は誰なのか、舞台はどのようなものなのか、そして主体が舞台に登場するタイミングを理解しておくことは肝心である。それでも、そういったことと同等か、それ以外に重要なことは、主体がどのような視点を持っているのかを理解しておくことである。

　視点が重要であるのも、それが人の思考プロセスの根本にある動機となるからである。それは、人が現実をどのように認識するかに関して主な影響を与える要素であるし、かつ、人がどのような行為をするかについての決定的要因にもなるのである。

　例えば、私たちは今回のウクライナ危機の原因を振り返ることができる。それは、ヴィリニュスで開催された東ヨーロッパ・サミットで、ヤヌコーヴィチ大統領が2013年11月21日にEUとの協定合意に署名するのを拒んだことに起因するというのが一般的な見方だ（Der Spiegel、同年11月13日付）。

　ウクライナ西部地方での世論は、この合意は自国にとって経済発展をもたらすものとした。それでも、その反対の声明として、ウクライナ東部出身の国会議員であるマルチェンコ・ウラジーミル・ロマノヴィチは2014年4月29日付の『プラダ』（Prada.ru）誌に、「このような状況は『ヨーロッパによるウクライナの植民地化』のようなものである」とし、ウクライナ暫定政府を「軍事

政府」と呼んだ。欧米の西側陣営は、EUのような国際機関も含めて、ウクライナ暫定政府はウクライナ人民の合憲的な代表であると見なしていた。

　しかし、ロマノヴィチ氏はこの暫定政府を「不法ともいえるクーデターを起こし、ウクライナ法のあらゆる細かい条文にも反して権力を奪取した集団」と陳述し、さらには「ウクライナ法におけるウクライナ大統領は、次期の選挙までヴィクター・ヤヌコーヴィチであり、これは2014年12月に各政党間で合意されたものである」とも述べた。

　おそらく、最も基本的な事柄に関して見解の相違があるようで、それはウクライナ暫定政府の合憲性とEU側の提案するその内容についてである。今となって、妥当な経済援助の手続きを踏まず、（上記の「時」の項目で説明したような）ヤツェニューク首相に要請により、国際通貨基金がウクライナに貸し付けた緊急融資というのは、ロシアのメディアである『プラダ』によると、最も好ましくない成り行きだと報じている。

　確かに、国際通貨基金はお金に関する慈善事業機関ではない。それはお金を国家に貸し付ける国際的な金融組織であり、国際通貨基金に助けを求める国々は、融資を受けるためにある程度の緊縮財政の実施に同意する必要がある。これは、2008年以来始まった金融危機の間、融資を要請した西ヨーロッパ諸国にも当てはまることだ。先の『プラダ』の記事によると、地元住民が支払うべき税金が跳ね上がり、交通料金と同様に、どの世帯でも支払うべきガス料金が50％も上昇したということだ。

　さらに、同記事はヤツェニューク首相に対してでさえ極めて批判的で、「彼はこうした経済効果で、ウクライナ国内の貧困者数を従来の2.5倍にしたことをすでに認めている」としている。実際に、その記事のタイトルは、「国際通貨基金はウクライナを十字架にはりつけた」となっている。

　繰り返すが、東西陣営の人々は、それぞれ異なる考え方を持つ。現実に対して、自分たちにとって都合のいい選別的なものの見方をする。ロシアのメディアにおいても、ロシアが東ウクライナ地域に軍を配備することについては、公式、非公式にかかわらず、西側と同意していると思われるように報道してい

る。

　例えば、2014年4月30日付の米「サンクトペテルブルク・タイムズ」(St. Petersburg Times）紙は、市民運動家であるアレキサンドラ・クリレンコバが、「ロシア政府が関与した」とされるドネツク州内の東ウクライナ地域を訪問したと報じた。反政府分子がウクライナのそういった地域を支配しているとはいえ、依然として誰が誰だかまったく分からないような混乱した状況らしいので、そのロシア人活動家もこの地域に入っていくのは安全ではないと感じていた。

　視点についてのさらに興味深い話は、異なるメディアが一つの事件をどのように報道するのかについてである。例えば、2014年5月1日に東ウクライナの情勢において、ウクライナ大統領代行のオレクサンドル・トゥルチノフについて、各メディアは次のような感じで報道している。
　「RIAノーボスチ」（訳注：RNA Novosti、ロシアの通信社）では、彼が髭を剃っておらず、軍服を着ている写真が掲載されている。そこで彼が強調していることは、ウクライナ政府は、ルハーンシクやドネツ地方にて「支配力がない」ということであった。
　その一方で、「UNIAN」（ウクライナのニュース機関）では、彼は、スーツとネクタイという大統領としてプロフェッショナルな装いで振る舞っており、何かに気を取られているように見える写真を掲載していた。しかも、その記事には、「彼は、ドネツクやハーンシク・オブラスト地方における情勢は、最も危険だと述べている」と記されている。さらに、その一文の後に、「今日では、ドネツク・オブラスト地域の一部にある都市は、無政府状態になっている」という言葉で締めくくられているのである。
　つまり、ここで強調されていることは、単に無政府状態ということよりも、むしろ危険であるということである。事件に巻き込まれている地域において、一般人の安全性が欠如しているという考えは、ロシア側とウクライナ側のメディアで共通している。これは、先の「サンクトペテルブルク・タイムズ」もまた、「安全ではない」と報道している通りであった。視点の相違について、ま

だまだ多くの興味深い例を挙げることができるが、話を簡略化するのにこの程度で十分なはずだ。

視点における多くの相違点とは、合理的に物事を考える主体についての理論で説明がつく。すなわち、異なる主体によって、環境から刺激を選択的に抽出して受け入れているので、自分たちが信じている事柄によって、自分の世界観が正当化されるのである。その上、自分の信念が正当化されることで、自己の利潤を最大化するように促されるのである。

言い換えれば、人が現実を理解するその過程において、選択的に多くの注意を払っているのであり、この選択的な注意はさらに人の先入観によって歪められているのである。

ここで想起すべき重要なことは、現実というのは人が持つ価値観によって環境上の刺激を解釈しただけのことである。かつ、そうした人の価値観とは、本書ですでに指摘したように、ホモ・ソーシャリスと呼ばれる長期にも及ぶ人と人との交流の結果によるものなのである。個人が有する場所、時間、趣向、傾向、しつけ、好み、社会的・経済的地位、そして宗教的信念が、人の持つ価値観を決定する根本的な要素となる。そういった価値観が、その人が外の世界を見て、理解するための「眼鏡のレンズ」として機能するのである。

視点の相違を理解するのに、ロシアのメディアが、ウクライナの国家主義者たちのことを「ファシスト（独裁者）」というレッテルを貼ったことに気が付くだろう。このようなレッテルそれ自体はそれほど意味がないものだが、むしろ、ある人物のことを「過激な右翼」と言い表すのに使われる。

しかし、ロシア人にとってこの表現は極めて重大な意味を持つレッテルである。それは、ロシア人の民族のアイデンティティーとして、第二次世界大戦の強烈な記憶にまつわるものだからである。よって、ウクライナ人を「ファシスト」と関連付けることで、恐怖感から逃避するべきものではなく、今すぐにでも対処すべき人物や状況から迫りくる危機感が即座に連想されるのである。

こうした概念をよく把握するのに、あなたの自宅から遠い土地で旅に行く必

要はない。例えば、二人のアメリカ白人男性を比較してみればいい。二人とも30歳としよう。一人の男性は、南ロサンゼルスで生まれ育ち、南カリフォルニア大学で学んだとする。もう一人の男性は、ソルトレイクシティーで生まれ育ち、ブリガム・ヤング大学で学んだ。

この二人の男性について議論の対象となるのは、同じ年齢で、同じ性別、同じ社会的・経済的な地位、そして同じ米国西海岸出身であるのだが、おそらくは互いに大きな相違点はない。それでも両者のそれぞれが非常に異なる価値観を持ち、保守かリベラルか、などというような正反対な世界観を持っているかもしれない。

人が持つ視点の相違点を見つけるのに、その人たちが地理的に離れている必要もない。もう一つの好例として、カリフォルニア州内において、リベラル傾向にあるシリコンバレーは文字通り、保守的な雰囲気にあるフォルサムからまったく離れていない。しかし、視点や価値観の相違を理解する別の方法として、それぞれの主体が舞台に上がる際の、それぞれの役割について考慮してみることである。

●役者たちの役割 ── 主体的な役者と二次的な役者

人々の、役者たちに対する見方とは、彼らが舞台(もしくはスクリーン)上で演じる役柄に基づくものである。ある役者が「中心的存在」と見なされるのも、その物語において極めて重要な役柄を演じているからで、また、彼らの演技によって物語の進行がかなり変わっていくからである。

一方、他の役者が「補助的存在」と見なされるのも、彼らは重要な人物ではないからである。また、彼らの行為が物語の進行を変えるものでもないし、彼らが何らかの手段を用いても話の成り行きが変わるわけでもないからである。

同様に、主体にもまた役柄というのがある。ある主体は、主要な存在である。つまり、彼らは舞台上で大衆からの注目を独占することができ、彼らの行為によって話の結末が決まるからである。これに対して、他の主体は副次的な存在である。彼らの行為は、物事の展開にそれなりに貢献するとはいえ、彼ら自身で物語の進行を変えるだけの力はない。

第2章 主体——国際舞台におけるさまざまな要因

　本書の目的から、主体というのは、国家、独立した組織、機関、世界的な指導者、もしくは、それらの集合体を指す。今回の危機において、ウクライナ、ロシア、ヨーロッパ共同体（EU）、そして米国が主要な主体と割り当てられるのは難しくない。ところが、主役たちから、その他の主要ではない役者たちを切り離して考えることは難しい。「副次的な主体」というレッテルを貼り付けることで、彼らの重要性が低下するわけではない。むしろこのレッテルは、主要ではない役柄の彼らが舞台の中央に存在していないことを示しているだけのことである。

　こうした理由から本書では副次的な主体にも少しばかりの注意を払うことにする。私が考えるその厳密な理由として、主要ではない役者たちも、実は役割を果たしているからである。彼らは、主体同士の間の緊張状態を和らげることもある。逆に何かの危機が生じた時、彼らはより好都合な結果に、実際に貢献しうるからである。

　本書では、オバマ米大統領やケリー米国務長官の外交上での振る舞いについて議論することを目的としていない。同様に、プーチン露大統領、ラヴロフ露外相、ウクライナ暫定政府について議論することでもない。なぜなら、彼らは舞台に適切なタイミングで登場し、合理的な主体として振る舞ったようにも見え、かつ、各々が自己の利潤を最大化するように追求していたからである。

　しかし、その他の主体たちもより活発に自分の役柄を演じている。そこでこの本の目的の一つとして、そのような彼らに私なりの助言をすることである。それは、以下のような人物である。

1 ジミー・カーター米元大統領

　カーター元大統領は、外交上の対立を収めるのに優れた実績を持っている人物である。イスラエル・エジプト間の中東合意（キャンプ・デーヴィッド合意、Camp David Accords）をもたらしただけのビジョンとエネルギーを持ち、大統領任期中に、イスラエル首相のメナヘム・ベギンと、エジプト大統領のアンワル・アッ゠サーダートとの間の和解をもたらした。

この人物は、政治から遠のいた現在でもいまだに影響力を持っている。最近では、イスラエルとパレスチナ間の緊張を和らげるのに尽力しており、ウクライナにおける国家統一選挙が行われるまで、和平協定上の仲介者となりうるだけの力を持つ政治家である。

　国民投票により、ウクライナ東部および西部が統一されるための公平な選挙過程を確証して保障する目的で、彼が国際的な視察団体を送り込んだとしても、それは驚くほどのことでもあるまい。

2 ミハイル・ゴルバチョフ

　ソビエト連邦最後の書記長で、ソビエトと世界にペレストロイカ（改革）とグラスノスチ（情報公開）をもたらした。それ故、彼はウクライナの領土保全を尊重する必要性をよく認識している立場にいると言えるだろう。

　ゴルバチョフは旧ソ連の最後の指導者として、かつてニキータ・フルシチョフがクリミアをウクライナに譲渡した事実を世界の人々に改めて思い出させたこと（訳注：1991年、クリミア半島での「8月クーデター」により自身が軟禁されたことから）が挙げられる。それ故に、ゴルバチョフは以前の地位の利点を利用して、二つの旧ソビエト共和国の武装対立を避ける仲介役としての働くこともできる。

3 ヘルムート・コール旧ドイツ連邦共和国首相

　コール博士は、旧西独の東方政策を採り、エーリッヒ・ホーネッカー東独書記長に西ドイツへ来るように要請することに成功した。彼は、ドイツ統一のための「10の政策事項」の草案者でもある。西ドイツ最後の首相であり、かつドイツ統一後の最初の首相として将来へのビジョンを持ち、鋭敏な政治家で政治的分断の掛橋となり、和解のために相手に言葉をかけられる人物でもある。

4 李克強首相

　中国の首相は、危機に対して調和のとれた解決策をより積極的にもたらすことができるだろう。中国は、ロシアの主要な貿易相手国であるから、おそら

く、ロシアは中国の進言を受け入れるであろうし、中国も現在の（ウクライナ国内の）境界を尊重することに注意を払うはずである。

それ故、今回の事件において、中国の首相は、国家間の対話における和平を呼びかけることもできよう。ロシアは、西ヨーロッパや米国との貿易による損失を補うために、アジアや他のBRICSのパートナーに目を向けることになるだろう。また、同国は世界最大の経済大国の1つとして、東西両側の対話において重大な影響力を持つ。

5 マンモハン・シン前インド首相

シン博士は、尊敬されている政治家であり、今回の危機においてロシアが平和的解決をするように圧力をかけることもできる。インドは非同盟国家の一つで、冷戦期においても旧ソ連と良好な関係を築いてきた。それ故、歴史上、敵国がいないと見なされている国家のリーダーとして、国際紛争を仲裁することができるだろう。

6 ジルマ・ルセーフ大統領

ブラジルの指導者で、BRICS参加国の一人として好影響を及ぼすことができるだろう。その理由として、制裁による貿易損失を埋め合わせするためにも、ロシアはBRICSのパートナーに目を向けることになるからである。最近、ルーラ前大統領はトルコと同盟関係を結び、核燃料をめぐってイランと取引上の摩擦の仲裁に関与した。たぶん、彼女も前大統領と同じくらい大胆であろうし、取引による解決策を試みるかもしれない。

7 ジェイコブ・ズマ大統領

南アフリカの指導者で、ダーバン会議の議長として自身の有能さを、他の指導者たちに誇示してきた。彼は、南アフリカでのBRICS開発銀行の設立を周囲に働きかけ、絶えず接触してきた。南アフリカはアメリカや他の開発途上国とも良好な関係を築いてきているので、彼も良い仲裁者になりうる。

8 シモン・ペレス大統領

　イスラエルの現大統領は、ポーランド、現在のベラルーシに相当する場所で生まれているから、その土地をよく知っている。大統領はまた、イスラエルとアラブ諸国との間で友好関係を築いてきた長い歴史がある。国際舞台で尊敬されていて、戦争を直に見てきたこの人物は、対立した双方を和解させられる人物になるだろう。

9 キリル聖下

　モスクワおよび全ロシア総主教は、ヴォロディームィル座下（訳注：1935年11月23日～2014年7月5日）の協力もあり、影響力がある人物である。キエフおよび全ウクライナ系の座下もまた、二つの正教会系の国家間の衝突を避けるための協力的なパートナーとなることだろう。仮にこの二人の宗教的指導者たちが会議を開くのであれば、彼らの対話は注目されることになるだろう。

　同じような考え方で、アメリカ正教会のティホン座下も良き仲介者になりうるであろう。つまりところ、アメリカ正教会は、本源的にロシア正教会と関係を持っているアメリカの教会である。それ故、座下はロシアとアメリカの間の橋渡し役になるだろう。どのようなことがあっても、そういった三人の宗教的指導者たちは皆、良い結果をもたらしうる。

10 ジョン・マケイン上院議員

　アリゾナ出身のこの上院議員は、価値観、人としての根本、そしてモラルを兼ね備えた人物である。彼は常に、人権のために戦う人たちの灯となり続けてきた――そして、今、問題となっているウクライナの権利のためにも。

　この地域における紛争拡大を抑止する考え方に、彼は多くの人々を導けるかもしれない。そこで、この人物の発言に注意深く耳を傾けるのはいいと思われる。

●本章のまとめ

　この章では、役者の演技——それ故に主体とも名付けたが——の理解の仕方について論じた。それから、主体の行為を理解して予測するためにも、機械的で単純化する方法を提案した。次に、場、つまり事件が展開される舞台や場所の重要性についても考慮してみた。そして、物語の結末にいい影響を及ぼすために、役者たちの出番のタイミングの重要性についても論じた。視点の相違が私たちを取り巻く現実を解釈するのに、実際、それがどのように私たちの思考と行動を導くものであるのかを論じた。

　これは、ロシアとウクライナのメディアによる、事件を取材した報道の仕方を比較検証することで、こうした興味深い事実を例示してみた。最後に、主要かつ副次的な主体などに関して、自分の外交上での振る舞いが、ウクライナ危機の結末に影響を及ぼすことになるだろう著名な人物の一覧も付けて紹介した。

　私の重要なメッセージは、ゴルバチョフの引用に含まれている。これというのも、主体というのは独自の現実感覚に縛られているもので、自分の利得に執着し、他者のことをしばしば見誤っているからである。この章の目的は、人が現実を感知するレンズについての再考を促し、場所、時、国際舞台で演じる役者たちを説明することにある。

【注釈付き参考資料】

①ギリシャ演劇の仮面
　ギリシア演劇の仮面についての解説は、WordPress ブログのリンクをここに貼っておく。これは、そのデザイン、機能、精巧な模様についてさらに詳しく知ることができる情報源である。
　http://greektheatre.wordpress.com/home/

②日本の能
　このサイトは、能についての豊富な情報を提供している。その起源、日本の歴史の中でいかに発展してきたのか、また、素晴らしい能面のいくつかを見ることができる。私は日本で、能を実際に鑑賞し、その仮面が持つ美しさに魅了されたものだ。
　http://www.the-noh.com

③功利主義

ジェレミ・ベンサムの古典的著作『道徳および立法の諸原理序説』は、1789年に出版されているが、なぜ個人が自己の利益の最大限を追求するのか、について彼は解説している。それは、現在に生きる私たちにも当てはまることである。この本の復刻版はどこの図書館にもあり、最後に私が確認した限りでは、キンドルにて 0.99 米ドルで販売されていた。

④進化経済学

ソースティン・ヴェブレンの影響力のある著作『有閑階級の理論』から、複雑な社会環境の中で経済的な意思決定がどのように行われるのか、そして、それはベンサムやミルが思い描いたような個人的な意思決定ではない、ということを私たちは理解できる。

⑤O. シュペングラー

著作『西洋の没落』は、シュペングラー自身が捉えた複雑化する世界に対して、自分の眼差しを書き表している。この本の初版は、東西ドイツが対立状態にある時期に出版されたものであるが、今でも一読に値する内容である。私は、オックスフォード大学出版会 1991 年度版のものを保有している。

⑥場

私自身、自分の人生経験の中で、場について衝撃が強い印象を心に持ったことが二回ほどある。一回目の出来事は、ミランの歴史センター内を歩いていて、通りから通りと歩き回っていた。しかし、ピサのドゥオモ広場に立ち入った時、自分の心が止まったものだ。同じような体験をしたのは、京都を訪れていて、公園内をぶらぶらと歩いていて、不思議にも池に浮かぶ金閣寺という名の金色の建築物を見つけた時のことだ。

⑦2001 年 9 月 11 日

この事件が起きた時、私は職場へ車で向かっている最中で、「NPR ニュース（米国ナショナル・パブリック・ラジオ）」のリポーターが事件の模様を伝えているのを聞いていた。私は、ツイン・タワーがもう存在しないことを確かめるために何度もビデオを回してみたものだが、それでもなかなか信じることができなかったことを今でも記憶している。私がニューヨーク市で初めてこのタワーを見た時もよく覚えていて、私は若かったとはいえ、人手によって建築された「巨大な物体」を眺めていると感じたものだ。それが突然消え失せたというのは、ほとんど絵空事のように思える。

⑧ギド・ヴェスターヴェレの公務出張

このドイツの外相は、独立広場で抗議者らに会い、EU は彼らの嘆願に対して敏感であることを明示した初のトップリーダーであった。ドイチェ・ヴェレ（訳注：Deutsche Welle ── ドイツ連邦共和国の国際放送事業体）が解説したことは、ヴェスターヴェレ氏はウクライナ人民へ明るいメッセージを送ったが、その一方で、ウクライナ首相のミコラ・アザロフは親 EU 支持者らを監獄送りにすると脅していたのである。

⑨国際通貨基金の対応

ウクライナ首相のヤツェニューク氏による暫定政府が成立して一週間以内に緊急チームがキエフに到着し、本来ならばローン・パッケージが要する長い審査過程があるのにもかかわらず、迅速に 10 億米ドルが融資された。このことを考慮すると、実に時宜を得たといえる。これは、「ファイナンシャル・タイムズ」より引用したものである。情報源は以下の通り。

http://www.ft.com/cms/s/0/75cde896-a300-11e3-9685-00144feab7de.html#axzz30LoE7Oml

⑩ **国際通貨基金の緊急融資**
国際通貨基金委員会は、財政破綻を避けるために170億米ドルをウクライナに緊急融資するように働きかけていると発表していて、これはブルームバーグ・ニュースより引用した。
http://www.bloomberg.com/news/2014-04-24/ukraine-bonds-gain-as-imf-staff-said-to-endorse-17-billion-loan.html

⑪ **連合協定**：独『デア・シュピーゲル』誌によれば、ウクライナは2013年11月に連合協定に調印することを拒んだとされるが、後々になって、翌年2014年3月にそれを受託したと英国BBCは報道している。
http://www.spiegel.de/international/europe/ukraine-protests-kiev-makes-u-turn-on-eu-association-deal-a-938933.html, http://bbc.com/news/world-europe-26677577

⑫ **視点**
『プラダ』誌は、2014年4月29日に記事を発表していて、その記事は、西側と東側のウクライナの視点の相違を理解する良い手段となる。
http://english.prada.ru/opinion/columnists/29-04-2014/127463-ukraine east-0/

⑬ **「国際通貨基金がウクライナを十字架にはりつけた」**
このプラダ・ニュースでは、国際通貨基金が関与することによってもたらされる経済的なコストについて詳細に記されている。緊縮財政によってウクライナにおける貧困者数が2.5倍に跳ね上がると予測される、と記されていた。
http://english.prada.ru/business/finance/01-04-2014/127225-imf ukraine-0

⑭ **ウクライナ領土内におけるロシア軍の存在**
「サンクトペテルブルク・タイムズ（ロシア版）」は、そのオンライン・ニュースにおいて、偏りのないニュース記事を発表している。その中には、東ウクライナへ出向き、反乱軍の中に存在したロシア軍関係者と話した有名な市民人権擁護者からの記事も含まれている。
http://www.sptimes.ru/story/39733?page=2#top

⑮ **2014年5月1日付のトゥルチノフ大統領代行の声明**
ロシアのメディア（RIAノーボスチ）とウクライナのニュース（UNIAN：ウクライナの通信社）が同じ出来事に対して異なる側面を報道したように、ここで、視点の微妙な相違が面白いほど浮き彫りになっている。
http://unian.info/politics/913284-authorities-do-not-control-situation-in-donetsk-turchynov.html, http://en.ria.ru/world/2014040430/189484645/Ukraine-Unable-to-Control-Situation-in-East--Acting-President.html

第3章 国際舞台で勝つ国、負ける国

> 『成功とは、熱意を失うことなく失敗を重ねることから成る』
> ——ウィンストン・チャーチル

●戦略ゲームのシナリオが動き出す

　この章の目的は、国際舞台に登場してくる重要な主体——今回、それらは人々でなく国家——を紹介するのだが、それは、各国家にとってのチャンスがめぐってくるのか、それとも脅威にさらされるのかを明示するためである。

　今回の危機の目的は「ゲーム」に勝つことだが、同時に負けることもありうる。それ故、この章の節では、費用便益分析のタイプとして考えるべきで、つまり、何かを得ようとするのならば、主体は「賭け」に出なくてはならないということである。危険な行動も取らなくてはならないのである。

　しかし、ゲームというよりも話の結果は明確でない場合もあり、主体が失うものより得るものが多いこともあり、勝つことよりも負けることのほうが多いこともありうるし、勝ち負けが同じくらいということもありうる。各々の主体は、ある戦略を持ってゲームに参加し——例えば、チェスの駒を進めるような——シナリオが展開されるか、またはシナリオ・プランニングの言葉でいうならば、主体が行動してシナリオが進展するのである。

　チャーチルの引用は、この節のテーマを言い表すもので、それは主体が目的に到達するために一回以上の挑戦をしなくてはならないことが時々あるからで、また、その過程において、主体が行動をする際にそれなりのコストがあることも理解しなくてはならない。結局は、そのかかるすべてのコストも考慮に入れた上でないと、利得を勝ち取れないかもしれない。

ドイツについてのシナリオ考察

> 『なぜなら、与えるとき、与えられる』
> ——アッシジの聖フランチェスコ

●ドイツが国際舞台で勝つとすれば……

　ウクライナでの危機の一連のシナリオに関して、ドイツのことから議論を始めるのは、いささか不自然と思われるかもしれない。それでも、そうすることに意味があるのも、今回の危機からドイツは多大な利益を得ることになるからである。ドイツは、EUの協力なしに何か物事を起こしたり、単独で存在したりすることはないが、同国はこの危機を終わらせるだけの力を持っている。

　ドイツは歴史的な好機に直面している。平和的手段を通して、自国の影響力を大きく拡大させることができる機会はかつてなかった。ドイツは、東西併合後の期間がまだ短い（25年以内）ものであるが、かつてのプロシア以上の国力を再び誇示できることになる。

　戦後、ドイツは多くの明敏な政治家を生み出してきた。その中の主な一人に、ヘルムート・コール博士がいる。彼は、自国の東西統一のために国際社会を巧みに操った人物で、しかも、まさに一触即発という状況に対応しながらもそのようなことをやってのけていた。レフ・ワレサは、隣国のポーランドで天性の指導者として頭角を現してきた。そこで、旧ソ連は政治的転換を起こすことにし、世界は混乱状態に陥ったのである。それでも、コール博士は自分の目的を達成し、統一ドイツの初代首相となった。

　アンゲラ・メルケル首相は現在、アルザスロレーヌにおけるフランス国境線から西へ、バルト三国から東へ、コーカサス地方から南東へと、ドイツの影響力を拡大させられるだけのかつてないほどの機会を手にしている。その論理は至って単純である。

　ロシアがより攻撃的になり、ウクライナにより一層介入してくるとしよう。

東ヨーロッパ人、特にバルト三国やコーカサス地方の人たちは、自分たちがもしEU、特にヨーロッパ最大かつ世界最大級の経済力を誇るドイツになびくのならば、より良い未来が待っていると気が付くからである。

　現行のウクライナとグルジアは、ツォルフェライン（ドイツ関税同盟）のような関税同盟を締結するだけでも、ドイツと緊密な関係を結んだほうがそのメリットが大きいであろう。北大西洋条約機構（NATO）は伝統的に、ロシアとかつて国境線をめぐる紛争問題を起こした諸国を参加国として受け入れることはなかった。しかし、こうした関税同盟の締結は、そういった国々がユーロ経済圏に入ることを要求する以前の、優れた第一段階となるかもしれない。

　ポーランドは、ロシアが西ヨーロッパ諸国にガスの輸出を削減させることで、格別な利益を得ることになるだろう。さらなるエネルギーを渇望するドイツは、ポーランドに翻ることになり、その莫大な石炭は代用エネルギー源として保存されるのである。どんなに想像力を働かせたところで、その石炭はクリーン・エネルギー供給源となるものではないだろうが、それは廉価で豊富なものである。ポーランドにとってドイツとの関係ははるかに良好になり、それらの二国の共通のメリットを追求することは、それは双方にとって最高の利得になることに気が付くであろう。

　つまり、ドイツがポーランドの過剰なエネルギーを消費し、ドイツの再生産可能エネルギー転換策（Energiewende：エネルギーヴェンデ）により、ポーランドは石炭高消費による二酸化炭素排出増加を軽減してクリーン・エネルギーに転換することができるのである。この過程で、両国にとっても、また環境にとっても、相互利得をもたらすことが可能だ。

　最近では、ウクライナの経済は本質的にロシア経済と関連しているが、紛争が拡大するにつれて、ウクライナのキエフはロシア以外の別の商業パートナーを求めるようになってくるだろう。その圧倒的な規模からして、ドイツはウクライナの商品を輸入するだけのあり余るだけの経済力がある。実際、ドイツは自国の機械類を輸出することで、逆にウクライナ製の商品の新しい市場を開拓

することができた。もちろん、ドイツがそのようにしたかったからではあるのだが。

　ここで、ドイツについての一節は聖フランチェスコの引用から始まっているが、それはドイツの影響力を拡大させる鍵とは、見返りを期待しないで何かを与える能力、そして多くのものを与える能力にこそあるからだ。それが意味することとは、貸付金額の上限を高く設定し、金融商品を輸出し、国債を購入し、ポーランド間との商品やサービスの移動を高めるためのインフラや通信技術に投資することである。ロシアがより強硬な態度を取ることで、逆にドイツはより寛大になるべきであり、その対照的な外交姿勢はより明確になるものだ。東ヨーロッパの独立国家共同体も、ドイツとの強固な経済的関係を保ちながらも、ロシアへの依存度のバランスを取りたいと考えているかもしれない。

　ドイツが利得を得るもう一つ別の手段は、ウクライナでの紛争が長引くか、解決しない場合である。つまり、おそらく投資家たちがこぞって米ドルを購入することで、ユーロの価値が暴落するのである。ユーロに対してドルが強い時はいつでも、アメリカの輸入業は利益を得るが、逆に輸出業は損失を被ることになる。ドイツは世界第二位の輸出国であるから、弱いユーロのおかげで、ドイツ製の商品は米国製に比べて比較的安く見えるようになり、これによってドイツは得をするのである。

●ドイツが国際舞台で負けるとすれば……

　ドイツは特権的な地位にあり、ロシアとも交流できる関係を保ってきた。それ故、ドイツ経済はロシアからの継続的なガスの輸入を妥当な値段で仕入れてきて利潤を得てきた。もし、ロシアに対するEU―米国による制裁が決定的なものとなるのであれば、その限りにおいて、その制裁によってエネルギーも含めた多くの産業が巻き込まれることになる。

　その結果、ドイツはロシアとの外交関係から、西側による犠牲になるかもしれない。実際問題として、ロシアが今年4月に公表したこととして、西側とのエネルギー貿易を検討中であり、それはガスばかりでなく、石油発掘、精製、その他の共同開発も含まれるということだ（Moscow Times、2014年4月

30日付)。

　もしガスプロム(訳注：ロシアの天然ガス会社)がガスの輸出量を抑制したり、減少させるのであれば、ドイツの公共部門だけでなく、民間産業にも影響を受けることになる。この問題の一面として、産業界はエネルギー供給源を容易に、安いコストで転換させることができないことである。したがって、価格変動が起こりやすくなるが、その危機の度合いを計量的に測ることで管理できるだろう。管理することが難しい理由として、市場構造の外部から政府が介入してくるからである。

　つまり、ガスの通商禁止令や突発的なガスの供給停止のことである。現実問題として、別のエネルギー供給源に切り替えることは、多大なる時間、努力、そして投資を要するであろう。その高いコストは世界市場におけるドイツの経済競争力に悪影響を及ぼすことになる。

　通貨危機に関していえば、潜在的に二つの複雑化した可能性がある。一つはユーロに対する需要に関するもので、もう一つは為替取引について関係するものである。ある想定として、投資家たちが東ヨーロッパの貨幣を手放すことになるので、ユーロに投資することになる。このユーロへの高い需要によって、米ドルの価値が上昇することになる。これによって、ドイツ製の商品がアメリカ製と比べてその競争力が見劣りすることになるのである。

　別の関心事として、ロシアが自国の通貨であるルーブルを、国際貿易における取引上の通貨として使用するように強要するのか、ということである。例えば、ロシアは、ガスプロムを通してごく少量のガスの販売でさえも、ルーブルでの支払いを受け付けることを要請しうる。この場合、ヨーロッパ諸国は、そして特にドイツがそうであるが、より多くのルーブルを必要とするだけでなく、通貨をどうするのかについて決めなくてはならない。もしヨーロッパ人がロシア通貨の価格変動を抑制するのであれば、ロシアに投資する意味が出てくる。それ故に、投資に対して何らかの利回りがあり、一端、為替レートの変動によるリスクに対してすでに手を打っているのであれば、インフレに対する防御もできる。

もしこのような場合になるのであれば、ルーブルの保有者らはロシアの銀行制度になびくことになり、EUや米国による制裁を打ち破ることになる。2014年5月の「ガーディアン」紙によると、欧州委員会はドイツの年次GDPが2014年は1.6%であるのに対して、2015年は2%になることを予測している。しかし、いくつかの制裁というシナリオによっては、経済成長度がかなり減少することになる。

　例えば、EUが石油やガスの輸入に制裁を加えるのであれば、ドイツの経済成長は2014年に0.9%、2015年には0.3%ほど削減されうる。よりマシなシナリオとして、ロシアに対するエネルギー制裁がなく、むしろ特定の商品に対しての輸入禁止を行うのであれば、ヨーロッパ最大の経済力を誇るドイツは、2014年に0.3%、2015年に0.1%ほどの被害を受けることになる。

ロシアについてのシナリオ考察

『人は、自らの性格と選択に関して、完全に責任がある』
——ジャン＝ポール・サルトル

◉ロシアが国際舞台で勝つとすれば……

　ロシアが潜在的にありうる利得の大部分は経済に関係することで、より厳密に言えば、西側が支配している金融システムから離脱することを試みることである。ロシアの戦略とは、BRICSとユーラシア経済圏に投資して、西側経済圏がロシアとの金融戦争に負けて、その代わりにロシアが主導権を握るようにすることである。

　一つの可能性のある動きとして、各国の金融機関の格付けをスタンダート＆プアーズ、ムディーズ、そしてフィッチに引き続き行わせないためにBRICS独自の信用度格付け機関を創設するよう、ロシアが提案することである。

　実際、ロシア国家経済学院のある会員の発言がロシアのメディア（ロシアNow（RBTH）、2014年4月29日付）に引用されている。それによると、「BRICS

すべての諸国において、国家による信用度格付け機関がすでに創設されている。あと、最重要なことは国家間による承認というだけだ」というものである。実際、ロシアには、ロスレーティング（RusRating）という独自の格付け機関があり、中国には、大公国際資信評価有限公司がある。それに加えて、ARCレーティングス（ARC Ratings）という、ブラジル、インド、マレーシア、ポルトガル、南アフリカからなる国際的共同体機関も存在する。

　問題は、BRICSが格付け機関を創設できる、格付けできたかということではない。むしろ、国際的な投資家たちから見て、そういった新しい機関が単に政治的な理由で存在し、特定の国々を依怙贔屓していると思われる以前に、そのような機関の格付け評価が本当に信用するに足るのかということである。

　もし、アメリカの格付け機関が完全なものでないのならば──実際、2008年の金融危機から、そういった機関にもいくつもの深刻な問題があることを学んでいるのだが──かつ、それらが透明性のある組織ならば、外部の機関によって内部での職権乱用について調査をすることができるはずである。

　明らかに、ホワイトハウスは、そういった米国信用格付け機関に対して評点を付けるようなことはしない。この機関は民間組織であり、政府からの直接的な干渉外で運営されている。先の国々の新しい機関が、政府から十分に独立していない危険性もあるだろう。それ故、そういった機関から発表される格付けは公平性に欠けるのではないか、という疑念も生じる。それでもこうした新しい機関を創設し、透明性があるように努めることは、ロシアにとって将来性のある利益になると思われる。

　最近一連の制裁によって、ロシアには多くの好機が生まれている。同時にロシアは2014年4月25日に法を制定していて、国税納付制度を創設し、同国内の企業に対して外国クレジット・カード支払い制度を規制することになった。「サンクトペテルブルク・タイムズ」紙によれば、この国家納付制度は大変に注目されているという。ビザ・カード社やマスター・カードが、ロシアの大手銀行二行と取引上の問題が生じた。その際、この制度による経済制裁の一部として、新しい法律が制定されることになったのである。それは先のクレジ

ット・カード会社に対して、ロシア国内における活動を規制するだけでなく、ロシアの国内市場をかき乱さないことを約束させるための担保金として、ロシア中央銀行に38億米ドルを支払うように要求するというのである。

　ロシアは、中国と共に、国際貿易上でのドル決済から手を引くことを長い間、切望してきた。そして、この二カ国はお互いにそのように公式な試みを行ってきて、2010年という過去の話になるが、2010年12月15日付の「ニューヨーク・タイムズ」紙によれば、モスクワ銀行間通貨取引所（MICEX）は人民元─ルーブル両替サービスを、両国の企業間のビジネスのために開始したとのことだ。この考えによると、それぞれの国にある企業同士で商取引をする際、人民元とルーブルを直接に交換するというもので、これは米ドルが共通通貨で、双方の間の取引に利用されるという旧体制に逆らうものである。
　例えば、商取引の際に、国際市場で中国の企業が人民元を米ドルに両替し、今度は米ドルでルーブルを購入するというものだ。MICEXサービスが導入されることで取引がかなり単純化され、米ドルがもはや共通通貨ではなくなったのだ。それ故、こうした意味において、それは新しいニュースではなく、むしろ数年前から始まったトレンドというべきもので、ロシアはその通貨取引の領域を中国のみならず、ブラジル、インド、南アフリカまでにまで拡大させたのである。
　実際問題として、ロシアのメディア（Voice of Russia、2014年5月4日付）は、「まもなく、インドと中国に対して、それぞれの国の通貨をもって商取引するようになるだろう」と報道していた。また、その記事において、「この場合、米ドルやユーロは次第に、舞台の裏側に退くことになるだろう」、と綴られている。
　ロシアが激しく猛追できる他の好機としては、すでに公表されているBRICS開発銀行のことである（Bloomberg、2013年3月25日付）。これは、そういった国々が世界銀行や国際通貨基金にあまり依存しなくてすむようにするためのものである。いや、むしろ、そういった国々が自分たちで代わりに開発銀行を運営することになるであろう。
　このことに付け加えて、この新しい国際組織はBRICSの輸出を経済的に支

えるためにローンを創出することも可能で、1000億ドルほどの通貨危機対策基金のためにも、その組織が経済を安定させる役割を果たすとのことだ。実際、ロイター通信（Reuters、2014年4月10日付）は、南アフリカ財務相であるプラヴィン・ゴーダンの発言を引用している。それによると、2014年7月に開催される次回のBRICSサミットまでに、BRICSは銀行創設に向けて着々と物事が進んでいるとのことだ。

このアイデアは元来、2011年のニューデリー・サミットで発案されたものだが、その次の2013年ダーバン・サミットの終幕までその銀行は公式に運営されていなかった。それ故、この銀行の創設はこの程度の規模の政府間国際機関にとってやや時期尚早で、当時、経済危機に瀕していたロシアのためにおらく創設されたのではなく、事実、BRICSすべての国々のために創設されたのだろう。

エテクウィニ宣言とアクション・プランは、2013年のダーバン・サミットの終わりですべてのBRICS参加国によって調印された。これによって、新しい開発銀行と外貨緊急事態対策のみならず、参加国の未来の戦略を研究するためにBRICSシンクタンク委員会が創設されたのである。これは参加国の間で市場を統合して拡大するために、BRICSビジネス委員会が創設されたことを意味している。繰り返すが、ロシアは、西側との関係が複雑化した中で、絶好の時期に利得を得ることになるだろう。

実際にロシアは、エネルギー部門において、インドとのビジネス交流を求めてきた（Voice of Russia、2014年4月18日付）。インドは、2017年までに19もの原子力発電所――これは1万7400メガワットに相当するが――を開発したいと考えており、クダンクラム原子力発電所のうちの二つの発電機は、ロシアのロスアトムとインド政府との合同事業により設置されることになっている。石油およびガス・フロントに関しては、ロスネット社がバレンツ海や黒海における建設プロジェクトをインドのために引き受けた。

国防部門においてもロシアはインドと良いビジネス・パートナーであり、2013年にはインドだけで47億米ドル価値相当の兵器を購入している。ロシア

の強硬な態度が抑制されることもなく、西側人陣がロシアに対して何らかの意味のある反応を全く示さなかったとしよう。それは、西側とって弱気を意味することになる。つまり今、世界で大問題になっている地域において、西側陣営には好ましくない結果に終わるということである。

　それ故に、西側に対して強く支持しないとする他の国々は、EUやドイツに詰め寄らないかもしれないが、むしろ、ロシアとの統合を望むかもしれない。これは、ロシアが、東ヨーロッパから普遍的な支配者であると見なされているということになる。こうした意味合いで、力を誇示すればするほどその名声が高まることになり、他の国々がロシアと協調し、経済統合することを求めるようなびいてくるのである。

●ロシアが国際舞台で負けるとすれば……

　この節の冒頭がサルトルの引用から始まるのも、ロシアはウクライナ危機に介入する主要な外圧のような存在であるからである。また、ヤヌコーヴィチ大統領が抗議者たちを独立広場内に包囲しようし、ロシアが彼のそうした行動を支持していたからでもある。

　もともと、これはウクライナ国内の問題であった。しかし、ロシアが介入して以来、それはどの国にも関係する問題となった。国際社会における身の丈とは、その国家がどれだけ大きい兵器を持っているかで測られるかではない。仮にその国家が核兵器を持っていたとしても、その身の丈や偉大さは軍事力を発揮する能力にあるのではなく、それを用いないようにする能力にある。この場合、そのような強固な軍事力を持つ国は武力行使を抑止するか、批判にさらされて国際社会から疎外されるしかない。

　ロシアの攻撃的な振る舞いは、不発に終わるかもしれない。というのは、他の国々から見て、ロシアによるウクライナへの侵入を自国への脅威と見なしている。それ故に、北大西洋条約機構（NATO）へ助けを求めることになる。旧ソビエト連邦のほとんどの加盟国は、自国のアイデンティティーへの脅威になるほど旧ソ連が息を吹き返そうとすることに怖れるだけの理由がある。

　例えば、2014年3月号の『アトランティック』誌によると、リトアニア外

相のリナス・リンケビチュウス氏は、ロシア軍がクリミア半島に侵入してくることを懸念しているが故、NATO諮問委員に協力を要請するのに北大西洋条約第4条を行使した。同じ雑誌（Atlantic、2014年3月号）には、エストニアの国会議員の発言を引用していて、「もし西側陣営がロシアの攻撃的な外交政策に対して目を覚まさなければ、明日はすでに時遅しになることだろう」と綴られている。これは、バルト諸国における政治的不安定を意味している。

　ロシアと緊密な同盟国であるベラルーシのルカシェンコ大統領でさえも、クリミアは「ロシア共和国の一部」と認識しているという公式声明を発表している。しかし、それでもロシアのクリミアへの侵入は「危険な前例」という烙印を押した。

　同様に、他のメディア（BBC、2014年3月12日付）が私たちの記憶に刻み込んだこととは、ロシアの他の同盟国であるカザフスタンも国境内でのロシア軍の存在は脅威ということだ。それというのも、北部コスタナイ州領域における人口の50％がロシア人であり、つまり、これはクリミアと状況に相違があるということでなく、旧ソ連の指導者ニキータ・フルシチョフによってクリミアはウクライナに譲渡されている事実による。

　事実、カザフスタンのヌルスルタン・ナザルバエフ大統領は、「国際法の基準に照らし合わせて、ウクライナの主権が維持されていることを根拠」（BBC、2014年3月12日付）に、この危機が平和的に解決することを求めた。

　さらに、ロシアの国力の誇示は、軍事力という点においてベラルーシ、アルメニア、タジキスタンの大統領たちが言及する以前に、無言の脅威として西側陣営に対してより一層、誇示しているといえる。その理由として、ロシアのメディアがプーチン大統領からの声明に基づいて、同国は軍事における攻撃力と防衛力の準備がすでに整っていることを報道したことが挙げられる。

　実際問題として、バルト諸国は、ポーランドとアメリカと同様、イスカンデルMミサイルをカリーニングラードのロシア領地域へ移動させるというロシアの決断に反対していた。この地域は、以前、ケーニヒスベルグとして知られてい

る。そこはEU諸国が存在するカリーニングラード境界付近であり、なおかつ、そのミサイルをポーランド付近に配置することになると「ナショナルポスト」紙（National Post, Canada、2013年12月16日付）は伝えている。

日本でさえも、──同国は、第二次大戦後にロシアと平和条約を結んでおらず、ロシア領カムチャツカ半島境に存在する北部の諸島の領有権をめぐって係争中であるが──クリミア介入については前向きに捉えていない（Japan Today、2014年3月14日付）。日本は特別なケースに当たり、それは同国がロシアから豊富なエネルギー資源を石油やガスという形で輸入しているからであり、福島震災後、日本のエネルギー需要は緊急事態であるともいえる。

西側陣営からのロシアに対する何らかの制裁は、日本にとっても大問題となりうるだろう。しかし、この場合、ロシアもビジネスチャンスを失い、そして日本も苦しむことになる。

ロシアは、米国が科そうとする制裁の度合いが強くなることに気を配らなくてはならない。2014年のアメリカ国勢調査局によると、2013年、米国はおおよそ270億ドル相当の品物をロシアから輸入しているが、その内、約160億ドル分はロシア側にとって実質の黒字となっている。

言い換えれば、制裁の度合いが強くなれば、米国企業がロシアの商品に興味を失って他国とのビジネスを探し求めることになり、ロシアは貿易黒字を失いかねない。実際、2014年の第1四半期において、米国はロシアへ28億3180万ドル相当を輸出しているが、63億1290万ドル分だけ輸入している。これは、第1四半期だけで34億8110万ドルもロシアが貿易黒字であり、この2013年の状態が継続されるのであれば、ロシアは120億ドル以上もの額、それは2014年の第2から第4四半期にかけて儲かるだけの金額を──ロシア側の利益はまだ確認されていないが──失う危険性もある

EUと日本に関しては、ロシアとは好ましい貿易均衡をエネルギー貿易を通して保っているので、EUや日本が、ロシア以外で貿易相手国を多様化するのは極めて難しいだろうし、それに伴うコストも甚大になるが不可能ではない。石炭や原子力エネルギーというのは、EUや日本にとって複雑化した選択肢であり、そ

の理由として、そういった国々は低二酸化炭素排出を目指しているからである。

　しかし、もし緊張状態が増大して政治的意思が働くのであれば、ロシアは2014年における貿易で多大な損失を被るかもしれないし、おそらくその年における経済の見通しで大きな落ち込みとなるであろう。また、制裁に付け加えて、ロシアは、ボイコットのような他の形での報復を受けることを考慮しなくてはならない。ロシアのメディア（RBTH、2014年5月8日付）によると、サンクトペテルブルク経済フォーラムに対する西側陣営のボイコットは多大なる損害を与えると報道している。

　その記事によると、コカ・コーラ社、アルコア社、ゴールドマン・サックス社のような米国の巨大企業が支社長を派遣せず、イタリアやドイツの企業も派遣を中止することで、代表的な外国企業のうちの40%がもはや存在しなくなるということだ。この記事では、ロシア大統領府国家経済行政機構学院のウラジーミル・クリマノフの発言を引用していて、彼は「フォーラムに対する、最大規模の企業のトップらによるボイコットで、このフォーラム自体の存在意義を本当に失うことになる」と言っていた。言い換えれば、国際的なビジネス界は、西側陣営の各政府がロシアを経済的に大きく孤立するように注意を促していることになる。

　もしウクライナと開戦をすることになれば、ロシアは自国が非常に複雑化した状況に置かれていることに気が付くであろう。その一つ目の理由として、そもそも多くの人が死ぬわけだから戦争は好まれるものでない。二つ目の理由として、最近の歴史から振り返ると、ロシアは一般国民が国家に対する誇りを持つようにさせているようには思われない。アフガニスタンへの介入は、「ロシアによるベトナム戦争」というレッテルを貼られている。イスラム民族とのこの戦争で、ロシアはかなりの規模の国内テロ問題を引き起こすことになった。また、南オセチアとアブハジアをめぐるグルジアとの戦争は、同じロシア正教会系の国家間での、旧ソ連の同盟国と独立国家共同体の一員に対する侵害でもある。

　ロシアはウクライナに対して、圧倒的に有利なだけの軍事力を有している。しかし、仮にロシアがウクライナの通常の軍事力を除去したとしても、今度は

その支配した国中での抵抗勢力に対処しなくてはならないだろう。そして、ウクライナは財政破綻の際に、他の国が行ったような「一瞬離脱戦法」を用いることになる。その結果、ロシアは、莫大な時間と資源の投資を要するだけの巨大な国家を支配しなくてはならないことに気が付くであろう。

　ロシアはまた、クリミア人口の約10％がイスラム系タタール人であることを考えなくてはならない。そして、仮にそういった人々が、「ウクライナの支配下の時よりもロシアによる支配の時のほうがひどい扱いを受けるのでは」と恐れるのであれば、彼らは抵抗するであろう。言い換えると、ロシアはかなりの数の抑圧されたイスラム系人民──災いの元にもなりかねない──を保障しなくてはならないのである。
　例えば、アフリカや中近東などのような他国の領土や領域を皮切りに、ロシアは自国内でも宗教戦争を起こそうとしているのではないか、と推察するのは単なるこじつけではない。ロシアの宗教はまた、同じ正教会系の同胞との戦争にも対処しなくてはならず、それはグルジアに対する戦争からそれほどかけ離れた話ではない。モスクワ総大司教職は、ウクライナ正教会の一つと完全なほどに親交が深いもので、まるで兄弟のようにも見えるものだ。
　あらゆる意味において、隣国への攻撃的な姿勢はロシアの高い国際的地位にダメージを与えることになる。旧ソビエト連邦時代の同盟国が、ロシアからさらに分離して西ヨーロッパもしくは中国のどちらかの影響下に入ってしまうことになる。

　ロシアにとっての最大の損失とは、1994年のブダペスト覚書（UN、1994年）で結ばれた義務の不履行ということになるだろう。その元々の合意は、1994年12月5日まで遡る。また、それはウクライナ、ロシア、そしてアメリカの大統領らによって調印されており、ウクライナが核兵器を増強しないという条約に調印した時のものである。実際、1994年12月10日に文書の原本は国連に保管されており、それは国連宛にロシア常任代表が署名している。興味深いことに、それはセルゲイ・ラヴロフ氏によっても署名されているのである。

ラヴロフ氏は現在、ロシア外相であり、おそらく自身が国連の書庫にその書類を保存していることをまだ覚えているはずである。ラヴロフ氏は、ロシア外相としてその書類の各ページに署名をしており、それは、第1条『ロシア連邦、英国、そしてアメリカ合衆国は、欧州安全保障協力会議の最終文書における原則に従い、ウクライナの独立、主権、ならびに同国の国境を尊重することに同意することを承認する』ということを確証するものである。

　彼は、第2条『ウクライナの領土保全や政治的独立に反して脅迫や武力行使を用いない義務があることを是認する』ということも確認しているはずである。また、第3条『ウクライナが領土内において、本来持つ権利の行使よりも先の三国の利益を優先し、何らかの利益を保証するような経済的強制を控えること』も、ロシアは確認しているはずである。この他にも保障があり、もしウクライナが核兵器の脅威にさらされた状況に陥った場合、その文書の他の調印国や国連が協議することも含まれる。ロシアはすでに先の三つの条文に違反しているのではないかと論じる人もいることだろう。

　また、ロシアは、そうした外交姿勢が同国の戦略であると判断されるか、もしくは、「ロシアは本来は責任を守る国であるはずなのに、とても信じられない」と他国に思われることで、ロシアが国際社会の「のけ者」になる危険にさらされていると見るべきである。明らかにブダペスト覚書に違反することは、国際社会においてロシアの信用性に深刻な打撃を与えることになる。ロシアのような大国は、自国の信用を失うことを回避すべきなのである。

ウクライナについてのシナリオ考察

『険しい道が偉大さの高嶺へと導く』
―― セネカ

●ウクライナが国際舞台で勝つとすれば……

　セネカは生涯を通して、多くの困難に遭遇しているが、その人生の大半にお

いて、それらを克服することができた。それ故、ウクライナが経験していることは、「自分の人生経験そのものである」、と彼が断言することは適切であろう。

実際にウクライナは、分裂の可能性も含めて政府転覆の危険性があるが、それと同等か、それ以上の可能性で経済的利益を得るチャンスも待っている。この状況を検証する方法は限られているが、それでも状況を外部から傍観する機会はある。また、その機会というのはありふれているものだ。

ウクライナとロシアの取引高は、これは商品やサービスの輸出入額で計られるものだが、2013 年には 383 億ドルに達する（RBTH、2014 年 3 月）。その資料によると、ウクライナの総貿易額のうち 27％ほどが対ロシア貿易であることが分かる。また、同時期のロシアの総貿易額のうち、わずか 4.5％のみが対ウクライナであることも分かる。

したがって、ロシアにとってウクライナが、というよりも、ウクライナにとってロシアは重要な貿易国であることが容易に推察できる。それでも、ロシアの総貿易額における対ウクライナ貿易の比率が意味することは、ロシアにとってウクライナは重要な貿易国であると言える。実際、ロシア経済はウクライナ市場に商業サービスを提供しており、それなりに深い経済関係を持っているのである。見方を変えると、ロシアがウクライナの市場を利用できるのも、ロシアが同市場で強い競争力を発揮し続けているとも見てとれる。また、このことは、ウクライナが旧ソビエト連邦の一部であったという事実だけではなく、ロシアがウクライナの領土内に存在していたという相互関係を物語っている。

他に考慮すべき点で、これはロシアにとって最重要なことでもあるが、西ヨーロッパへのエネルギー輸出のうちの約 70％がウクライナ領内を経由して輸送している。それ故、ロシアは隣国と良好な関係を維持することに関心があるということである。ウクライナはロシアにとって大きなビジネス・パートナーであるとは言えない事実があるのにもかかわらず、実際に両国が協力し合うことは実際にメリットが大きい。この事実だけでも、ウクライナはロシアとビジネスをするための機会について交渉するための多くの「ドア」を開けることができるのである。

そして、単にパイプラインがウクライナという地域に存在しているだけで、ビジネスが行われていることを意味している。その理由は、パイプラインはいつも維持され、メンテナンスされなくてはならないからである。石油やエネルギー資源が適切に供給され、特定の個人の手に渡るためにも、そういったパイプラインは必要とされているのである。つまり、これはウクライナ人のための仕事であることを意味している。さらなる利益も確実なものにし、ウクライナ領土を通過してロシアからのエネルギー輸送を統合する計画を作るための交渉の切り札として、ウクライナは供給網における戦略上で重要な位置にあることを利用しているのである。

　その背景として、ウクライナは、ロシアの石油・ガス企業とのビジネスで多くの場数をおそらく踏んできているからである。ロシアは経済成長を追求し続けなくてはならないが、ウクライナも小国ではない。事実、このエネルギー供給網の戦略的重要性を考慮すると、ロシアとしては、ウクライナがEUとの経済協力関係から西側陣営に引き込まれることを黙って見届けていることはできないだろう。

　近年、西側陣営で、ロシアと同じくらいだけウクライナ製商品を輸入する国はないと思われる。しかし、ウクライナとの貿易高を増加させることはEUの利益になるのである。また、ウクライナの貨幣価値が低下していることから——それ故、輸出品の価格が相対的に非常に低いように設定されているので——EU諸国は、多くのウクライナ製品をバーゲン価格で輸入できるであろう。

　こうしてウクライナはEUとの貿易高を高めることで利潤を得ることになり、同時に西ヨーロッパ側も利潤を得る。それは、値引きされた額で上質の製品が手に入ることになるからである。ウクライナは、独立国家共同体の一員のままでいることも可能であるだろうし、その共同体の他のメンバーと貿易協定を結ぶこともできる。しかし、西側世界と戦略的商取引を求めることも同時にできる。このことは、同国が東西陣営の間で戦略上、最高な位置に存在することになると言える。

ウクライナ紛争への解決策のうち、最も効果的な手段は、連邦制のような制度を採ることかもしれない。連邦主義は多くの国家において十分に機能していて、それは異なる背景、ものの見方、関心を持つ人たちが一つの同じ屋根の下に集合できるからである。

　実際、内戦によって破壊を受けた国々の中で一番の好例となるその一つは、連邦制度をモデルとして何とか生存してきた国はスイスである。これはフランス語で Confederation Helvetique（スイス連邦）として知られている。同様に、ウクライナという国は、統一された体制内でさまざまな地域がそれぞれ自治的に存在し、共存して成り立つ国家である。このように考えることも極めて妥当であろう。もし東部にロシア系少数民族が存在しても、ポーランド系少数民族も同国西部に在住し、その上、クリミアにはタタール人がいる。互いに戦争をした経験のあるスイスの各州とは違って、ロシアの各州はお互いにそれほど反駁しあうこともなかった。これは、東部における大部分の地域が工業化されており、もしくは東部がより保守的であるのに対して西部はよりリベラルであるからである。どのようなことが起きても、キエフにある中央当局は、各州に対してより譲歩することができた。それ故、各州が連邦制度の一部であると認識することができるのである。そして、このことは分離・独立運動に対する処方箋にもなり得たのである。

　これもまた重要なことであるが、ロシアの場合のように、他の国に併合されたい州と、ロシアと同調して他国との吸収を望まない州とを区別することである。ウクライナには、確かにいくつかのロシアに併合されたい州が存在する。分離・独立支持者はやかましく抗議しているが、おそらく、ほとんどの国民が現状を維持していたいと考えている。実際、ロシアとウクライナ間の国境は旧ソビエト連邦の時代から地理的にそう変わることもなかった――もっとも、フルシチョフがクリミア半島をウクライナに譲渡した時以外の場合を除いて。

　もしウクライナがそういった州に対してよりリベラルな姿勢を取るのであれば、同国は得をすることになる。それは、キエフ当局が少数民族に対して寛大で、かつ民族上の違いをより尊重しているからである。これに対して、ロシア

はより攻撃的で不寛容な態度を押し通している。少数民族に対するより寛容な姿勢も、他国の人々からより民主的に思われるであろう。また、おそらくEUに代表されるような、異なる民族が団結して常に協働する共同体として好ましく思われるであろう。

　記憶に留めておくべき重要なことは、他のEU共同体の国の中でも欧州司法裁判所が引き受ける事件として、ハンガリーのロマ人の例や、ドイツのトルコ系少数民族の人権を擁護しなくてはならない例があるように、たいていの国の裁判所が引き受けたくない事件が存在するということだ。EUのどの国家も、バスク地方に対するスペインの見解や、英国のスコットランドに対する姿勢のように、最善を尽くして独立運動に対処している。

　セネカの引用に戻るが、キエフ当局は確かに選挙、流通貨幣の安定、IMFとの関係、そして、ロシアとの紛争拡大を抑止するために国際社会と協働することに振り回されている。よってキエフ当局が、外国からの息がかかっていると思われる独立運動の指導者たちと妥協するように交渉することは、現時点においては優先順位が非常に高いものではないかもしれない。

　しかし繰り返すが、キエフ当局はそういった地域においてより高圧的な国家からウクライナを明らかに離別させるだろう。また、当局が他国の人民を尊重するのに、西ヨーロッパ式の民主的な方法を採ることを世界に必ずや見せ示すことになるだろう。現時点で、ウクライナは同国のすべての友好国を政治的に利用することができる。

●ウクライナが国際舞台で負けるとすれば……

　ウクライナも危機に瀕している。第一に、最重要なことだが、同国が現在の形態で存在しうるのか、ということである。その一方で、国民投票という現実がある。これは合憲的か否かにかかわらず、クリミア半島は現在、ロシア共和国の一部である事実から、第二次世界大戦後の国境はもはや存在せず、2014年1月1日の時点と比べて2014年末ではウクライナの地図が大きく変わっているように思われるということである。

ロシアが確信していることに、ウクライナの正統性のある政府は、罷免されたヤヌコーヴィチ元大統領によって主導されるべきで、また暫定政権をクーデター政権と見なしている。西側陣営はクリミアにおける国民投票の結果を認識しておらず、それは本当に自由投票であったかという確証が十分にされていないからである。そのことに付け加えて、政治が不安定な国家では、そのような投票結果を承認することは難しいことだ。さらには、その投票が総選挙前に行われていたことである。

　ここで思い出さなくてはならない歴史的教訓がある。米国が英国の植民地だった頃、米国の暫定政府にその法的根拠があったのかどうか、英国は認識していない。同様に、他のヨーロッパ諸国がそれぞれの植民地における暫定政権を認可するのに時間がかかっている。例えば、暫定政権を公式に認可する以前に、ポルトガルはアンゴラやモザンビークと戦争しているし、フランスもアルジェリアやベトナムと戦争をしている。

　混乱と相互不信の状態の中で、実際はこうである——クリミアの土地にロシア人が地に足をつけていて、ウクライナ軍は武力によって自国の領土取り返そうとしている状態ではない。ウクライナはNATOの一員ではない故、ロシアの攻撃に対して自発的に反応することができないのである。ウクライナはまた、クリミアの場合と同じく、ロシア系民族が多数派である地域を除いて東部で独立分離運動の問題に直面している。そうは言っても、そのような地域がクリミアの収納帳に従って、同様な（いかがわしい）国民投票の罠にはまるように仕向けられる可能性もある。おそらく、そういった地域において暴動が一層エスカレートすることが予測される。

　これは、ウクライナの国家主義者たちがロシア系の独立分離主義者たちのことを危険な存在と思うかもしれないし、その逆も然りである。ウクライナの国土分割が継続されることは、同国の国民の利益にならない。そうすることは多大なる政治不安を招き、経済危機が生じ、政権維持に苦しむ暫定政府が危機に対応できなくなるからである。さらには、東ヨーロッパからコーカサス一帯にかけての全領土を政治的に動揺させることになる。これにより、他国が戦後に

できた国境がもはや尊重されなくなるか、または異議申し立てされるのかと、不信に思われるようになるからである。

　従来からこの地域は緊張状態となっていて、旧ユーゴスラビアからの分離、それに伴う民族紛争、ルーマニア・モルドバの分離、そして、最近のこととして沿ドニエストル紛争がある。実際、沿ドニエストルのロシアに併合しようとする試みは、ウクライナに特別な問題を与えて悩ましたことになる。それは、クリミアと沿ドニエストル間の掛橋となるような広大な国土を建設することを目的とする急進的な独立運動家たちにとって、その東部地方は標的になるからである。事実、『デア・シュピーゲル』誌（Der Spiegel、2014年3月付）は、その地方の非常に精巧な地図を印刷しており、一読に値するものである。そのリンク先は、下部にある注釈付き参考資料にある。

　ウクライナのような巨大な国の分断は、同国が自力で解決できないだけの大問題を引き起こすことになる。他国が自分たちの国境に対して不安に思うようになるからであり、また、このことから、より強大な国が思うがままに他国の主権の何もかもを略奪できる権利を持つことになる。おそらくこれは国際条約違反から、オバマ大統領が「2014年の受け入れがたい行為」（ABC News、2014年3月付）となる情勢を引き起こすことになる。

　また、ウクライナは多くの点からして経済的損失を被ることになる。最重要なこととして、政治的不確実性が高いために内政不安や路上での暴動によって従来の経済活動は不可能となる。よって、戦争が起こりそうになると、たいていの経済活動を停止するか、もしくはそのペースをかなり落とさなくてはならない。この経済活動が減速するのは、ケインズ経済モデルで計ることができ、それによると経済活動の速度は一国の国内総生産高（GDP）による。ケインズ経済学におけるGDPとは、消費量、投資額、財政支出、それに貿易総額（輸出から輸入を引いたもの）のすべての合計である。失業の恐怖心からくる消費量の低下、経済的停滞に拍車がかかり、低い輸出・輸入高などによる急激な変化が意味することは、低いGDPということである。

　経済活動の停滞は大問題であり、ウクライナは同国が得られる強い通貨（ユ

ーロ、米ドルなど）のすべてを確保する必要がある。言い換えれば、ウクライナがより強い貨幣を獲得できる能力がかなり損なわれることになる。投資ができず、輸出額が低いことから、ウクライナはIMFとの協定に応じることがますます難しくなるだろう。第一に、170億米ドルも超える資金供与は「贈り物」ではない――これは返済されなくてはならないものである。第二に、その協定は米ドルにて締結されているのである。

　また、考慮しなくてはならないことは、ウクライナにとってロシアとの貿易の規模と重要性についてである。ウクライナ人にとって、彼らの商品を急いで購入者を見つけることはこの上なく困難なことだ。それにロシアは、キエフ政府との紛争が進展している最中、ウクライナの企業とあまり関わりたくないだろう。
　さらに、すでに供給されたガス料の支払いとして、いくらかの代金をロシアは要求するかもしれないし、現在のガスの供給を妨害するように脅してくるかもしれないし、完全にガスの供給を中止するかもしれないのである。これはロシアが、ウクライナに対して東側陣営に譲歩させることを推し量るための物差しのようなものである。言い換えれば、ウクライナ経済にとってロシア市場を失うということは、短期的に見て災難であることが分かるだろう。
　それでもやはり、ウクライナ人にとってEUとの経済協定を撤廃することは、長期的に見て、大きな経済発展の機会を失うことになる。なぜなら、仮に経済的な困難が付きまとったとしても、EUとの協力関係やEU市場に参入することは、より有利になることが判明してくるかもしれない。実際、キエフ暫定政府は、その長期的な経済発展のためにもEUとの協力関係はより有利に働くことを認識していて、その証拠としてEUとの協定を結んでいる。これは失脚したヤヌコーヴィチ元大統領は拒絶したものだが、当局が国際舞台で初めて締結した協定の一つでもある。
　また、キエフ当局は、そのすべての州から徴税する予定であることを記憶に留めておかなくてはならない。石油とガスが豊富に埋蔵されているクリミアを失うということは取り返しのつかないことだが、経済基盤をさらに失うことは経済的な大打撃を受けることになりうる。つまり、税収基盤を保持するために

も、ウクライナは領土保全を最大限に維持することが重要である。そうできないのであれば、同国政府は一層厳しい経済的現実に直面せざるを得なくなるだろう。

確かに、ウクライナがより多様化した経済的な未来を展望することもまったく可能だ。しかし、製造業が経済活動のうち、より重要な割合を占めている。例えば、米国の場合、サービス産業が経済活動の内の80%であるのに対して、製造業は19%、農業はたったの1%である。また、知っておかなくてはならない重要なこととして、一国が短期間で経済産業部門における活動を劇的に変えるのは難しいということである。変化は緩やかにするべきであろうし、社会に大きな変化がもたらされなくてはならないだろう。さもなければ、労働者が持つ技術と、その雇用機会において必要とされている技術との間にミスマッチが生じることになるので、ウクライナはすぐさま構造的な失業問題に直面するであろう。

人は、製造業からサービス産業への移行がすぐに実現しうると考えたくなるものかもしれないが、そうはならないと論じられるべきである。なぜなら、労働力がより顧客中心型のスタイルに成長しなくてはならないからであり、これは一夜漬けで身につくものではない。つまり、工場の床の上の作業で必要な技術は、サービス産業で手際よく提供されるために要する技術とは大きく異なる。仮に労働者が必要に駆られている以外の理由から、一つの経済部門から別の部門へ転職したいと本気で切望しているとしても、時間、教育、適度なトレーニングに投資することはそうできるものではないだろう。

国際社会が協力しうる一つの分野がここにある。それは、米国国際開発庁（USAID）とEUにおける多くのさまざまなトレーニング・プログラムを用意している。また、そういったプログラムはウクライナにおけるプログラムに再編されて提供されうるだろう。もちろん、このことは協力するという意思表示があってのことであるが、それは米国、またはヨーロッパにおいて容易に受け入れられることではない。EU市民と米国国民の多くがそれぞれの国内で失業問題に瀕していているので、大統領選の時期に、アメリカ人の政治家がこのような案を支持することは難しいだろう。また、ウクライナはEUの参加国では

ないのである。

　ウクライナがもし東部に対してより過激な姿勢を示すのであれば、損失を被る可能性がある。というのも、独立運動家たちが多くいる地域にキエフ当局が軍事介入するということは、「ロシア系民族への脅威」として見なされる。したがって、ロシアからの反応を引き出すことになるからである。もちろん、どの国の中央政府でも自国の国境を念入りに防衛するように努めなくてはならないが、ウクライナの国境はその地域において最強の国家の一部である。明らかに、ロシアとの軍事衝突はウクライナの利益にならない。

　確かにロシアとの全面戦争において、ウクライナの軍事力が西側陣営からの大規模な軍事的支援なくして勝つことはほぼ不可能に近い。また、局地的戦争に導かれることになる――核兵器が使用される時、それは危険な前例となる。現時点において仮に暴動が生じても、ウクライナのトゥルチノフ大統領代行は紛争を抑止しようと働きかけているように思える。なぜなら、ドネツクおよびルハーンシクの二つの州の代表者たちをそれぞれの自治権について議論するために円卓会議に招き、対話しようとしていたからである。

　トゥルチノフ大統領代行は、ウクライナからの離脱を要求している二つの州は、彼が「深淵への入り口」と名付けたように、重大な経済的な損失を受けることを理解する必要があることを警告していた。ウクライナ全体が損失を受けるだけでなく、それら二つの州もまた苦しむことになる。まさに「Lose‐Lose」関係というシナリオである。

米国についてのシナリオ考察

『どんな場所にある不公正も、あらゆる場所の公正さへの脅威である』
　　　　　　　　　　　　　　　――マーチン・ルーサー・キング

●米国が国際舞台で勝つとすれば……

　米国は、多大な利益を得る場合が考えられる。その理由として、同国が弱小

国を守り、自国で独立できない国々の声となり、格言通りのような高い倫理性を取り戻すと思われるからである。米国はウクライナと国境上、隣同士ではないし、多くの貿易上の取引も行われていないし、どのように想像力を働かせてもエネルギーの供給国でもない。資源を獲得しようとする不明瞭な意図や試み、国家の建設、政権の入れ替え、または、米国が外国に介入するたびに起こるありふれた告発もない。

　ウクライナは、米国に歴史上で犯した罪に対する贖罪の機会を与えているのではないか、と論じる人もいるだろう。それは、ロバート・マクナマラがベトナム戦争での過失を認めた後、米国は以前よりも微妙な立場に置かれている、ということを意味している。

　ベトナム戦争の危機に対応し、かつ影響を受けた人物がいる。そう、元・米国上院議員で現・国務長官であるジョン・ケリーである。彼の活躍は、過去の歴史上の過ちに対して贖罪するための機会を私たちに提供してくれることにもなり、それは何と素晴らしい歴史的な好機ではないだろうか。このことは第二次世界大戦や朝鮮戦争における米国の役割とは異なり、しかし、ベトナムではそれなりの役割があったにせよ、米国人全体の集団的良心から出てくる責任感を意味している。米国のウクライナを守ろうとする動機は、米国自らがそのようにすることを望み、自発的に生じてくる利他心であると見受けられる。

　つまり、米国が自国内での団結性を守り、紛争がさらに発展することを抑止し、ロシアに対して外交的解決によって交渉の場に連れ出すような外交的努力をすることである。さらに米国は寛大にも、ウクライナの負債に対して助成金を出し、物品を与え、IMFを急かすことで同国に至急必要となる資本を届けるように指示するのである。

　米国は、世界における自由と民主主義の要塞として振る舞うことが重要である。米国は、脆弱な民主主義国の代弁者となる必要があり、一国の軍事力の規模で国境が決められていたというのは、過去の話であるということを世界に見せ示す立場にある。米国は、戦争は平和のための手段ではないというビジョンを世界に見せるのである。むしろ、民主主義、交渉、外交は、現在における手段で、将来のまだ何も決まっていない場合における手段ではない。民主主義と

平和はユートピアの話ではない。というよりも、これらは現代社会における本来兼ね備えられた価値である。これらは大切にされ、発展させ、そして守られるべきものである。

　世界銀行（World Bank、2014年）のデータによると、ウクライナの人口はおおよそ4600万人ほどで、そのGDPは1763億米ドルほどである。それは世界経済での分類上、中の下クラスの税収額ということになる。その一方で、米国の人口は3.140億人ほどで、そのGDPは16.2兆米ドルほどであり、かつ分類上では高い税収額ということになる。

　ウクライナはGDPで計算すれば、米国と比べて小規模な経済力であるにしても、米国はその全輸入品のうち、ウクライナからの輸入額は約770億米ドルまで増加させることができるだろう（世界貿易機関WTO、2014年）。2013年の米国国勢調査局の資料によれば、米国は約20億米ドルほどウクライナに輸出しており、逆に約10億米ドルほどの商品を輸入している。

　したがってこの年の貿易収支は、米国にとって約1億米ドルほど輸出超過ということになる。ウクライナとロシアとの間の紛争レベルは、まだ開戦というほどではないが、それでも両国は互いに敵対心がある。そして、キエフ新政権は、西側陣営に擁護されたいように思われる。それ故に、戦略的な重要性を増すことになる貿易国の一つとして、米国との関係を求めるようになるのは最もな理由である。ウクライナはBRICSと同じ程度の貿易を米国とは行っていない（次ページ図1参照）が、その貿易も今後発展する余地が残されていることを意味している。

　図1は、特定国による米国との輸出、輸入、収支額を表している。この表によって、米国とBRICSとの貿易額、ならびに米国とウクライナとの貿易額が一目瞭然だろう。ウクライナの米国との貿易額はBRICSの中で最弱経済力の国よりも低いものだが、その貿易額は米国にとって年間10億米ドル近くに相当する。また、米国は、同国の貿易収支が黒字になるよう維持し続けなくてはならないことを確認する必要がある。

　さらに米国は、ロシアの領土拡大を懸念している多くの国々と貿易活動を活

図1:アメリカと特定国との貿易関係

2013年の物品貿易 (100万米ドル単位)	輸　　出	輸　　入	収　　支
米国 / ウクライナ	1,923.9	1,035.9	888.0
米国 / ブラジル	44,116.0	27,553.4	16,562.6
米国 / ロシア	11,164.0	26,961.5	-15,797.5
米国 / インド	21,875.3	41,829.0	-19,953.7
米国 / 中国	122,016.3	440,433.5	-318,417.2
米国 / 南アフリカ	7,292.7	8,480	-1.187.5

(「米国国勢調査局」資料より作成)

発にすることで大きな利潤を得ることになる。例えば、2014年3月にチェコ・ラジオ局が報道したことに、ヴィシェグラード・グループ——チェコ共和国、ハンガリー、ポーランド、そしてスロバキアからなる——の各国の大使が、米国にガスをもっと輸出してほしいと要請している。これはエネルギーの確保のためであり、同時に、米国にとっても自国の商品の新しい市場を開拓できることになる。

　これはまた、ヴィシェグラード・グループにとっても大きなビジネス・チャンスになる。つまり、ポーランドでまもなく採取されることになっている液化天然ガスを輸送する場所が少なくとも一カ所はできることになる。さらに、クロアチアはまた別の場所も準備する計画がある。そうすることで、中央ヨーロッパ諸国は、ロシアのガスにそれほど依存しなくても済むようになるであろう。

●米国が国際舞台で負けるとすれば……

　米国が重大な損害を受けるのは、同国が1994年のブダペスト覚書（UN、1994年）の締結に違反した場合であろう。もともとその協定は、1994年12月5日にまで遡る。ウクライナが核兵器不拡散条約に同意した際、この条約にウクライナ、ロシア、米国の大統領が調印した。基本的にその時点で、ウクライナは安全保障のために膨大な量の核兵器を保持することを放棄したのである。後になって、中国とフランスの指導者らが個別の声明を発表しており、2009年12月4日に安全保障の対象がベラルーシやカザフスタンにまで拡大されたのである。すなわち、ロシアだけでなくアメリカも、核兵器廃絶の代わりにウクライナに対する特別な保障を約束したのである。

　もし米国がその保障をすることができないのであれば、きわどい立場に置かれることになるだろう。このことに付け加えて、ロシアに対して立場が弱くなり、米国は国際社会において後ずさりできなくなるのである。これは慈善や親切心のことではない。むしろ、履行義務のある契約ことである。かつ、このことは米国が契約を尊守するのか、という名誉の問題でもある。

　米国は、供給チェーン・リスクという形の経済的リスクにも対処しなくてはならず、これはロシアにも同様に当てはまることである。というのは、経済制裁に後追いする形で、ビジネス上の利益が得られなくなるかもしれないからである。たとえば、ボーイング社は軍需産業の請負企業で飛行機の製造元でもあるが、ロシアに70億米ドル以上も投資していて、2021年には210億米ドルも投資する予定である（Wall Street Journal、2014年3月3日付）。

　ボーイング社はまた、そのデザイン・センターをモスクワに構えていて、同社の製品を製造するのにロシア産のチタンに依存しているのである。もしチタンがもう輸入されなくなるのならば、ボーイング社はチタンを求めて別の場所を捜さざるを得ず、おそらく、それははるかに高い価格となるはずだろう。それ故に、経済制裁によってボーイング社も損失を被ることになる。

　事実、「アイビー・タイムズ」によると、ロシア産のチタンはボーイング

787ドリームライナーにとって非常に重要なものであり、その機体の15%はチタンでできているとのことである。それでも、先の「ウォール・ストリート・ジャーナル」紙の報道によれば、ロシアのアエロフロート社は、ボーイング社の航空機約100機を注文しているので、やはりロシアも損失を被ることになる。サプライチェーンが絶たれる、もしくは損なわれることで、アメリカの企業は被害が高くつくことになる。同時に、ロシアの企業もボーイング社の飛行機を購入できなくなるのである。

確かにチタンは可能性のある関心事であり、何といってもロシアは鉱産物の宝庫である。実際、2013年のロシアの輸出支出のうち、約80％も占めている（Roskill Briefing Paper、2014年3月付）。しかし、チタンだけが関心事の対象というわけではない。

2014年3月版の『ロスキル』の速報論文によれば、ロシアはニッケルの世界最大産出国の一つである。同国は世界のコバルト原料の6%を占め、世界のバナジウムのうちの10%を占め、世界のタングステンのうちの6%を供給し、世界で供給されるカリのうちの13%を占め、世界の抵抗性マグネシア産出のうちの10%を占めている。

そのような巨大な鉱産物産出国に対して挑戦するということは、しかも相手が重要な鉱物の世界への供給率が10％程度を占めている国ということで、ややこしいことになるかもしれないのだ。というのも、ロシアは外国企業に対して、代わりとなる鉱物を捜すように求めるだろう。そういった鉱物の価格も高い確率でプレミアム価格となるだろう。また、中国も世界市場における競合国でもあるが、中国の権利を第一に優先ということで同国自身が同時に主要な消費国になる。自国の産業に供給する必要があるので、外国という競合国に鉱物を輸出するということは、中国の優先リストには入っていないことだろう。

米国がBRICSの二つの国に目を向けるといっても、例えばブラジルやインドはかなりの量の鉱物を保有しているが、それらの国々は米国以外の国との貿易を選ぶかもしれない。そこで、米国はオーストラリアか、カナダの資源に可能な限り依存しなくてはならないことになる。

他のBRICS、旧ロシア（領）は、ロシアとの連帯としてではなく、異なる方向に向かっているかもしれない。実際、ロシアが世界に誇示したことは、同国がブラジル、中国、インド、南アフリカから支持を受けてきたということである。これはセルゲイ・ラヴロフ露外相による陳述によるもので、ウクライナ危機について、BRICSの外相たちと協議したということが引用されている（Voice of Russia、2014年3月付）。

　BRICSにとって米国は面白くない存在である。そういった国々からして米国はIMFの運営を改革するのに大きな障害である、と彼らの目に映るからである（ブレトンウッズ・プロジェクト、2014年5月付）。途上国には彼ら独自のやり方がある。実際、前回の国際通貨金融委員会（IMFC）は、米国のことをIMFの運営を改革する上で唯一の障害であると名指ししている。また、ブラジル金融相のギデュ・マンテガ氏は、ヨーロッパ諸国のことを改革上の主要な敵とまで名指しした。なぜなら、この国際金融機関において、途上国は投票数において負けるようになっているからである。それなりの投票数を得るには、途上国は先進国から力を明らかに借りなくてはならない。

　中国、インド、ブラジル、ロシア、南アフリカがより多くの投票数を得るには、米国やヨーロッパが自分たちの投票権のいくらかを放棄しなくてはならないことになる。現在の米政権によって改革され、承認された投票権制度は、それでも米国議会では可決されていない。それ故に、おそらくBRICSは米国が彼らに対して「友好的でない」と見なし続けるであろう——オバマ大統領が投票制度を改革するように最善を尽くしているのにもかかわらず。

　万が一、経済制裁が厳しくなってロシアが米国への報復を決するのならば、懸念されるべき一つのこととして、西側企業によるロシアへの投資についてである。例えば、二つの巨大エネルギー関連企業、米国のエクソンモービル社とヨーロッパのBP社がロスネフチというロシア最大の石油企業に巨額の投資をする（Fox News、2014年4月29日付）。エクソンモービル社は北極海で石油探索をする共同ベンチャーとしてパートナーを組み、おそらくロシアへの関与も小さくはないはずである。

石油探索は、非常にリスキーなビジネスでもある。それは第一に、巨額の投資だからといってそれに見合っただけの石油が採掘されるわけではないこと。第二に、その作業は環境に大きな影響を及ぼすということ。そして第三に、その作業の許可が一晩で下りることが保証されるものではないからである。これらの複雑化した要素に付け加えて、エクソンモービル社とBP社は共に、外国および性格が異なる組織であるロスネフチとビジネスをするという難しさに対処しなくてはならない。
　また、国際取引は交渉するのに長い時間を要するものである。そういったプロジェクトには、ビジネス上での多くのリスクがあるもので、また、地政学的な緊張が追い風になることはない。西側陣営の企業がロシアのロスネフチとのパートナーシップは双方にとって儲かるベンチャーと思われるので、その話が流れてしまうのは惜しいことである。

　米国が取り組まなくてはならない分野として、ロシアの世界貿易機関（World Trade Organization, WTO）に対する不平に対してである（RBTH、2014年5月付）。明らかになったことは、ロシアは「米国による経済制裁は、ロシア企業が米国内でそのサービスを供給することや、米国企業との貿易をする権利を侵害するものである」と声明を発表しているのである。ロシア側の不平によると、「このこと（制裁を科すこと）は、WTOの基本的な合意の一つに違反することになる」、というのである。こうしたロシアの不平の主な主張とは、「条文から、一国は自国の国家安全保障が危ぶまれた時ならいつでも貿易上の制裁を行うことができるはずだが、WTOはこうした『制裁』を法的処置と見なしていない」というのである。

　最後に、米国にとって最大の損失となるのは、同国が行動をやり損ねた場合である。米国が何も行動を取らないということで、ウクライナに対して直接的な影響を与えることもないだろう。しかし、むしろそのような怠慢が意味することは、米国はその根本的な本質——万人のための自由と民主主義——のために立ち上がり、戦わないということである。この米国についての節は、キング

博士の引用文から始まっているが、これは偶然でなく、私の意図が込められている。「どんな場所にある不公正も、あらゆる場所の公正さへの脅威である」、という一文は、米国の根本的な価値――正義、それについての――に本源的に結び付くものである。

もし、米国が行動をし損ねるのであれば、同国は自国の根本的価値のために立ち上がることに失敗したと見なされるであろう。また、米国はそのための機会を見逃すべきではない。批判があったとしても国際世論が下す評価とは、米国のどのような行為に対して、「帝国主義者」とか「植民地開拓主義者」としてではなく、むしろ自国の価値観のために立ち上がったのだと見なすだろう。

アメリカ合衆国は、世界で最も強大な国家である。同国のイメージとは、個人の自由、民主主義のために立ち上がること、平等な権利、そして、万人のための正義、という事柄に最もよく連想されるであろう。米国自身の価値のために同国が立ち上がることは必要である。しかし、何もしないことは重大な過失になる。一般的に疑問と思われるかもしれないが、「米国がその総力を駆使して不正義を止めようとしないのならば、では、どの国がその状態を抑えるのか」、ということである。

本質的に、もし米国が何も行動を取らないのであれば、それはウクライナがひどい攻撃を受けているのをただ傍観しているだけのことである。また、米国は怠惰であることに罪悪感を覚えることになるのである。さらには、すでに議論してきたように、米国は自国の価値と共存し損ねたことになるだろう。米国内では、ジョン・マケイン上院議員（アリゾナ州選出）のような最近の不正義に対して公然と非難し、米国がロシアに対して強硬な姿勢を示すよう要求する声もある。

●本章のまとめ

この章では、今回のウクライナ危機の中心的存在となる四カ国、すなわち、ドイツ、ウクライナ、ロシア、そして米国の国際舞台における勝敗について考察した。どの国も得をし、また損をする場合がありうる――そう、その規模は大きいものだ！　それでも本書の目的における重要な点として、どの国も得を

し、損をすることもありうることを提示することである。

　例えば、世界規模における相互依存性の特質や「一つのマーケット」という現実からして、ロシアの外交上の振る舞いを強制的に変えさせるための制裁は、西側陣営にも多大な損失がもたらされることになるだろう。ロシアが経済協力のパートナーである事実を無視することは不可能に近い。それは西ヨーロッパがロシアにエネルギー供給において多大に依存しているだけでなく、多くの産業もロシアの資源によって健全な供給チェーンを維持することに頼っているからである。場合によっては、バルト諸国、ポーランド、他の東ヨーロッパやコーカサス地方の国家は、ドイツ――同国はヨーロッパ最大の経済圏でもあるが――と、そしてEU全体と緊密な経済協力関係を結ぶことで多大な恩恵を受けることにもなるだろう。

　ウクライナが今回の危機の中心でもあるが、同国の将来について懸念しなくてはならないことは、地政学的な意味での国境だけではない。大前提としてウクライナが国家として存在しうるのか、ということである。ロシアが大得しうるのは、隣国が同国と経済関係を結ぶことを決めた場合で、逆に大損するのは、同国が調印した国際協定に違反した場合である。最後に、アメリカが得するか、損するかというのは、同国が自国の価値観によって立ち上がれるか、それとも行動をやり損ねる場合かによるだろう。

　私の重要なメッセージは、チャーチルの引用に含まれている。「成功とは、熱意を失うことなく失敗を重ねることから成る」、と。国際舞台に何らかの実行可能な解決策が出てくるまでに、今回の危機に関する関係国は大損しうることは明らかだ。重要な点とは、今回の危機に対して平和的な解決策を見いだすように辛抱強く待つことである。

【注釈つき参考資料】

①再生可能エネルギー転換政策（独：Energiewende）
私が、自分のブログ内でドイツの再生可能エネルギー転換政策を高く支持しているのも、これは正しい方向性に進むべき一つのステップだと信じているからである。また、急成長している工業や、近い将来に大成長することが見込める産業において、ドイツは確かに競争力を維持することができる。
http://phoenixeconomist.blogspot.com/2013/05/energiewende-energy-shift-is-great.html

②独立国家共同体（CIS：The Commonwealth of Independent States）
独立国家共同体の基本統計は、その参加国の経済指標を調べるのに優れた方法を提供している。
http://www.cisstat.com/eng/index.htm

③エネルギー協定の見直し
「モスクワ・タイムズ」紙の記事によると、ロシア政府は、テレコムやジェット・エンジンの関係企業が受けた制裁に対する報復のための戦略のみならず、エネルギー部門の改革を導入する思惑があるということだ。
http://www.themoscowtimes.com/business/article/russia-may-reconsider-russian-energy-ties-with-west/499200.html

④ブダペスト覚書：国連からの発刊された1994年版のオリジナル・テキストと、2014年版の再発刊されたテキストを、ここに紹介しておく。
https://www.msz.gov.pl/en/p/wiedenobweatsen/news/memorandum on security assurances in connection with Ukraine s accession to the treaty on the npt?printMode=true

⑤BRICS信用調査機関
「ロシアNow」のロシア・ビヨンド・ザ・ヘッドラインズ（Russia Beyond the Headlines）は、ロシアに関する情報を収集するのに非常に有益なサイトである。私は何かの情報を探すのに、このサイトによくアクセスする。私が見つけた資料は専門的にまとめられていて、読むに値するものである。
http://rbth.com/business/2014/04/29/russia pushes brics nations to establish their own rating agency 36307.html

⑥ロシアの支払い制度
「サンクトペテルブルク・タイムズ」紙は、このことについて最高の記事を発表している。それは短く、簡潔なものだ。
http://www.sptimes.ru/index bp.php?action id=2&story id=39746&section=70

⑦制裁により、ドイツは損失を被る
イギリス「ガーディアン」紙は、このことについて、興味深い記事を発表している。リンク先はこちら。
http://www.telegraph.co.uk/news/worldmews/europe/ukraine/10820180/Ukraine-crisis-Russia-sanctions-would-hurt-Germanys-growth.html

⑧人民元とルーブル間の両替
2010年の「ニューヨーク・タイムズ」紙にこの記事が見つかる。ロシアと中国が、共通通貨として米ドルから脱却するのに、何をするつもりでいるのかを分かりやすく説明している。
http://www.nytimes.com/2010/12/15/business/global/15iht-ruble15.html?r=0

⑨エネルギー供給に対する料金は、その国の通貨で支払われるべきである
2014年5月の『ロシアの声』の記事に、この概念についての説明がある。
http://voiceofrussia.com/news/2014 05 04/Russia-can-switch-to-payments-with-India-China-in-national-currencies-crushing-dollar-amid-sanctions-experts-8018/

⑩BRICS開発銀行
まだ正式に名付けられていないが、そのような開発銀行を設立することは、良いことだと思われる。なぜならば、金融危機の仕組みからして、そういった経済新興国がまだ防衛策を立てていないからである。ロイター通信によると、この開発銀行は、今年2014年に行われる次期BRICSサミットと同じくらいの時期に、実現化するとのことだ。
http://www.bloomberg.com/news/2013-03-25/brics-nations-plan-new-bank-to-bypass-world-bank-imf.html, http://in.reuters.com/article/2014/04/10/g20-economy-brics-idIN-DEEA390GA20140410

⑪エテクウィ二宣言&アクション・プラン
ダーバンでのサミットにて調印され、ここに公式文書へのリンク先がある。
http://www.brics5.co.za/

⑫ロシアとインド
これはロシアとの非常に重要な経済関係であり、その関係が発展することが望まれるものである。
http://voiceofrussia.com/radio broadcast/no program/271364756/

⑬領土の併合
『アトランティック』誌によれば、リトアニアはその領土の併合について非常に懸念しているとのことだ。
http://www.theatlantic.com/international/archive/2014/03/russias-seizure-of-crimea-is-making-former-soviet-states-nervous/284156/

⑭クリミアの併合は「危険だ」
ベラルーシのルカシェンコ大統領の公式サイトからのコメント。
http://president.gov.by/en/news en/view/president-of-the-republic-of-belarus-alexander-lukashenko-answers-questions-of-mass-media-representatives-on-8348/

⑮カザフスタンはロシアと親密な同盟国であるが、同国の北部コスタナイ州ではロシア系民族が人口の50%を占める。
http://www.bbc.com/news/world-europe-26549796

⑯ロシアの軍事教育
RIA ノーボスチ（国有通信社）からの情報で、興味深い言葉が用いられていて、それはロシアが軍事攻撃をする準備段階についてである。
http://en.ria.ru/military_news/20140508/189673156/Putin-Showcases-Russian-Military-Preparedness-to-Neighbors.html

⑰ポーランド国境でロシア軍が駐在
ロシア軍がカリーニングラード内に侵入してきたことは、バルト諸国やポーランドで警戒されている。
http://news.nationalpost.com/2013/12/16/russia-says-the-missiles-it-wont-admit-it-deployed-near-poland-are-totally-legal-and-not-anything-to-worry-about/

⑱日本
おそらく、クリミアの干渉について注目していないように思われる。
http://www.japantoday.com/category/opinions/view/annexation-of-crimea-east-asian-implications

⑲サンクトペテルブルク経済フォーラム
多くの巨大企業が参加をボイコットすることを決めた。その他の多くの企業がそのフォーラムに参加しているかは確証されていない。
http://rbth.com/business/2014/05/08/international_boycott_of_st_petersburg_economic_forum_sparks_concern_36529.html

⑳ウクライナ/ロシアの貿易高
この情報は、ロシアのメディアである「ロシア Now」によって発表されており、有益な情報だ。この情報元は、ゴスコムスタート・ウクライニ（Goskomstat Ukraini）とロシア連邦税務機関（Russian Federal Tax Service, FTS）による。
http://rbth.com/multimedia/infographics/2014/03/06/trade_between_russia_and_ukraine_34851.html

㉑沿ドニエストルの分離
ここは、ロシアに併合されたいと願う独立運動家の地域でもある。情報元「モルドバ共和国：次は沿ドニエストルがそうなるのか？」
http://www.bbc.com/news/world-europe-26662721

㉒東部ウクライナ地域の地図
情報元「ウクライナ：優れた東部地域の地図」
http://www.spiegel.de/international/europe/bild-957815-669162.html

㉓ウクライナの国土分割について、オバマ大統領の見解
オバマ大統領は、ウクライナの国境を武力行使によって侵攻することを拒絶した。情報元「国境：武力によって変えることはできない―オバマ大統領の発言」
http://abcnews.go.com/Politics/video/obama-addresses-russian-threat-borders-redrawn-force-23070055

㉔世界銀行
これは、私が好む国際データの無料情報サイトである。このデータは、各国の統計局が互いに調整して作成されたものであるから、ほぼ正確であるといえる。このデータベースは、利用者に使いやすいようになっていて検索もしやすい。将来の予測の部分についても確認されたい。
http://data.worldbank.org/country

㉕「深淵への入り口」
トゥルチノフ大統領代行は分離を望む地域に対して、そういった地域は、ウクライナから独立することで「深淵に入ろう」としていると警告した。
http://news.nationalpost.com/2014/05/10/secession-from-ukraine-would-be-an-step-into-the-abyss-for-eastern-regions-acting-president-warns/

㉖世界貿易機関（WTO）
この組織は、多くの統計資料を無料公開している。
http://stat.wto.org/Home/WSDBHome.aspx?Language=E

㉗アメリカの貿易高
米国国勢調査局は、同国の貿易品に関する完全な資料を発表している。
http://www.census.gov/foreign-trade/balance/

㉘チェコ放送
ヴィシェグラード・グループ（ハンガリー、ポーランド、チェコ、スロバキアの中欧四カ国で構成される地域）は、シェールガスを輸出する上での障害を米国がそれを除去してくれることを望んでいる。
http://www.czech.cz/cz/Aktuality/Marketplace/Visegrad-Group-makes-case-for-easier-US-shale-gas

㉙ブダペスト覚書
覚書の文書は、重要な参考資料と一緒に国連のサイトから入手することができる。
http://unterm.un.org/DGAACS/unterm.nsf/8fa942046ff7601c85256983007ca4d8/fa03e45d114224af85257b64007687e0?OpenDocument

㉚チタンのサプライチェーン
ボーイング社は困窮することになるのは、同社が使用するチタンのうちの3分の1は、ロシアからくるものであるからだが、同時にロシアも損失を受けることになる。
http://online.wsj.com/article/BT-CO-20140303-713026.html

㉛ボーイング787ドリームライナー
同社の航空機は大量の軽金属を要し、同機体のうちの約15%はチタンである。
http://ibtimes.com/us-european-sanctions-after-russianaction-ukraine-could-deliver-heavy-blow-boeings-titanium-imports

㉜金属の市場
「ロスキル」の速報論文には豊富な情報が含まれており、無料でダウンロードできる。

http://www.roskill.com/news/economic-sanctions-on-russia-the-potential-impact

㉝BRICSによるロシアの支持する
ロシアのメディアで、ラヴロフ露外相によって同国が支持されているとの声明を発表した。
http://voiceofrussia.com/news/2014_03_24/Kerry-understands-need-for-implementation-of-Ukraines-Feb-21-accords-Lavrov-4989/

㉞国際通貨機関（IMF）改革
ブレトンウッズ・プロジェクトは、IMF運営の改革の重要性に関する良い情報を提供している。
http://www.brettonwoodsproject.org/2014/05/developing-countries-seek-new-path-fund-reform/

㉟エクソンモービル、BP社によるロスネフチへの投資
フォックス・ニュースは、両社による投資はリスクがあり得るという記事を報道している。
http://www.foxnews.com/world/2014/04/29/us-sanctions-on-russian-oil-chief-raise-concerns-for-foreign-companies/

㊱ロシアによる国際貿易機関への不平
ロシアは、「制裁」は国際貿易機関の条文に従わないものであると主張している。
http://rbth.com/business/2014/05/05/russia turns to wto in response to western sanctions 36417.html?code=e8f2c8bca1c6363a0e5b57a726135cbb

第4章 シナリオ・プランニングの方法論——理論編

『何らかの方法を試してみるというのは、良識のある行動だ。
もし失敗したら、素直に認めて、別の方法を試せばいい。
しかし何はともあれ、何かをやってみなければ始まらない』
—— フランクリン・デラノ・ルーズベルト

◉未来を予測し、行動を取るための方法論

　フランスは美味なワインの産地であることに誰も異論を唱えない。ボジョレー、ボルドー、ブルゴーニュは、有名なワインの生産地である。また、モーゼル、ローヌ、プロヴァンス地方も然り。それでもやはり、フランス産のワインについて思いめぐらすのならば、「シャンパーニュ」という名前が心に思い浮かぶものだ。モエエ・シャンドン、テタンジェ、ヴーヴ・クリコなどといった銘柄が、実際のワイン市場においてシャンパーニュのうちで最も人気がある（Wine Searcher、2014年4月16日付）。

　もちろん、それぞれのワインというのは、その土地の気候、もっといえば微妙な気候の違い、例えば土壌の質、葡萄の種類等による副産物でもある。シャンパーニュの場合、そこにちょっとした違いがある。それはメトード・シャンプノワーズ（méthode champenoise）という特別な方法で、二回ほど発酵されたワインが造られ、なめらかで、泡立つものになるのである。ワインが作られる過程で、何か特別な点がある——つまり、その醸造方法が特別なのである。

　ルーズベルト大統領は、自身の任務を遂行するのに、試行錯誤という手段を用いることに情熱を傾けていたし、その方法についても数少ない言葉で言い表していた。大統領は私の良き相談相手になるお方で、それは今回の研究とその実践において、研究方法——つまり、一つのアイデアやテーマに関する思考プ

ロセスの構成のこと——を定義する上で重要な存在だからである。その方法とは、どのように問題提起をし、情報収集と分析をするのか、日々の手ごわい問題の解決の糸口を求めている人々に対して、この本がどのように手助けできるのか、また、その研究活動の過程における段階についてのことである。人によってシナリオとは、映画産業で見られる物語、またはスクリーン上の映像などに類するものではないかと思われるかもしれない。

　この章では、シナリオ・プランニングの方法論について論じることにする。それは何なのか、どのように機能するのか、その起源は何か、そして、この使用目的についても言及する。シナリオとは基本的に、一個人が現実を解釈することで投影される未来と、それにまつわる問題について可視化させる方法のことである。また、シナリオとは起こりうる、もしくは他の形で起こりうる未来のことを指す。それが意味するところとは、研究者や将来を占いたい人たちが、未来を予測できるように行動を取るための方法論でもある。

　よくあることだが、いくつかのシナリオは極端な予測であり、極度に楽観的であったり、極度に悲観的であったり、もしくは、その中間型だったりする。しかし、そういった極端な場合でも、それらは「（本が倒れないように両端から支える）ブックエンド」、または限界点として、個人が現実を理解する上で役立つものである。人によって、シナリオが理想的な手段だと思うのは、そこに役者——もしくは、主体——やテーマ、話の筋書きが必要となり、なおかつ、舞台もあるからである。つまり、何かの危機的状況を分析するための理想的な手段であると……。

　また、人によっては、戦略的プランニングの分野において、重要なビジネス研究方法の道具の一つとして、シナリオ・プランニングのことを考える人もいる。だから、シナリオというのは、他と同様に、シナリオを取り巻く物事の流れについても理解される必要があるということだ。この章では、実際に活用できるシナリオについて、読者がご自身のシナリオを提示できるようにした。そのシナリオによって世界規模の問題解決のためのみならず、個人的なビジネスにおける目標達成を助長し、私たちを取り巻く複雑な世界を理解できるようになるのである。

●物事の成り行きを把握する戦略的プランニング

　戦略的プランニングとは、その知識体系として、本質的には政策立案者や経営者が、特定の目標に到達できるように設計された一連の戦略を創り出せるようにするためにある。例えば、中国の政策立案者たちは、彼らの五カ年計画に多大なる時間とコストをつぎ込んでいる。その計画は、中国が経済成長を遂げて、段階的に特定の目的に到達できるようにするための道筋のことである。

　最近の目的のうちの一つが2011年から2015年までの第12次5カ年計画である。その中には最大の目標として、低付加価値製品から最終工程段階レベルまでにそのウエイトを移行させるだけでなく、国内総生産（GDP）を前年比で8％ほど上昇させ、一人当たりの国民所得と人口目標を前年比で7％ほど上昇させることも含まれる。

　もちろん、計画が実施された場合の一つの例にすぎない。しかし、これは既成の経済学の中心的な話の範疇、まして行政学の範疇の話ではない。もっと最近の話として、戦略的プランニングに関する文献上の議論で、なぜ国家や組織が計画を練るべきかについては、もはや脚光を浴びることもなくなったが、戦略的プランニングの意味ある定義を記しておくことは重要である。

　事実、多くの文献（Drucker、1995年、Hughes、2005年、Mintzberg、1994年、Porter、1980年、Shapiro、1989年）は、プランニングのことを、「心の中で、なんらかの特定の望ましい結果に導くために、よく練られた一連の行動様式のこと」、と定義している。この一連の行動は、いくつかのテクニックによってその効果が増大する特定のマイルストーン（訳注：本来は道路の「標識」という意味だが、ビジネスの分野では「各作業工程の節目」という意味で使われている）で支えられている。これにより、ロードマップ（作業工程）の中で戦略家や経営者が号令を出して組織統制を取ることができる。

　このロードマップの主な機能とは、組織の目標を実行可能な一連の行動事項に転換させるために、その組織が歩むべきプロセスや段階を形成させることである。その行動事項とは、組織の使命や目的を実現させるために練られたものでもある。ポーター（Porter、1980年）が言及したかぎりでは、企業の目的を

実行するプランニングの主な役目は、経営者が構想を練る方法だけでなく、競争の厳しい環境の中で有利な位置につけることが保障できる最良の方法であるということだ。

　同時に、このことは国家にも当てはまる。なぜなら、国家によっては、その国が有利になる商品を生産するからである。国家や企業の目標に合うプランニングの能力を問うことは健全なことであるが、最近の事実（Dye、2006年）として、戦略的プランニングは組織が目的に到達するための最良の手段である、と企業経営者たちは確信しているという。

　また、プランニングがビジネスの世界でどのように機能するのかを考えるならば、何かそれ以外のところでその効果を実証できるものはない。ポーター（Porter、1980年）の見解によると、プランニングの思考過程は理想的で正式な手段であり、これにより組織は競争力を高めることができるという。これにより、組織は経営上の根本的なジレンマを解決することができるのである。そのジレンマとは、長期にわたって、いかにして組織が生存競争に生き残るのか、ということである。国家もまた懸念しなくてはならないこととは、その国が長期にわたって生き延び、自国民のためにより繁栄した状況を築くためにも、しっかりした経済政策との組み合わせによって残されている資源をいかにして利用するのか、ということである。根本的には、プランニングは生存を約束するものである。

　そして、21世紀初頭における最も緊迫した緊急の諸問題とは、2008年に生じた金融危機から各国がどうやって脱却するのかということである。戦略的プランニングがこうした諸問題に直接的に、かつ多大な貢献ができるだろう──まだ、そう約束されているわけでもないのだが。そして、これは最も挑戦するだけの価値がある分野の一つなのである。

　戦略的プランニングは、複雑な経済的環境における繁栄をもたらせるだけでなく、政策立案者たちが社会的要請に応じることができるように導いてくれるものである。それ故、これはソーシャル・グッド（訳注：「社会的な善」──社会貢献に類する活動を支援・促進するソーシャル・サービスの総称、また

は、サービスを通じて社会貢献活動を促進する取り組みのことをいう）の仲介役になることもできるのである。公共政策も、ビジネスのプランニングも物事の流れの中でなされるのであるから、戦略的プランニングの持つ幅広い側面を考慮することも重要である。

　私の文献（Gayoso、2008年）では、戦略的プランニングの思考過程におけるいくつかの問題点をしばしば指摘している。そのうちの主な課題として、戦略的なビジョンとは他人と話し合われることで、共有され、そして信じる対象になるということである（Pons Novell、2003年）。また、認識しておかなくてはならないこととして、消費者の好みはしばしば分裂状態にあるということである（Fletcher、2006年）。このことが政策立案者たちに混合した形のメッセージとして伝達されるというのである。異なる社会的な仲介者たちが自分たちにとって最も個人的に好ましい政策上の変化を過剰に期待してくるので、そういったまとまりのない要望が政策上で浮き彫りになってくるのである。最後に、商品に対する要望とは推測しにくいもので、供給者はその高い不確実性にしばしば悩まされるのである（Kotsialos、2005年、McCarthy & Mentzer、2006年）。

　同様に、公共政策において、全国民または人口の大部分に有効な政策目標を掲げることは困難なことだ。まして、そういった目標の実現を性急に求めるのであれば、その結果も極めて不確実なものとなる。例えば、中国がGDP成長の目標を実現するだけの能力があるのか――つまり、中国は前年比で、成長率を8％以上にし続けることができるのか――と疑問に思う人もいるかもしれない。

　高い不確実性に関していえば、ウクライナ危機において、もっと高い割合で存在する。その理由として、クリミアが併合され、ある東部地方における独立運動や、もしくは自治運動が活発化したことで、ウクライナの国家としての国境線が地理的に不明瞭になっているからである。国家としての形態も不確実なものである。つまり、キエフ当局が制定する国家運営形態として、より中央集権的な共和制を採るのか、もしくは連邦制モデルを採るのか、ということである。後者の場合、ある程度の自治権が許されている地域では重要な政策目標を

自分たちで決めることができるが、国家の中央政府は残されたままで、自治権がある地域の利益に応じて、中央政府から派遣される軍が配備される義務を伴う、という国家運営モデルを採るのか、というものである。

根本的に戦略的プランニングは、多くの問題点に直面することになる。例えば、政策立案者は社会的な善を促進し、長期的な経済成長を約束し、つまり国民のさらなる繁栄になると思われる方法で選挙民の期待に応じる一連の戦略を提示するように努めなくてはならない。政策立案者たちは資料も参考にするだろうが、同時に法を執行するだけで物事が運ぶと考えてはいけない。むしろプランニングが成功するか否かは、彼らが社会のニーズをどれだけ深く理解し、政策決定の過程において異なる社会的な役者（訳注：主体のこと）たちの間でどれだけ協調関係を取ることができるかにかかっている。

そのような人間関係の調和はメリットがあるように思われるだろう。しかし、異なる考えを持つ役者たちが対面し、方向性のある政策上のコンセンサスを得られるようにするには、まだ議論の余地が残されている。最近、確立されたコミュニケーション方法や、一般向けフォーラムの最善な形態についてがそうである。

例えば、ヤヌコーヴィチ大統領を罷免することでキエフに暫定政府が発足することになったが、それは総選挙が行われるまでの合法的で一時的な解決策と見なす人がいる。他方で、その暫定政府は、法的根拠に欠ける政権だと見る人もいる。他の例として、親EU派である西ウクライナをよりリベラルとし、親ロシア派である東ウクライナをより保守的である見なすこともできるだろう。ウクライナ人たちから成るいくつかのグループは、「社会的編み物」のように見なすこともできるだろう。つまり、それは民族的分断、言語的分布、もしくは、一つか二つの国家への愛着心などによって区分される。

注意しなくてはならないことは、それぞれの大きい集団の中にいくつかのサブ・グループが含まれているということである。タタール人はウクライナ政権下のクリミアにいることを望むかもしれないし、他の人たちはロシア政権下で

あることを望むかもしれない。さらに他の人たちは、無所属であることを望んでいるかもしれない。同様に、ロシア系民族の人たちの中には、よりヨーロッパ中心型のウクライナ政権下に属しているほうが完全なほど幸福で安全だと考えるかもしれない。

その一方で、ロシアに賛同はしているが加入はしたくない、と考える人もいれば、他のロシア系民族の中には、恋いしがられている母なる大地のロシアに心を囚われているのでロシア連邦にむしろ所属したいと考えるかもしれない。本質的に不確実性というのは、無数の異なる関心、見解、趣向、そして将来への展望が相絡まって、複雑になるのである。

◉企業が意思決定するための方法

企業の意思決定にあたって

今回の研究では、ビジネスでの意思決定が下される方法について検証する。なぜなら、それが特定の結果に関連するからである。意思決定を下す方法を用いる目的は、この方法によってどれだけ望ましい結果に私たちを導くことができるかで、その価値が測定される。また、企業も意思決定の方法を用いることで、期待する結果をもたらすことができるのである。

仮に企業が、ある意思決定の方法を用いることでその企業の目的に到達することができたとしよう。それが意味することは、その意思決定の方法そのものが有利であり、さらには目的達成という付加価値が伴っていることになる。多くの点で、公共政策における意思決定プロセスは、特定の状況下にある企業が用いているそのプロセスと、それほど異なるものではない。

つまり、ビジネス上における意思決定とは、完全な情報が欠乏している状態でしばしば下されることになる。ウクライナの件においては、多くの誤った情報があり、それにはプロパガンダも含まれていた。東ウクライナ内へ視察に来ているロシア人たちは、どのように物事が進行しているのか、また、誰がそれに関わっているのかを本当に話すことができなかったのである——こうした複雑な状況が広まっていたのである。

よって、不確実な物事に対応することで、企業はリスクを緩和させるために

もいくつもの異なる戦略を試みるようになるのである（McCarthy & Menzer、2006 年）。同様に、国家レベルのプランニングには、同時に起こりうる、代わりとなるいくつもの戦略の立案が含まれていて、特定の一連の目標に到達できるような戦略となっている。

　シナリオ・プランニングは、一般的に戦略的プランニングの道具として活用されている。その有効性を疑問視する人（Mintzberg、1994 年）もいるが、しばしばビジネスや環境上の不確実性を管理する方法として利用されている。
　この章の目的は、戦略的プランニングについての環境上のリスクを検証し、企業がより良い業績を上げると同時に、特定のプランニング上での問題点をも生み出すことになるシナリオ・プランニングのその効果について、評価することである。

プランニング・プロセスの方法

　文献（Armstrong & Reibstein、1985 年）には、五つのステップによる基本的なプランニングの行動手順が記されている。まずこのプロセスの初めにあたって、経営陣や戦略家たちはいくつかの望ましい結果を決め、それを目標として利用するのである。このプランニングの立案チームは、アイデアを生み出す段階に入ることで特定の行動戦略が考案され、それが組織全体を通して伝達されることになる。次の段階で、組織を統制管理することになる。
　つまり、経営者が絶えず指示を与えていたのか、そして、望ましい結果をもたらすことができたかに関して、その戦略は有効性を評価するのである。経営陣は個々の戦略の結果について検証し、その成功率がより高くなるように工夫し、社内のコミュニケーションがよく取れていたかについて、十分な時間をかけて確認する。
　こうして戦略のプロセスが進み、従業員たちは企業の目標に邁進することになるのである。状況を分析し、企業の目標に到達できるアイデアを生み出し、一連の行動を実行し、結果を確認し、従業員たちとコミュニケーションを取る。そして、戦略を立案する。こうした一連のサイクルは、反復的な輪廻プロ

セスでもある（Gupta、2004年）。

　ところで、コミュニケーションがこのプランニングのプロセスが成功する中心的要素にも思えるが、文献（Strandholm、2004年）によると、その中心的要素のうちで大きな比率を占めるものはリーダーシップを取る人物の性格ということだ。事実、ストランドホルド（Strandhold、2004年）はポーター（Porter、1980年）の考え方に対して非常に賛同しており、ストランドホルドが指摘することとして、組織が何か環境上の脅威に直面した際に、自己を変革できる能力を持っていることは生き残るために重要な要素であるとする。それでもポーターと考えが異なる点として、何らかの重要な特徴を兼ね備えているリーダーがいる組織のみが環境により良く対応できるということである。

　彼女の見解によれば、成功する組織とは、不確実性に柔軟に対応し、効率よく機能する組織作りに励み、顧客の要望に集中し、かつ実務経験があるリーダーが存在するという。組織の形式上の業務過程と、そのリーダーの優れた特徴が結び付くことでプランニングの成功が保障されるものだ。文献の中でも特にミンツバーグ（Mintzberg、1994年）によると、従業員が十分に協働する上でコミュニケーションのプロセスが実際にはほとんど確立されていないとされる。それ故、すべての資料を用いるにしても計画を完全に実行に移すことが難しくなるのである。

　他の批評によれば、プランニング・プロセスにおけるこうした形式的な工程によって、決められた将来が形づけられることになり、その将来をかなり正確に未来を予測できるという。これは人工的に作り上げられたものである。プランニングで組織自体がより柔軟性を持つこともありうる。反対に、その組織の経営者が現実から遊離した概念に囚われていたり、また、環境上の変化を予期することができずに対応しきれないこともある。事実、文献では、環境上のリスクに関する多くの原因が列挙されている。

●「環境上のリスク」について

リスクの認識における問題点

　危機を認識する上での、基本的な問題について考えることは必要であろう。文献（Stahl & Grigsby、1992年）によると、組織におけるいくつかの計画を立てる上での最も深刻な脅威とは、人が危機そのものに対してまったく認知していないということだ。この話は極めて単純である。外部の環境とは非常に複雑なものである。一人の人間が処理するのに非常に多くの情報があるので、経営者がその状況の本質を把握することは事実上、不可能に近いからである。

　例えば、ウクライナ危機の関係者たちや、異なるものの見方の程度について考えてみてほしい。さらには、異なるメディアが取り上げてきた現実の異なる側面についても考えてみてほしい。

　スタールとグリグスビー（Stahl & Grigsby、1992年）らによると、経営者が物事を認識するための基礎は、その人が受けてきた過去の教育、職業経験、在職期間などといった要素に基づくとする。また、その経営者の価値観も物事への認識に影響を及ぼすとされる。さらには、そうした要素は、経営者が現実を直視する上で用いられる「光学プリズム」を生み出すことにもなる。このプリズムについての別の捉え方は、それが偏見の原因にもなると考えられることである。

　私たちは皆、自分たちを取り巻く世界を認識するのに特定の方法を持っている。なぜなら、経営者が四六時中、どこにでもいることは人間として無理であるから、彼らは環境に対する見方の一部を失うことになる。これが選択的な注意により拡大され、非常に主観的になり、現実の一部分しか解釈しないことになる。現実に対するこのような断片的な解釈は企業にとって問題視されるものである。また、ウクライナの場合の当事者たちのような生死を分ける意思決定のことを考えると、なおさら大問題に発展する。

　ロシア軍がクリミア半島へ初めて侵攻した時、その地域にいくつかのウクライナ軍の基地があるという現実に遭遇した。そのうちのいくつかは降伏した

が、それ以外は降伏しなかった。それ故に、何週間にもわたって睨（にら）み合いの状態が続いた。幸い、深刻な紛争にまで発展しなかったが、その可能性もなきしも非ずだったのである。

　このような不完全なものの見方が、組織全体に蔓延することになる。事実、ポンズ・ノーベル（Pons Novell、2003 年）が提唱したことは、そのような偏った見方で人々は話し合いをし、考えが共有されて信じ込まれる、ということだ。彼が強く主張したことは、こうした不完全なものの見方が組織の公式見解として明確化され、戦略的プランニングのプロセス全体が実践によって歪められてしまうという。

　公共政策立案というプランニング・プロセスについても同様である。その立案方法とは、当事者が異なるものの見方を持つことによる。例えば、西ウクライナの人々は、EU との協力関係は繁栄の兆しとして捉えている。その一方で、東ウクライナにいるロシア系の少数民族にとって、そのような協力関係はむしろ疑惑の対象となっている。協力関係から EU がウクライナ国内における優位的な立場を増長させようとする意図があるのではないか、と彼らは疑っているからである。

　本質的に、環境とはこのような不完全ともいうべきレンズを通して私たちに認知されるものである。このレンズによって、私たちは不完結、不完全、そして、しばしば偽りに満ちた情報の中で意思決定を下さなくてはならない状況へと導かれるのである。

　こうした不完結で偽りの情報に付け加えて、心理学分野におけるかなりの文献（Kahneman & Tversky、1973 年、1979 年；Svyantek & Deshon、1991 年）では、意思決定を下す人々は「意思の枠組み」と呼ばれるある種の心象に応じて手短に情報処理をするのであり、その枠組みの中で彼らはどの情報が実際に関与するのかを決めているのである。しかし、こうした情報処理の方法では、その意思決定のプロセスに偏見がつきまとってしまう。実際、カーネマン（Kahneman）が言及する限りにおいて、経済学の合理的選択理論に応じて、人々はいつも決まった行動をするとのことだ（Attenweiler & Kardes、2003 年、McCoun、2002 年）。

カーネマンの主張によれば、社会的な主体が意思決定を下すのは、自分たちの習慣や決まった手順によるものであり、そして単に習慣に影響を受けるだけでなく（Pressman、2006年）、主体が自己の体系化された認識内での意思決定プロセスに偏見を差し込むからであるという（Kahneman & Klein、2010年、Sheffrin & Statman、2003年）。極論すれば、カーネマンが主張するような体系化された認識における意思決定プロセスに偏見を差し込むということは、私たちを不合理な行動に導く可能性がありうるというのだ（Altman、2004年）。

それ故、明らかに環境上の脅威が生じているのにもかかわらず、経営者が「大して驚くべき事柄でもない」、と受け止めることが実際に起こりうるのである。その理由は経営者たちの認識に体系的ともいえる偏見があり、かつ偽りがあるからである。また、そういった経営者が支持する同じ見方を、周囲の人間が嬉々として共有するからである。おそらく、誤った認識は深刻な大問題と発展するだろうが、実はそれだけにとどまらない。

●「テクノロジー」における問題点

学者（Drejer、2004年）によっては、認識における不調和というよりもむしろ、テクノロジーの変革のペースが速すぎるために、経営者たちが環境上の脅威に対して注意を払うことが困難な状態にあると指摘する。その理由は、テクノロジーの変化が環境にどれだけの影響を与えるのかについて、経営者たちがよく理解していないからだという。

実際、ドレジャー（Drejer、2004年）が言うには、テクノロジーの変化による影響を予測することは難しく、その変化のペースも急激に速まっており、彼はこれを「テクノロジーの動乱」などと特徴づけている。何も準備していない組織にとって、このような不確実性は致命的なものかもしれない。しかし、戦略的プランニングの思考プロセスにおいて、このようなことを予期していた人にとってはビジネス上の機会を見出せるだろう。

ドレジャーは、このようなテクノロジーの変化を否定的には捉えていない。その代わりに彼が指摘していることは、加速化された変化のペースはある種の問題を生み出し、それはしばしば環境上のダイナミズム（Caldart、2006年）、

もしくは過剰な活動（Mintzberg、1994年）とも関連しているというのである。こうした見解から、テクノロジーの変化のペースが非常に速いので、それによって競争的な環境が過激なほど動的で過剰なほど活動的になっている。逆に、経営陣たちは変化し続ける環境を完全に理解しきれないでいるので、効果的で機能的な戦略を生み出せないでいるというのだ。

　テクノロジーが進歩することで、公共の場で人々が新しい意思決定プロセスの形を模索することができるのも、インターネットが出現し、社会的メディアの活用法を考えることができるからである。世界で最も全体主義的な地域でも、情報の流入を管理・統制することは難しい時代になった。
　また、最新情報を瞬時にリアルタイムで入手することができる。その一つの事例として、「アラブの春（Arab Spring、訳注：2010年から2012年にかけてアラブ世界において発生した、前例のない大規模な反政府〈民主化要求〉デモや抗議活動を主とした騒乱の総称）」で起きた時のことである。エジプトがホスニー・ムバラク大統領の万全な統治下にあったのにもかかわらず、人民がカイロで反旗を翻していた現実を、世界は目の当たりにしたのである。
　同様にして、ヤヌコーヴィチ大統領がキエフでの反体制派を鎮圧しようと試みたが、世界が目にしたのは、独立広場で抗議者がその場で射殺されたことである。要するに、抗議者に対してウクライナ政権は一切の妥協を許さない。その模様が世界に拡散されるのに、テクノロジーが大きな役割を果たしていたのである。このような映像により、おそらく西側陣営では大きな反発が起きることになったのであろう。こうしてヨーロッパの首席外交官たち――まずドイツ大使、次いでポーランド大使――が、すぐさまウクライナへ直行することになる。それは、危機的状況が初期段階のうちに解決策を交渉しようとするためであった。

●「分断化」という問題点

　環境は変化し続けるという概念と密接に関連して、消費者の好みもまた変化し続けるという概念も考えられる。実際、フレッチャー（Fletcher、2006年）

が指摘していることとして、社会的な変化は、消費者が要望する商品のオーダーメイド化の割合が徐々に高くなっている現状を導いている、ということであった。この消費者の需要は、自己矛盾した欲求から駆り立てられるものであり、独特な商品の特徴を求めている一方で、時代の流行に合っていると認識されたいというものである。

　企業がそれに応えるために、商品の特徴を増やし、その商品モデルのバリエーションを導入し、同じ目的でも微妙に異なるバリエーションを提供できる商品が溢れているようにするのである。この増加傾向にあるオーダーメイド化は、それに対する肥大化した期待感をもたらすことになり、それが転じて、ますます分断化された市場が出来上がることになるのである。

　このような分断化された諸々の市場は、フレッチャー（Fletcher、2006年）が述べるに、経営者にとって理解し難いだけでなく、市場調査の研究者にとっても研究し難いものだという。そして、研究調査が誤った見識を提供しようものならば、不確実性のある消費者からの需要に対応し、かつ実行可能な計画や戦略を立案することを経営者に期待することは、全く道理に適っていないことになる。

　この場合、分断化についての問題点は、認識における問題点と密接な関係にあり、同じ系列にある。公共政策の場における分断化は、企業の場合と同様に消費者の需要に関連していないが、むしろそれは危機的状況において対立するさまざまな利害関係から生じるものである。

　すでに議論したように、ウクライナの危機についてはさまざまな局面がある。例えば、人によって、「東側世界対西側世界」と見るか、または、親ヨーロッパ派対親ロシア派と見るか、もしくは、ウクライナの国境内における「東対西」と見ることもできるだろう。それは、より保守的な東側がよりリベラルな西側との権力争いをしているということになる。人口の最大多数がロシア系少数民族である地域では、十分な数ではなくともある程度の数の親ロシア派の人々は、ロシアに加入したいと考えている。

　一方では、ロシアに対して好意的でもロシア連邦への加入には無関心な人も

第4章　シナリオ・プランニングの方法論──理論編

いれば、ロシアに対して好意的で同連邦に加入したいと考える人たちもいる。ロシア系少数民族の政治観が全面的に色濃く反映されているクリミアについて考えてみよう。彼らは、タタール人、ウクライナ国家主義者、そしてポーランド民族と争わなくてはならない。幸いにも、オスマン帝国がロシアとその領土をめぐって戦争をした時のように、トルコに再び加入したいという民族グループについての文書は存在しない。

●「不確定需要」における問題点

　不確定需要の問題は、どのような戦略的プランニングのプロセスにおいて、重大なリスクがつきまとうものである。それ故、なぜ文献上で、この問題について多大な努力をしてまで分類しようとするのか、深く考えるまでもないことである。マッカーシーとメンツァー（McCarthy & Mentzer、2006 年）は、20年以上にもわたって未来予測の研究を行ってきた。彼らの発見とは、市場の分断化が進むと次のような状況になるということだ。

　それは、対象となる商品の考えられるバリエーションの数が多くなると、かえって、その予想されるすべてのバリエーションを追求することは難しくなるという状況のことである。この研究によりいくつかの生じるであろう問題も分かってきた。その一つの例として、経営者が明らかに非現実的な事柄であるのにもかかわらず、それが事実に基づくと判断して未来を予測する傾向にあるということだ。コツィアロス（Kotsialos、2005 年）がこのことに付け加えた点がある。それは不合理で短期的な予測を正確にしようするように、経営者はさらに長期的な予測もするようになり、こうした未来予測を将来の需要と現実的な話として関連づけるということである。

　未来予測は、プランニングのプロセスを拡張するためにしばしば活用されるが、それらは何らかの固有変動性をもたらすものである（Kotsialos、2005 年）。このことは売上高や平均予想価格に関する不確実性が解釈されることになり、さらに転じて、そこから利益率や利益不確実性が解釈されるのである。

　公共政策の場合、不確実性が予測されうるのは商品やサービスの需要につい

てではなく、むしろ未来そのものに対する不確実性に関してである。例えば、EUとの協力関係を結びたいと考える人々が考えることとして、ウクライナが西ヨーロッパ経済と緊密な関係を結ぶほうがメリットがあると信じるからである。言い換えれば、EUとの経済協調によって、ウクライナ人はより良い財政上の未来を展望できると考えるからである。

　実際問題として、この協定によって未来の高い不確実性をある程度は緩和することができるだろう。また、東西陣営のどちらか一方との協力関係を結ぶことについて決めるにしても、ウクライナ人はそれほど遠くない未来を予測しなくてはならない。それは彼らが保有する経済圏が、どちらか一方との関係を結ばなくてはならないだろうという未来のことである。推察されることとして、未来への不確実性があるのにもかかわらず、同国の多くの人々は西側陣営に接近することで彼らの経済的な利潤を最大にする、と信じているのである。

●「規制」における問題点

　先ほどの議論に付け加えて、ドライヤー（Dreyer、2004年）とルーニー（Roney、2004年）が言及したことは、経営者たちは規制機関から生じるリスクの根源にも対処しなくてはならないということである。二人が指摘したことは、環境上の不確実性に関する最重要な要素の一つが、政府からの規制圧力ということである。実際、非常に多くのあらゆる産業が、高圧的な規制にがんじがらめにされている状況に陥っている。産業界は、そうした規制に対応するための準備ができていない。

　最もよく引き合いに出される事例の一つが、アメリカのタバコ産業である。タバコ産業は、政府からの規制に対応するのは初めてではなかった。しかし、利益に対する規制に、近年、タバコ産業は迅速かつ断固として対処しなくてはならなかったことを予測していなかったのである。さらに、2009年7月に米国連邦取引委員会は、シャーマン反トラスト法第2条を復活させることを決定した。これは（不当取引を禁じる）第1条とは違い、少なくとも二つの企業による独占のための共謀や競争行為を禁じるものである。第2条では、単独企業の独占的行為に対して、米国司法省によって施行される。実際には、規

制をより一層強化するように求めている文献（Dreyer、2004年、Roney、2003年）などは、最近のタバコ産業の動向を明らかにしているだろう。

ウクライナの場合においては、規制の問題点はさらにもっと根本的な話である。なぜなら、誰に、もしくは、どの派閥に合憲的な統治権があるのかをめぐり、多くの論争があるだけのことだからである。理論上は、罷免されたヤヌコーヴィチ大統領は権力の座から退いたことになり、国外逃亡したことになっている。しかし、そうであるのにもかかわらず、彼は依然として亡命先から自分にウクライナ大統領であることの正統性を主張していた。総選挙が行われるまで、彼の地位はロシアによって認証されていたのである。

この事実と暫定政権とを比較してみてほしい。現政権が選挙によって選ばれたものではないが、ウクライナ国民の意思を代表するものである。したがって、その合法的根拠は、EU、米国、それらの同盟国によって認証されていることになる。いまだにどちら側に合法的根拠があるのかについては議論があり、東ウクライナにおけるロシア系少数民族によってしばしば議論が行われている。それというのも、彼らはウクライナ暫定政府からの講和の打診や和解交渉の申し出を継続的に拒絶しているからである。事実、キエフの中央政府からの執行される法規制に反抗して、自治権を自称する地域は独自に法規制を執行している。

●「環境上のリスク」についてのまとめ

ここで、環境上におけるリスク分析について紹介してみることにする。どう考えても単純な意思決定のプロセスであるのに、それが誤解・偏見によってどれだけ歪められているのか、ということについてビジネスの世界を踏まえて考えてみることにしよう。ところが公共政策の場合、そのような問題は肥大化し、解決の難しい問題となって多くの政策立案者たちに突き付けられるのである。

私の文献調査から、環境上のリスクに関して四つの主な原因にまとめることができる。すなわち、戦略的プランニングのプロセスが大体においてビジネス

環境に合致しないのである。それ故に、組織が健全な競争力を持ち、それに匹敵するだけの社会的評価を受けることができないのだろう。同様に、公共政策の立案者は、ヤヌコーヴィチ大統領の例に見受けられるように現実から遊離しかねない。実際に、国民は自分の意思に対して反旗を翻したのである。

　こうしたことに密接に関係する原因の一つに、組織のリーダーが持つべき「認知力‐情報を内在化する能力」の問題点を指摘できる。また、未来の不確実性に対して、リーダーがどのような態度を取るのか、そして、十分なコミュニケーション能力があるのか、という点についても挙げられる。同様に、公共部門では指導者たちは現実問題に対して、より単純化されたものの見方をよくするが、それによって時折、災難としか思われない結果をもたらすことになる。

　別の原因として、外部環境である市場の特徴、例えば市場がどの程度分断化されているか、その産業における競争の厳しさ、需要の変動に影響を与えるさまざまな要素などとも関連があるだろう。ウクライナの場合、この環境上のリスクは分断化されたものの見方同士の対立として詳しく説明することができる。ウクライナでの状況がより複雑化することになった理由は次の通りである。それは異なる考えの集団が、断片的な情報を収集し、お互いが対立するような利害関係がある中で問題となる状況に対応しようとしたからである。

　リスクが生じることの他の原因は、生産サイクルが短いテクノロジー上の変化を迅速に導入しようとすることにも関係する。なぜなら、テクノロジーによって地上にかつて点在していた知識の状態を（さらに新しい知識を生み出すことで状態を変えて）無効にしてしまうことができるからである。

　最後になるが、リスクについての他の原因は、規制体制と関連づけられる。そこでは、消費者による圧力が政府を動かして、規制を強化させることになる。ウクライナの場合、どちらの政権に法を執行させるだけの権力の正当性があるのかが議論の対象となっている。

　おそらく、これらの原因のどれか一つか、またはこれらのすべての原因が、

典型的な企業内の環境で見出すことができるだろう。同時に、これらの原因のうちのどれかが戦略的プランニングの努力を無駄にさせてしまうのである。ビジネスにおける現実とは経営者が簡単に思い描き、予測できるような未来とは大きく乖離しているからである。実際のところ、企業における現実とは動的で、しばしば過剰とも言えるほどの競争的な環境によって特徴づけられるのである（Akhter、2003年、Mintzberg、1994年）。同様に、ウクライナは、環境上のリスクについてのすべての原因を抱えているので、より良い未来のためのプランニングをすることが難しくなるのである。

◉戦略的にリスクをプランニングする

シナリオ・プランニングは、戦略的プランニング（Strategic planning）の最新版とも呼べるものである。事実、ショーメーカー（Schoemaker、1995年）は、1960年代初頭における米国国防省におけるハーマン・カーン（Herman Khan）の研究に、その起源があることを認めている。カーンは、政府の要請で核戦争のシナリオを生み出した学者として知られている。彼の貢献により、旧ソ連と米国との間の冷戦期における政策転換が導かれることになったのである。彼のシナリオを通して――そのシナリオは「もし〜ならば」という仮説の連続でもあるのだが――「核戦争によって『未来』の世界で勝利をもたらされることはない」、ということを研究室の中で証明したのである。

カーンの戦略学研究とは別に、ショーメーカー（Schoemaker、1995年）は、ワック（Wack、1985年）のことをシナリオ・プランニングの商業的応用の先駆者として認めている。ワック（1985年）は、シェル石油社の経営幹部たちが持つべき心構えについて実際に指導している。それは、「安定していて予測可能な未来へのビジョンを持つ」という考え方から、「いくつかの起こりうる未来への認知力を持つ」という考え方に変えていったのである。バート（2006年）が書き記したこととして、「伝統的な未来の予測方法を好む経営陣の戦略的プランニングの思考プロセス」を、「未来に対して不確実な見方を持つ」ように変えたワックの指導が、かえってシェル石油社の戦略チームを助けることになったのである。こうして同社の戦略チームは、1972年、1974年、そし

て1980年の石油危機を予見させることができたのである。

　グラント（2003）はワックの主張を立証しており、その主張とは、シナリオ・プランニングはシェル石油社の経営陣がマーケット・チャンスを見つけるための活用した手法のことであるということだ。だからこそシナリオ・プランニングは、企業が業績を高めるのに極めて有効であるとも断言できる。彼の見解によると、市場とは、熾烈な競争、迅速な変化、テクノロジー上の変革に特徴づけられ、石油の発掘に関しては、初めに動き出した企業こそが競争上で圧倒的な有利な位置につくことができる。それ故に、石油探索における市場は「動乱気流」などとも表現されるのである。グラントは、シェル石油社の実体験から、主なリスクについての原因を組み合わせて考えることで、比較的に予測可能で変化のない競争的な市場に対する戦略家の見方をどのようにして大転換させられかについて正確に解説している。また、企業がシナリオ・プランニングを活用することで、どれほど莫大な恩恵を受けているのかについても記述している。

　ワック（1985年）によると、シナリオ・プランニングがもたらす最大のメリットとは、経営者の心構えを変えることだと主張している。彼はシナリオ・プランニングを、伝統的な未来予測の実践的な活用としてではなく、学習の道具として活用していた。それでも、さまざまな文献において、シナリオ・プランニングの活用に伴うその他のメリットについても言及されている。

●シナリオ・プランニングがもたらす企業への恩恵

　シュワルツ（Schwartz、1996年）も、シナリオ・プランニングは企業にとって恩恵をもたらすものであると提言し、その理由は、それが未来を予測できること以外に、経営上の話題を提供するからだという。実際、シュワルツ（1996年）の論文では、ミンツバーグ（Mintzberg、1994年）による伝統的な戦略的プランニングのプロセスへの批判を取り上げている。すなわち、そのような伝統的なプランニング方法では、経営者が未来に対して決まりきった見方しかできなくなるというのである。

　シナリオ・プランニングは、経営者たちをこうした知的監獄から抜け出すよ

うに促す。なぜなら、それは経営者に企業内環境の「外部」を見せるようにするのである。これによって不確実性が伴う他の環境上のリスクや、プランニングのプロセスを潜在的に妨害する要素を炙り出すのである。決まりきった未来の間仕切り――それはしばしば伝統的な未来予想の活用の産物でもある――が取り除かれると、経営者たちはそれ以外の複数の未来へのシナリオを現実化できるように自由に考えられるようになる。

　企業の外の世界に目を向けさせるシナリオ・プランニングのその性質は、経営者にとって「薬」となるものである。別の文献（Wack、1995年）でも、世界に対して内向きに捉えようとするものの見方は、伝統的な戦略的プランニングによって生じる失敗のいくつかと対処するための媒体として存在すると指摘している。

　同様な考え方に沿ったもので、ヴァン・デール・ハイデン（Van der Heijden、1996年）が提唱するには、仮に未来が過去と違うように進展するならば、企業はシナリオ・プランニングの活用を求めるべきであるという。しかも未来像を考え出すのに、基本的に、過去と同じ傾向に沿って予測するという伝統的な方法に真正面から対立するような場合なら、なおさら利用すべきであると。

　ヴァン・デール・ハイデン（Van der Heijden、1996年）の見解では、シナリオ・プランニングは戦略的プランニングの主な弱点を示すものであるという。それは経営者に需要の不確実性の原因を検討させるからである。ショーメーカー（Schoemaker、1995年）は、シナリオ・プランニングによって伝統的な戦略的プラニングのプロセスの脆さが浮き彫りになると主張している。なぜなら、シナリオ・プランニングのプロセスの一つの段階が、テクノロジーのレベルを評価し、可能性のある進歩の過程を明確にし、同時に生じるであろうテクノロジー上の障害をも想定することになるからである。

　要するにショーメーカーは、ミンツバーグ（Mintzberg、1994年）の「戦略的プランニングは、テクノロジーの変革によって生じる環境上のリスクにしばしば取り組むことをしていない」という指摘に対し、極めて的を射た回答をし

ている。ワック（Wack、1985年）は、シナリオ・プランニングを学習の道具と見なしている。また、リングランド（Ringland、1985年）は、シナリオ・プランニングについて、経営者が意思決定のスキルを習得する上で完全な方法であると考えている。

経営者が再度、「学習」という名のプロセスを経なくてはならないときとは、もはや確約されている未来に対して安心することなどできず、未知の世界に片足を入れなくてはならない時だろう。また、それは自分と企業を取り巻く環境下で生じるかもしれない問題や障害に対して、もっと繊細に捉えられるように認知力を訓練し直して高めなくてはならない時でもある。

仮に、経営者の歩調が環境のリズムと一致していて、なおかつ、将来生じるであろう問題を認知できるだけの能力があるとする。この場合、予測可能な未来を把握するのに、経営者は消極的な姿勢で伝統的な手法を採ることになるだろう。

したがって、議論の激しさは、上級管理職になるほど、より激しく、より深いものになるだろう。物事を自由に考えられる人が、熟練したコミュニケーション・スキルを持つことにより、より確かな意思決定のプロセスを生むことになるのだ（Wright、2005年）。

実際、シュワルツ（Schwartz、1996年）が指摘したこととして、議論がより活発になると、経営者は莫大な分量の情報を効率よく処理できるようになり、環境への注意度も高くなる。（規制等で）抑圧的になりがちな社会的傾向への感受性のレベルも高くなり、意思決定の思考プロセスがより活発化されるというのである。さらに、彼の見解によると、そうした経営者の意識を高めるような知的活動については、企業内での優先順位を上げるべきだという。もちろん、そのことに同意しない人もいるであろうが。

●シナリオ・プランニングの弱点

「伝統的な未来予測に基づく戦略的プランニング方法では、企業が環境上の不確実性を克服するのに十分な指導力をしばしば発揮できない」という事実がある（McCarthy & Mentzer、2006年）。同時に、シナリオ・プランニングに対す

る批判もある。その直接的な批判とは、シナリオそのものが経営者にとって全く関係するものではないかもしれない、というものである。

　メイソン（Mason、2003年）が主張していることとして、「上級管理職は、実際にシナリオ・プランニングを活用するのに必要で十分な時間をしばしば持てないので、代わりに、中級管理職に任せることもある」、という。さらには、中級管理職の努力が経営者のトップに伝わるのか、という問題点もある。分析の結果が経営陣のトップの期待に沿うものであるのかについても、プランニング参加者たちでも完全には分からない、という問題点も挙げられる。

　要するに、シナリオ・プランニングの落とし穴の一つは、それが上級管理職の人たちの十分な関与が必要となることであり、また、そうすることが必ずしも可能とは限らない。したがって、シナリオ・プランニングを活用する人たちが、自分たちのプランニングが管理職のトップのジレンマにできているのか否かについて、絶対的な確証を得ることができないのである。

　他の主な批判として、コートニー（Courtney、2003年）は、「シナリオが失敗するのは、経営者がプロセスの結果に対して現実的な期待をしばしば寄せていないからだ」、というのである。なぜなら、ある経営者は即座に行動に移せる結果を求めていて、その一方で、他の経営者は組織に関する知識が増すこと自体に満足しているから、という。

　コートニー（Courtney、2003年）は、二つの全く異なるシナリオを提案している。一つは、高いレベルの目的において企業のビジョンを強調したものであり、もう一方は、迅速な意思決定を対象としたものである。ビジョン中心型のシナリオは環境を大きな傾向として捉えて、長い時間軸上にある目的としばしば関連づけられ、ある程度先の未来における意思決定を要するものに特化される。

　意思決定中心型のシナリオは、非常に短い時間軸の中における何らかの意思決定にしばしば関連する環境上の課題に特化される。緊急性というのは主観的な概念でもあるので、たった一つの実行可能な戦略がその緊急性によって生み出されるタイミングに、場合によっては経営者は失望するかもしれない。

別の批判として、タイミングとコストに関するものが挙げられる。ショーメーカー（Schoemaker、1991年）が指摘するには、本格的なシナリオ・プランニングの活動に従事する上での必要なタイミングと、それに伴うコストは正当化できない何らかの関係があるのではないかというのである。ある場合において、市場における何らかの変化に、複数の経営者たちが対応する必要がないかもしれない。

　また、ある場合では、階層的構造が強固であるために、中間管理職の人間によってビジョンを決める権限がないこともある。それ以外の場合でも、ちょっとした敏感な分析と単純な未来予測との組み合わせによって、経営者は意思決定を下せることもある。経営者がそれだけ十分な情報を提供されているからだ。それ故に、シナリオは単なる無駄となるであろう。おそらく、シナリオを用いることについて賛否両論が分かれることになる。

●シナリオ・プランニングが企業に与える影響

　シナリオ・プランニングが企業の業績に与える影響についての手短な回答は、かなり限定されている。しかし、ワック（Wack、1985年）は、企業の業績が向上することについての最も明確な証拠を見せ示している。彼の指摘は、シェル石油社がシナリオを活用することのメリットをなくして、シェル社の取り巻きに存在する問題を具体化させることができなかった、という事実に基づいている。

　フェルプス（Phelps、2001年）は、IT産業と水のペットボトル産業において、シナリオの活用と企業の業績向上の関係に、弱いが正の相関性があることを証明している。最後に、アン（Ahn、2002年）は、電気通信産業における市場主導の不確実を減少させる上で、シナリオは有効な手段であると強調している。シナリオの企業の業績への影響に関する長い回答は、その企業の内的特質と、外部にある市場の特徴に関連した要素によるのである。

　企業の業績をより良く測るために、企業内の特徴を用いることで、シナリオは好ましい結果と付加価値をもたらすことになる、と研究者は指摘する。その

シナリオの価値は、伝統的な戦略的プランニングのプロセスによって、経営者が企業の目的を至急に達成させることができない状況において付加される。しかし、そのプロセスそのものが失敗してしまうのは以下の理由が考えられるだろう。

まず、経営者が自分の低い認知力により盲目的になっていないか。十分な経験がないため、どの環境上の問題・課題が重要なのかを見抜けないでいるのか（Stahl & Grigsby、1992年）。もしくは、コミュニケーションのプロセスにひどい欠陥があるために、戦略家も経営者も自分たちがどれだけ組織に貢献しなくてはならないのか、その重要性が分かっていないからである。

おそらく、現在のプランニングのプロセスは極めて柔軟性に欠けるものであり、それ故に組織に創造性が欠けている（Van der Heijden、1996年）。内面的な特徴が欠けている状況において、シナリオは恩恵をもたらすものである。それは強力な学習の道具として、しばしば関連づけられるものでもある（De Geus、1998年）。

シナリオがどれだけ可能性があり、またその恩恵の価値を予測する方法として、企業の外的特徴を強調する人もいる。そうすることで、企業が外部環境からの脅威的な問題を克服できるというのである。

ドライヤー（Drejer、2004年）は、ビジネス市場においてテクノロジーの変革のペースがあまりにも速すぎるので、企業にとってシナリオを利用することにメリットがあるのだ、と主張している。その理由は、シナリオという技法を用いることで、企業は将来生じるであろう問題に対しての洞察力を持つことができるようになる。また、そういった問題に、完全なほど対応できるようになるからである。

フレッチャー（Fletcher、2006年）は、極度に分断化されている市場において、シナリオは恩恵を施すものであると論じている。それはシナリオによって、経営者の立場が消費者の需要と密接に合致できるからである。やがて、そういった経営者は、消費者が期待しているものを予期できるようになり、これがビジネス上で圧倒的有利な立場をもたらすことになるのである。

マッカーシーとメンツァー（McCarthy & Mentzer、2006 年）は、上昇している需要不確実性に頭を抱えている企業にとって、シナリオはメリットをもたらすものであるとする。シナリオによって経営者は、この不確実性をもたらす原因を分析でき、かつ、リスクを起こす原因がどれほど消費者の需要に影響を及ぼすのかについて考察できるからである。これは、「安定した未来になるだろう」、などという、伝統的な未来の予測方法によっていとも簡単に占えてしまえそうな話のことではなく、不確実性の高い未来を予測していくことが前提となっている。

　ドライヤー（Dreyer、2004 年）とルーニー（Roney、2003 年）も、シナリオは企業の業績を高めると論じている。その根拠は、シナリオによって経営者が政府が管理する体制内で起こりうる変化を予期して対処できるからだという。ショーメーカー（1991 年）は、シナリオによって企業は業績を高められるとし、その訳として、恒常的か、断続的に変化があると予測される市場において、企業は先を読めるからだという。

　文献調査から明らかなことは、シェル石油社という一つの事例から始まって、シナリオ・プランニングを元に業績を伸ばした企業は他にもあるということである。その他の産業にも、例えば、びん詰、コンサルティング、電気通信において企業の業績が上昇した実例がある。企業の業績が上昇することは、次のような状況においても考えられる。それは経営者が、企業内の環境をより効果的に管理しなくてはならず、同時に、企業の外部環境もとても複雑であるから、その対応策としてシナリオ・プランニングを導入する必要があるということだ。

　それ故、文献上において、シナリオ・プランニングは企業の業績を向上させるだけの効果が明らかにあると報告されている。同様に、シナリオが最大のメリットをもたらすことができる企業内環境の特徴とその外部環境との融合のメカニズムについても、文献上で確認することもできるのである。

　また、優れた実績をもたらしてきたシナリオ・プランニングの効果に関する最大の証拠は、商業活動での応用例というより、むしろ、行政上における応用

例から確かに見出すことができる。まさしく1960年代のカーンの先駆的な研究（Phelps、2001年）によって、超大国間同士の対立への道から解き放し、緊張の緩和へ導いたのである。これによって西ヨーロッパ系と米国系の企業が発展するための平和的な国内環境が確約されるに至ったのである。この研究が国家安全保障への応用に適用されることで類稀なる成功に結び付いたので、私たちの社会は、このシナリオ・プランニングの恩恵にあずかって発展し続けている。また、企業もこの強力なアイテムを利用することで優れた業績を求め続けることができる。

●シナリオ・プランニングにおける事例――最近の出来事から

　2008年以降の世界経済は、「危機的期間」という言葉に特徴づけられるものである。それは、世界経済が減速期に突入しているからである（Ghosh、2010年、World Economic Forum、2010年）。

　危機的な時代は通常、さまざまな市場において、多くの変動により特徴づけられる不確実性の高い時代としてしばしば説明される。この危機は2008年から進展し、主要国におけるほとんどの経済指標は成長率において減速か、もしくはマイナス成長を記録しており、2009年の世界経済においてもそのように記録されている（World Economic Forum、2010年）。

　実際、米国、欧州、日本において最も影響を受けている指標は、失業率と消費者信頼感指数（Consumer Confidence Index, CCI）である。これら二つの指標は、景気循環の動向を決める上で重要である。景気循環が拡大している時、人々はより多くの商品やサービスを求めるようになる。逆に、景気循環が縮小傾向にあると、人々はそれほど商品を購入しなくなる。商品の購入が少なくなるだけでなく、人々は電気の消費も抑えるようになる。

　よって、エネルギーの需要率も低下することになる（IEA、2010年）。高い失業率と低い消費率の組み合わせによって、消費者は将来に対してより悲観的な見方をするようになる。これが転じて、企業はその商品の需要伸率について不確実性の高い期間を経験することになるのである。

マッカーシーとメンツァー（McCarthy & Mentzer、2006 年）が気付いたことは、経済的危機と経済成長の減速期において、標準誤差による測定によって経済予測は一貫性に欠けるようになる。また、減速が始まった当初では一層そのような傾向が見受けられるが、その一方では経済予測は将来に対して楽観的な見方をするということである。経済予測における楽観的な予想と、実際の低い数値のギャップによって、経営者は将来についてより一層疑念を持つようになる。そこで、戦略的プランニングの思考プロセスによる結果に疑問を抱くように駆り立てられる。まさに不確実性の高い時期において、シナリオ・プランニングの真価はより一層明らかになるのである（Balfe & Tretheway、2010 年）。

　実際、ある文献（Yingliang & Linhai、2010 年）によると、シナリオ・プランニングは、迅速に変化が見られる時期においてより一層の価値がある手法である、と記されてある。それは、加速化されたビジネス環境における不連続性によって伝統的な未来予測のプロセスは基本的に無駄なものとなり、これは純粋な統計上の調査や変数が誤りの結果だったと判明するからである。

　言い換えると、もし経営者が大きな変化がある時期に、伝統的な未来予測のための方法を用い続けるのであれば、彼らは将来に対してますます確信することができなくなる。それは、この方法による予測が市場における現実からひどく乖離しているからである。

　文献上では、2008 年の経済危機以来、経営者の間でシナリオ・プランニングがより一層人気を博していると記されている。その手法は、高い不確実性と変動性にさらされている市場において、戦略的プランニングのプロセスをまさに助長するために活用されているのである。

　その事例としては、新製品を導入する場合（Luo & Kuo、2010 年）、金融プランニング（Yingliang & Linhai、2008 年）、気候変動（Biloslavo & Dolinsek、2008 年、Moss & Edmonds、2010 年）、オンライン上での音楽のダウンロード（Yi & Sharma、2009 年）、航空業界（Heicks、2010 年）、新しく発生する感染性の病気（Satangpur & Gerdsi、2010 年）、さらには、宇宙旅行計画（Huntley & Weingartner、2010 年）まである。

最近の文献（Montibeller & Gummer、2006 年、Yi & Sharma、2009 年）においても、シナリオ・プランニングの重要なポイントを先の話題（Kahn & Wiener、1976 年、Wack、1985 年、Godet、1987 年、De Geus、1988 年、Schoemaker、1995 年、Van Der Heijden、1996 年、Courtney & Kirkland、1997 年）の中で確証しているものもある。

　今では、どのようなシナリオ・プランニングを利用するにしても、分断性に関する重要な市場要因を強調させておくことは必須である。なぜなら、そういった要因が起こりうる未来の決定的要素、すなわちシナリオを構成する要素にもなるからである。

●本章のまとめ

　この章では、シナリオ・プランニングの背景を中心に論じた。これは、シナリオ・プランニングが戦略的プランニングの道具として捉える必要があるということである。文献を参照することで、多くのさまざまな見解を提供してみた。また、環境上のリスクを理解できるように、構造化された方法でシナリオ・プランニングを提示してみた。

　つまり、戦略家が現実を解釈する上での偏見を克服するための方法を提供しているのである。最後にこの章では、2008 年の経済危機の結果に関する文献における何らかの変化についても考察してみた。

重要なメッセージ

　理論とは、人が問題解決をするための構造化された方法と、重要な知識をさらに発展させるために存在するのである。今回、環境上のリスクを提示し、経営者の偏見を抑制するための方法を提案することを主として論じてみた。

第5章 シナリオ・プランニングの方法論――実践編

『シナリオは、心に思い描いた状況へ導くため、
一連の仮想の出来事について、
詳細に記そうとする試みのことである』
―― ハーマン・カーン

●シナリオ・プランニングの道筋とは

　この章の目的は方法論に関することだが、シナリオ・プランニングの道筋について紹介することである。方法論について語る時、何かをするのに一定の方法を必要としている場合がしばしばある。また、方法論とその単純化された形を紹介するのは妥当と思われる。これは実証済みの方法論に従って作られた完全なシナリオについてであるから、どのような産業界や行政部門の読者でもこの章の最後まで読み進めることができる。

　私は、1999年以降のハイテク、半導体、バイオテクノロジー、エネルギーというテーマにおけるいくつかの事例について、シナリオ・プランニングの数々の応用を試みてきた。私の経験では、この単純化された五つの方法だけで、どのようなシナリオでも作り出すことができる。

　この五つのステップのプロセスは段階的である。すなわち、それぞれのステップが正確な順番に従って作業が行われるということ。最大限の効果をもたらすためにもこの順番に従わなくてはならない、ということである。その五つのステップとは、(1) チーム構成、(2) 競争上のデータの収集・分析、(3) マクロ・データの収集、(4) シナリオの作成、(5) 価値の付加、というものである。

●シナリオ・プランニング——工程段階

　説明を始める上で心に留めておくべき重要なことは、なぜこのシナリオのプロセスが初めに取り上げられるべきなのか、ということである。結論から言えば、ハーマン・カーン（Herman Kahn）はハドソン研究所（1960 – 1983 年）を設立する以前、ランド・コーポレーション（在籍期間 1948 – 1959 年）に在籍していた時、米国とソ連が核戦争をどのように展開することになるのか、ということを考案していたのである。当時、彼は、こうしたことを考えるのは人の想像力を超えることだと語っていた。どんな物語の構成であっても、それには一連の登場人物、観衆にとって馴染みのある筋書き、イントロ、話の展開の段階、そして物語の終わりが必要になってくる。

　もし、何かの話の流れについて考えるのならば——例えば、ラブ・ストーリーを挙げてみよう——通常、このような場面がある。二人が互いに恋に落ち、一緒になろうとするが、そこには複雑な事情があるか、または叶わぬ恋であり、そこには遠距離や、異なる社会的階級などの、乗り越えられないと思われる障壁がある。いつも決まって、もう一人の求婚者がいるもので、また、親しくない、もしくは、あなどれない登場人物である義母や意地悪な兄弟がいるものである。

　もちろん、話の終わりには、万事が良くなるようになっている——その大部分は、愛が勝つ、ことになっている——が、それでも十分な苦悩や涙を流すことなくしてはありえない。ラブ・ストーリーは、行動を起こす上での何らかの背景や舞台が必要になる。

　また、ロマンスの初めの段階で原作者は、語り口調で多くの情報を流す必要もある。例えば、トルストイの『アンナ・カレーニナ』や、マーガレット・ミッチェルの『風と共に去りぬ』——これは、クラーク・ゲーブルとヴィヴィアン・リーの主演で、ハリウッドの古典的な作品の中で最もヒットした作品の一つになった——や、ハンフリー・ボガートとイングリッド・バーグマンが主演の『カサブランカ』についても、このことが思い当たるであろう。要するに、

そのような有名な物語でも、不足する点はないのである。

　物語の進行のプロセスにおいて、アメリカの南北戦争の頃の南部の農園における状況や、モロッコにおける第二次世界大戦での状況であると視聴者は把握でき、どのような状況についても短い時間で、たいていは恋愛小説の数ページ程度か、映画の数場面の間で多くの情報が伝わるものである。
　例えば、農場の描写や、カサブランカやリックス・カフェ・アメリカンの数場面などがそうである。多くの情報が迅速に伝達されていくので、読者や視聴者はその物語（シナリオ）をすぐさま視覚化してイメージすることができるのである。初めの情報が与えられると、場面が次々と連続した形で表れてきて、それから物語のクライマックスにまで進み、話が終わるのである。
　同様に、シナリオ・プランニングでは、誰が物語の脚本家になるのかを決めなくてはならないし、共有される多くの情報が収集されて理解されなくてはならない。そうすることで、収集した情報がまとまった話として想像されるようにしなくてはならない。
　したがって、場面の一連が話の筋書きに従って、自然に物語が始まるように見えるのである。恋愛小説や映画とは異なり、仕事上での作業は一つの筋書きの中で、いくつもの代わりとなる結末で終わることはない。むしろ、シナリオ・プランニングでは、紛争や緊張が解けた後、シナリオの書き手は、被害が緩和される方法について読者に伝達する必要がある。

　作者も非常に重要な存在である。もし、目的がラブ・ストーリーを書くことであるならば、ウィリアム・シェイクスピアは良い選択肢であり、バーバラ・カートランドも悪くない。でも、エドガー・アラン・ポーは、そのジャンルではないのでおそらくふさわしくないだろう。役者たちもどのような物語を成立させるのかに重要な存在であり、彼らの「ペルソナ（仮面）」も物語の進行に一役買っている。ブラッド・ピットやトム・クルーズは「善人」であるが、ドナルド・サザーランドや、私の世代の人間ならば、クリストファー・リーやクリストファー・プラマーが場面に登場してきて、彼らは折り紙つきの「悪役」

を演じているのである。

　認識しておくべき重要なこととは、シナリオ・プランニングに関わっている人たちが、不確実性をより理解するためだけに常に存在しているわけではない。妥当な結末や、むしろその物語が展開しうる異なる筋道を理解するために存在しているということである。結局のところ、起こりうる結末のいくつかは、非常に望ましいものに成りうるが、一方では、それ以外は、とても望ましくないもので、それらの中間のグレーな色の影が付きまとうものもある。

　もし一つの結末が好ましいものであるならば、読者は、結末が妥当であると考えられるような話の筋書きを求めるようになる。同様に、読者にとって恐ろしく思われる結末であるなら、その場面の展開から逸脱するような話の筋書きを求めるようになるであろう。例えば、すべてが失われそうで、まさに最も絶望的なその時期に、光り輝く甲冑を被った騎士やヒーローが登場してその危機的な場面を救うようなものだ。

　アメリカの大衆文化では、機甲部隊や米海兵隊がよく登場するのである。これとまったく同様にして、キング・コングについて考えるならば、かつて彼はニューヨークの最も高いビルに昇り、飛行機が水平にビルに飛んできて、明らかに彼の運命は尽きている（つまり、救出のしようもなく）。たぶん、それは絶対に叶わぬ恋であり、その猛獣と美女はこの上なく幸せな結末を迎えることは決してできないだろう。

　ところが、シナリオ・プランニングでは、作業のうちの最も興味深い部分は、物語が終わった後から始まるのである。つまり、悪役というのは「プランB」を持っているもので、彼らは米国海兵隊に突撃するかもしれないし、1920年代のニューヨークのビルの所有者は、すべてがパックになった保険サービスに加入しているかもしれない。その限りにおいて、物語を伝えるのに仮にその話が別の展開になるのであれば、原作者を選び、情報を収集し、話の筋書きを示し、いくつかのありうる物語の結末を話し合い、それから役者ができることは何かについて打ち合わせをしなくてはならない。同様に、シナリオ・プランニングでは、手続きやプロセスのステップについての一連の組み合わせに従わ

図2：シナリオ・プランニングの五つの思考ステップ

①チーム構成	②競争上のデータの収集分析	③マクロ・データの収集分析	④シナリオの作成	⑤価値の付加
①チーム構成	②データの確証	③マクロ・データ	④情報処理	⑤勝利！
チーム全体が保持するスキルに注目すること 主な構成員・要素 ●代理人／支持者 ●熟練者 ●市場調査 ●技術やスキル ●経済学者 ●計量経済学者 ●大量生産 ●社会科学者	シナリオに関係する人々 ●主体／主人公 ●競争相手 ●供給者 ●顧客 関連する人とアイテム ●運搬人 ●SWOT分析	収集すべき主なデータ ●人口統計 ●業界固有のデータ ●グローバリゼーション ●文化的要素 ●法律 情報源 ●商務省経済分析局 ●国勢局 ●産業組合 ●D&B社 ●EDGAR ●フロスト・サリバン ●産業見本市 ●各種レポート ●会議	情報処理からシナリオを実際に作成する ●ビジネス上の問題に一貫しているか ●別の「現実」にも反映されるものか ●信用できるものか ●その企業文化に一致しているか ●景気循環における一貫した局面で、それが広く行きわたるものなのか ●スキル・能力が高い人物がいて、それを教え伝える人がいるのか ●観衆や、公正明大な公開討論を行うのか	作成したシナリオを実行して、成功させる ●別の「現実」および戦略との関連性はどうか ●今の戦略が別の「現実」に応用が利くのか ●シナリオと「現実」とのギャップ、リスク、チャンスを確認すること ●リスクを緩和させるための戦略も立案すること

（引用元：著者による）

なくてはならない。

　シナリオ・プランニングの作業を能率的に進めるためにも、順次このステップに従って作業を進めることが大切である。図2はこのプロセスを要約し、各ステップにおいて重要な情報のいくつかを提示するために作成された図表である。各ステップは、「チーム構成」、「主体の確証」、「データ収集」、「データをもっともらしい話の筋書きに転換」し、「リスクを緩和する戦略を立案すること」から成り立っている。

意思決定のためのステップ1
——チーム構成

●シナリオとはテーマと観衆を理解すること

　シナリオ・プロジェクトを良い形で始めるためにも、まず初めに、何について、そして、誰を相手に語られるのか、について決めなくてはならない。言い換えると、その開始点とは話のテーマと観衆の構成についてということである。重要なことは、観衆の期待に合ったテーマを選ぶことであり、そうでないと、メッセージを受ける側が物語の書き手の意図からすぐさま乖離してしまうことになるだろう。

　そうしないと結局、シナリオを開始する以前からすべての努力が無に帰することになる。例えば、十代の少年の注意を保ち続けてメッセージを伝達するためには、活発で行動的なお話をするのは有効であり、その話が展開されていく中で、主なポイントや重要なメッセージが込められているようにするのである。舞台を設定するのに、例えばベトナム戦争のような1970年代の東南アジアのジャングルで、他の負傷した兵士を助けるために数人の兵士がいたとする。そこには「いい人物」と「悪い人物」がいて、多くのアクションもある。他人のために自分の命を危機にさらすこと、もしくは「勇敢さ」という意味も伝わる。

　この場合、ターゲットとなる観客は、十代の少年たちということになっており、それ故、このアクション映画のテーマは年齢からして妥当ということになる。物語の筋書きも理に適っているように思われ、おそらく、ヴィン・ディーゼルが役柄に適した俳優と思われる。

　よって、まず真っ先に決めなくてはならないことは観衆であり、ビジネス用語でこれを、「利害関係者（Stakeholder＝ステークホルダー：企業、行政、NPO等の行動に直接・間接的な利害関係を有する者のこと。具体的には、顧客、従業員、株主、債権者、仕入れ先、得意先、地域社会、行政機関など）」

と定義される。利害関係者は既得権を持つ主体であり、またその権利は物事の成り行き次第で増大されることもあれば、妨げられることもある。利害関係者は活発な存在であり、それは舞台に登場して話の結末が特定の方向へ向かうようにするために行動を取るのである。

利害関係者は同時に消極的な面もあり、むしろスクリーンの裏側にいて自分の目的を実現させるために他者を利用することもある。例えば、圧力団体の活動について考えることができるだろう。

ロビイストは、積極的に選出された議員と交流するが、それは単に対話するためではなく、彼らと契約を結ぶ人たちの利権を拡大させるためである。いくばくかの利害関係者は公然として攻撃的ともいえる性格で、舞台の見える所にいるかもしれないが、他の者は攻撃性をやや抑えているかもしれない。彼らは、他の仲介者に対してむしろ身を隠して対決するか、または表だって対峙するだろうが、彼らは静かに——しかし確実に——卑怯な手段を使ってまでして、議員の地位に攻撃を仕掛けるのである。

利害関係者は、内部と外部に分類することができる。内部仲介者とは、ビジネス上、彼らが働いている場所——例えば、戦略プランニング、金融、製造、販売、マーケティング——によって定義される。ある人が民間企業でシナリオを立案している時、その分野における専門知識を組み入れる必要があるだろうし、その専門知識の言葉でコミュニケーションを取ることができなくてはならない。

例えば、どのようなシナリオについても、その企業のビジネスの目的に結び付かなくてはならず、それ故に、そのビジネスにおける重要な分野からの代表者が関与しなくてはならない。そうすることで、むしろシナリオは特定のリスクを緩和するための戦略のいくつかを生み出すのである。

このことについて考える一つの事例として、東南アジアにおけるサプライチェーンが妨害されることについてのシナリオを考えてみることである。そのテーマは武力衝突である。その問題の仲介となるのはさまざまかもしれない。例えば領土問題のことで、北朝鮮と韓国、中国とベトナム、日本と中国の関係が

そうであるが、その概念は明らかにサプライチェーンにおける妨害である。東南アジアは海商における重要な役割を果たしているので、どのような海運航路上で起こりうる危機に対して、真剣に考慮する必要がある。

この場合、サプライチェーンにおける製造、販売、金融すべての専門家を連れてくる必要があり、三カ月間に及ぶ妨害の影響度を数値化する必要がある。サプライチェーンが妨害されるというシナリオにおいて、その直接的な被害者は主に内部の仲介者であり、例えば先に述べた部門の長や、最高経営責任者（CEO）や最高財務責任者（CFO）を名乗る経営陣である。また別の時には、利害関係者は企業の人間ではない。彼らは株主だったり、役員会からの代表者だったり、またはロビイストである場合もある。

このことは、今日では区別すべき重要なことであり、企業がそのような話を内密にしておくことができる能力は、電信のコミュニケーション手段によって大きく削減された。いったん、誰かがブログやツイッターに何かを書けば、たちまち、それは公の知識となる。役員会のメンバーは、他の企業の仲介者でもある。したがって、彼らの忠誠心は、彼らの親ともいうべき企業内のどこかにあるはずだ。

委員会のメンバーと話をするということは、公の話というわけではない。しかし、それにまつわる概念とは、企業の独占的領域内にもはやあるわけではない。株主と話をすることは、どのような企業でも健全な状態を維持するためにも重要である。また、大企業には、コミュニケーションに熟達した人々や、ウォール・ストリートの観衆に企業からのメッセージをうまく仕立てるような人々の集団がいるのである。

ロビイストには、たいてい単一のクライアントしかいないことはない。倫理上では、情報は秘密と規定されているが、利権をめぐる争いが起きる可能性もある。どのような場合においても、ロビイストは直接に雇われる従業員ではない。彼らに漏らされている情報は、機密保持の規則があるにもかかわらず、危ない状態にあるかもしれない。つまり、機密保持の約束が完全に守られているか、もしくは、そうでないかもしれないのである。

時々、その企業の直属の従業員で、しかも、その時は信用に値するような人物でさえも、自分たちと友人にいくらかの金銭上の利潤をもたらすために、企業の内部情報を悪用して商取引や他の企てを実行する場合がある。幸いにも当局は、そういった違反者をすぐさま起訴し、そういった人間は社会的な信用を失い、一定期間、刑務所に入ることになる。だからこそ、利害関係者——それが内部であれ、外部であれ——の特質を理解しておくことの重要であるのだ。そうすることには、絶対的とは言わなくとも十分すぎるだけの理由があるからである。なぜなら、聞き手を選ぶことは、コミュニケーションのプロセスにおける最重要事項で、決定的な要素にもなるからである。
　例えば、サプライチェーンが妨害されるシナリオのうちの重要な観衆が、製造部門長であるのならば、専門家は多くのエンジニアリングの知識を持ち、完成した商品の在庫を知り、かつ、商品の「作業工程」や生産時間について説明する必要がある。そうすれば天候による一時的なサプライチェーンに障害が起きた際、多大なる被害を顧客に与えることなく、企業が十分手元にある在庫品目を保持することはまったく可能である。

　この状況について考えられる一つの話として、レアアースの場合を考えてみよう。中国は、世界で供給されるレアアースのうちの90％以上を保有している。ならば、もし商船が東シナ海を安全に航海できないような場合、トヨタのプリウス——その高性能バッテリーはレアアースでできている——はどうするのか。トヨタは、どれだけの在庫目録があるのだろうか。もしくは、同社は日本国内にある別の資源からそれを製造するのか。それとも、太平洋を経てオーストラリアやブラジルから別の航路によって材料を確保するとでもいうのだろうか。
　日本の企業にとって、何がサプライチェーンを妨害するのかについてのシナリオを立案することはおかしなことではない。しかし、どのような場合においてでも情報を管理することが重要なのである。ちょっと想像してみてほしいとは、万が一、同社の社員の一人のブログの記事やツィートで、「日本は中国と戦争をするつもりだ」と、外部の人間や企業がそう解釈できる情報を流した

らどうするのか。これは明らかに想像にすぎないものだけれども、他の企業にとっては重要な情報だろう。しかし、ウィキリークスのような情報の漏洩は、たちまち国際的な事件に発展するのである。

　携帯電話のメールのような、それがどんなに短いメッセージであっても、誤解を招く可能性は高い。それは通常、メッセージは短く切り詰めてあるか、簡潔すぎて完全な意図を伝えることができない。それ故に、誤解する可能性が高いのである。このことに付け加えて、自分が予期しているメッセージの受信者以外に、その情報を傍受している一般人のことを考えてみてほしい。誤解や混乱が生じる程度は、想像をはるかに超えるほどになりうる。

　反対に、これはあくまでも仮説上の話だが、サプライチェーンにおける障害についてのシナリオに対して、その重要な対象者がトヨタの最高財務責任者であることを想像してみよう。この場合、そのシナリオには、金融計量値、製品を完成させるのに長い時間を要することでかかる高額な在庫管理費、新しく、かつ長距離の運搬航路のためにかかる余分の運送費、新しい供給者に伴う費用、それに伴う信用貸し、などをはじめとする諸経費の多くが含まれている必要があるだろう。

　最高財務責任者がこのリスクに伴う詳細な分析情報とコストを知りたがるのは当然のことである。生じる可能性のある一つのリスクを緩和させるための戦略は、供給地を多様化することである。お薦めの実用的手段として、その情報が、供給者、投資家、株主にとって金銭的にどれだけの価値があるかを考えてみることである。

　架空の話ではあるけれども、もし株主がこのようなシナリオの可能性を知ったのならば、彼らは高い配当金を要求するか、もしくは想像上のリスクに対する補償として株価を引き上げることを要望するであろう。オーストラリアやブラジルにおけるレアアースの供給者は、おそらくトヨタと契約を結びたいという願望に駆られるだろう。これはより高値で取引されることになるだろうが、格付け会社はこの「新しい」リスクに対して、トヨタに制裁金を科したいと格付けを下げるかもしれない。この架空の脅威によって、すぐさま何百億円相当

の頭痛の種を生み出すことになりかねず、これは一人の受信者宛てに書かれた情報が他の場所へ流れたことがその原因である。

　経験則から常に考えられることは、あなたの文書や提出書類から「足が生えて」きて動き回るということ。だから、文書に注意事項を記載し、PDFファイルでロックするか、またはパスワード登録によってしかアクセスできない安全な場所に保管しておくように、デスクトップ・パブリッシング（DTP）・ツールをいつも利用することはいい考えであろう。

　公共政策の場合、伝達事項を受信者宛に慎重に書き上げることは、企業における場合などよりもはるかに重要である。民間企業の場合、偶然にも情報が漏洩することで何百万ドルを失う可能性はあるが、それでも大体の場合において、誰一人として死ぬことはないだろう。

　行政の場合、その危険性は数倍になる。ウクライナの場合を考えてみよう。ウクライナはあらゆる選択肢を考えていたのであり、そのうちのいくつかは、武力行使によって分離された領土をめぐって自分たちの主権を主張することも含まれていたことは想像に難くない。この情報が、もし同国の共有されるべき人たち以外にも漏洩した場合、ウクライナはこの戦略を用いる機会を失うことになるだろう。

　ロシアはこの情報を入手し、それを「重要な根拠がある」と考えるだろう。ロシア軍はロシア系少数民族を守るためにも、東ウクライナに先制して侵攻することになる。本格的な戦争が勃発することになり、ウクライナの末路は惨憺たる結果になるだろう。その理由は、同国はロシアを地上戦で負かせるだけの軍事力を持たないからである。かつて、それを試みようともしたが、成功に終わらなかったのである。

　（シナリオにおける）情報を受信する「観衆」の重要性についての話は済んだ。ここで一般的な名称を用いて表現するよりも、「代理親」と呼ぶべき存在の人物について紹介しておこう。彼らはシナリオという話における代役を務めることもあり、また、その話の意義を説明する「代弁者」の役も務めることもある。そ

ういう影響力の大きい人物についても理解しておくことも肝心である。大体において、この代理親というのは、影響力の大きい企業内部に存在する利害関係者のことを指す場合が多い。職務上の参考となるような能力を持ち、他の重要な利害関係者に影響を及ぼすことができる地位についている人物も指す。

　ある場合においては、営業販売部門の副部長は——売り上げが低く成りうることも恐れているものだが——同僚に助けを求めて、ちょっとした行動を取ってもらうようにお願いすることができる。反対に、引退した重役は代弁者にもなりうるだろう。

　マイクロソフト社を例に考えてみよう。ビル・ゲイツはもはや最高経営責任者ではないが、会社についての関心事を明言し、そこでマイクロソフト社もそれに対応するであろう。彼は、すでに最高責任者ではないかもしれないが、現在の最高経営幹部陣を呼びつけ、質問をし、自分の関心事を伝えるのに十分な影響力を持っている。その経営陣の者が自分で何か行動を取るために、ゲイツ氏にわざわざ電話に出てもらう必要もないが、それでもむしろ企業全体を見渡し、内部の人的ネットワークを知るのに必要となるかもしれない。

　よくあることだが、組織内で権力を持つ人たちは、良き相談相手を持っており、もしくは、他の経営者との長い仕事上の関係を持っているものである。そういった相談相手の人たちは誰でも、代弁者として務まるだけの十分な参考となる能力を持っていることだろう。

　最後に、少なくとも代理親に付け加えて、あらゆるシナリオ・プランニングを実行するに当たって、明確なビジョンを持った人間がいなくてはならず、それは戦略的思考ができる人で、別の未来を想像できる人物のことである。この人物は中心的な戦略プランナーである必要はないが、そのチームの夢想家、詩人、または音楽家にもなりうる人物のことである。どのような企業組織にでもそのような人たちがいるのではないだろうか——ぜひ、見つけてみよう。

●未来に対するシナリオを生み出す

　チーム構成は、シナリオを生み出す上で一つの重要なステップである。チー

ム構成は、物語の書き手の将来への見方を決める重要な決定的要素であり、その見方とは、「美は見る人の目の中にあり」とも言うべきものだからである。

　チームは、メンバーが持っている偏見に自分たち自身で気付くように、十分に教育されなくてはならない。また、そのチームは、新しい視点から世界を眺められるようになるだけの柔軟性を持つようにしなくてはならない。そのように注意を払えるようになるのは、生まれつき固有なものではなく、容易に習得できるものである。むしろ、それは省察や自己批判による副産物といえるもので、先天的に備わっているものでもない。

　そういった認知は熱心に追究されるべきで、また注意深く育成されるべきである。認知を確かなものにするのは難しいことであり、それは、人の判断が、偏見や外の世界を見るためのレンズによって曇って見えるからである。
　いったん、現実がある特定の方法で感知されるようになると、それから自ずとそのような方法が用いられていくことになる。そのチームのメンバーにとって、現実を決まって受け入れるような方法以外で、他のものの見方を持つことが一層難しくなるのである。
　もし、チームのメンバーがあまりにも同じような考えを持つならば、一つのの考えに対して同意するか、より一層同調することになる。その一方で、異なる見解を持つ他の人たちは、同意しないか、初めからグループ・ミーティングに参加できないことになる。
　多様なメンバーで構成されるグループでは、現実を認知する歪んだレンズを取り除くことができ、また、少なくとも、もう一組以上の別のレンズを持つことになるだろう。ここで言う多様性とは、性別、年齢、民族性だけでなく、信条、世界観、社会的・経済的階級、その他の要素でその人を独特な存在にさせ、敬意を払うに値する特徴も意味することになる。そのチームが、より独特で、多様な才能を集めることができるのであれば、より良いチームになるだろう。
　実際、現状の問題にしばしば立ち向かう人たちや、今の流れとは反対の世界観を持っている人たちを受け入れることは重要であると言える。なぜなら、彼

らは不愉快に思われるものの見方を持っており、場合によっては、わざと反対の立場を取り、常に前提となる事柄や権威に対して疑問を持つ。もしくは、チームに対して価値命題を常に維持するように強いるからである。

そのチーム・メンバーが任務を実行し、予定通りに目的を遂行する上で最もふさわしい人たちでないとしよう。それならば、作業の予定について、プロジェクト管理者が決定するだけの十分な余地が残されていることになる。そういったユニークな存在の人たちは、そのチームがバランスのとれたものの見方を持てるようにしてくれるからである。

例えば、今回の研究やビジネス上の意味で、ものの見方のバランスがとれていると言える。それは、次ページの図3に見られるような、定質的かつ定量的な要素を企業が兼ね備えているのであればの話だが。

バランスのとれたものの見方を考えるための一つの方法は、シーソーを想像してみればいい。バランスをとるために、両端の板の上に同じ重さの重りを置かなくてはならない。もし片方の重りのほうが重い場合、板は一方に傾いてしまうことになり、おそらく、バランスをとることができないだろう。

図3は、視覚的に分かるための参考資料である。なぜバランスのとれたものの見方を保ち続けることが重要であるか、よく分かってもらえるだろう。それでも、それはすぐにできるほど単純なことではない。

現実のビジネスの世界では、人々はしばしば自分が直面したあらゆる問題に対して、もしくはすべての問題に対して定量的な見方を求めがちになる。それは、「データとの対話」と同じことであり、ビジネスにおいてデータがすべて、もしくは、ほとんどすべてということになる。ところが、これは危険な一般化である。なぜなら、バランスのとれたものの見方には定質的なデータの理解も伴うからである。

定量的な見方は、いくつかの分野にしばしば関連するものである。それらは、人口統計、統計、経済、そして金融である。主体の人数を十分に把握することなくして、どのような活動を行うことは、ほぼ不可能である。また、こう

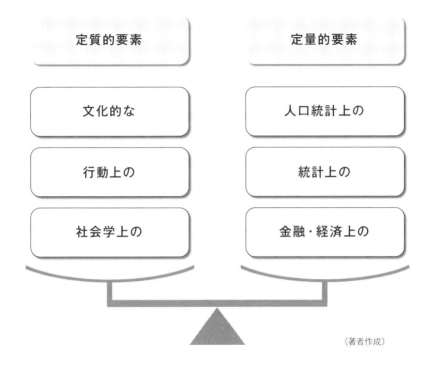

図3:バランスのとれた「ものの見方」における要素

(著者作成)

することにより、主体がユニークな存在になるようにするのに十分なほど、この調査がその主体を特色づけるのである。そのことについて考える一つのやり方として、郵便番号のレベルで市場分析をすることが挙げられるだろう。大抵、年齢、性別、年収、そして消費者の好みについての情報が、どのような種類の調査においても有効である。

　統計は、非常に強力なビジネス上の道具であり、かつ、どこにでも提示されている必要がある。なぜならば、統計上の相違を示す上で、その議論の一つのレベルを示すものであるからだ。しかし、その統計上の相違についての概念は高次な分析的レベルでもある。その上、統計は、データ(記述的)を示し、かつ、仮説(推測的)を試すための多くの方法を提供するのである。

　経済についても統計が提示される必要があり、それには根本的な特質がある

からである。定義上、経済学とは限られた資源を分配するための学問である。それが学問であるのも、その知識体系に独自の正当性があるからである。それは、物品を分配する方法を意味する、または、配当方法のことである。稀少性という概念は、そのものに価値があることを意味する——それは皆に行きわたるものではないし、その資源をめぐって取り争うことになる。そこで、不明瞭な方法でシナリオが作られることになる。なぜなら、主体たちが価値あるものをめぐって争うことになり、それは全員の手に行き渡らないからである。戦利品は、勝者の手に行くのである。

最後になるが、少なくとも金融についても提示される必要があり、金融とは、人が求めている対象物と、その対象物の価値を測る物差しとが連結している点で完全な道具であるからだ。あらゆる決断に関連して、物の価値の概念を表すのに、ドルのサイン（＄）よりも優れたものはない。

定量的な見方に付け加えて、さらに重要なことは、文化的、行動上、そして社会学的な側面からの定質的な見方も、シナリオを理解する上で同じくらいに肝心であることだ。それらは、主体が希少な資源をめぐって争っている状況において、次の段階が何であるかを予想するために役立つものである。

今回の研究では、ヘールト・ホフステッド（訳注：オランダの社会学者）の「国民文化的側面の道具（national cultural dimensions tool）」を重点的に取り扱ってみる。ホフステッドは、文化を評価するのに六つの異なる側面を用いている。それらは、

（1）**権力格差**——国民はどうやって不平等に対処するのか。
（2）**個人主義**——集団主主義か個人主義か。
（3）**男性らしさ**——競争によって目的を達成するのか、それとも他者をいたわるのか。
（4）**不確実性の回避**——集団が曖昧さに対して、どのように対処するのか。
（5）**実践的か**——どの程度、人は現実を十分に説明する必要があるのか。
（6）**耽溺**（たんでき）——どの程度、人は衝動に対して抑制しようとし、それができない

場合、欲望に耽るのか。

　以上の六つの項目のことである。ホフステッドの国民文化的側面は、文化の独自性への非常にユニークな窓口になり、また、その国民性を把握するための方法を提供する。

　例えば、ホフステッドの道具（http://geert-hofstede.com/russia.html）では、ロシアは実践性において非常に高いスコアをマークしている。言い換えれば、彼が国民性を説明する上で、実践的な傾向にある国民は文化的な背景や状況の中だけで正当性のある概念を求めがちになる。もしそうであるのならば、何らかの文化的な背景において、例えば、ロシアのウクライナへの侵攻は正当化されるだけでなく、むしろロシア国民が「そうすることが正しい」と考えていることを想像するのは難しいことではない。

　ロシア人の大部分が、同国の国際的地位が低下したことに満足していない状況を想像してみてほしい——例えば、一部の地域勢力として存在し、もはや超大国ではなく、もしくは、旧ソ連の分断のようなものである。それならば、ロシア人にとって、ウクライナにおける危機は、ロシアの国境を拡大させて、大ロシアを建設するのに絶好の機会であると想定するのは、取ってつけたような話ではないだろう。そのことが「好ましい」ということだけでなく、むしろ、旧ソ連が崩壊した後に不幸にも国境外で「抑圧された」ロシア系少数民族に対して、ロシア国民は進んで「救済者」になりたいと考えるであろう。

　また、行動を理解することは、ここで非常に重要になってくる。なぜならば、行動科学では、人が目新しい刺激や異なる状況に置かれた時、人間の行動についての説明をするための多くの情報が提供されるからである。

　平時において、世界中どこにおいても警察署や政府の建物を攻撃することは、社会的に受け入れがたいことであろう。ところが、東ウクライナでは暴徒がそのような行動を起こし、セキュリティー装置完備の建物だけでなくキエフ

政権の象徴物までも攻撃したのである。

　また、多くの場合において、ロシア連邦の旗に代わって、ウクライナの国旗を掲げたのである。暴徒たちの行動は総じて惨事であった。特に、ロシア系民族にとってはそうであったことを想像してみてほしい。彼らは自分たちの安全について非常に心配していたので、ウクライナ当局の公的な象徴物を攻撃したのであった。

　では、この状況がそれ以外の国民、つまり、非ロシア人、むしろウクライナ国民にとって不安にさせるに違いないということを想像してみてほしい。なぜなら彼らは、ロシア国内において、今度は自分たちが少数民族になるだろう将来に恐怖心を抱いているからである。要するに、双方の集団が恐怖心に駆られて行動しているのであり、結局はどちらも得をすることはない。

　そこで、社会学にこの問題の解決で登場してもらうことになる。エミール・デュルケムとオーギュスト・コント——共に社会学の祖でもある——は、ある複数の集団が互いに社会的な交流をする上での基準を理解し、説明のために貢献した。社会学は、知識体系に価値を付けることもする。なぜなら、社会学とは、社会がどのように構成され、階層化されるかについて説明し、組織が果たす役割に光を当て、そして集団社会の行為について説明するために用いられる道具だからである。

　今日では、社会学はかつてないほどより重要なものとなり、それは現代社会が基本的に社会的ネットワークの枠組みの中で構成されているからだ、と主張する人もいるだろう。また、この社会的ネットワークは物理的というよりも仮想現実的なものであり、それは個人のリンクドインのネットワーク、フェイスブック上の友だち、ツイッターのフォロアー、もしくはグーグル＋のサークルがその典型であると主張する人もいるだろう。

　人の視点を理解する上で、別の効果的な方法とは、彼らの視点で実際に世界を見てみることである。つまりこれは、彼らの思考プロセスの背後にある動機や論理を理解することである。そうするための一つの方法は、人気のあるメディアの発信元や公的な情報機関からの情報を求めることで、そうすることで、

そういったメディア機関がどのような関心のある出来事を報道しているかについて、理解することができるからである。

例えば、ロシア側の視点を整理するために、今回の研究ではロシアのいくつかのメディアからの記事を引用した。それらは、RIAノーボスチ、インテルファックス通信、プラダ・ニュース、ロシアNOWニュース、サンクトペテルブルク・タイムズ、モスクワ・タイムズ、そしてロシアの声である。西側のメディアと同じくらい、報道はどちらかの一方に偏りがちである。予想されることとして、全体を鑑みれば、一つだけの視点を持つことはもちろん可能である。

同様に、西側の視点を持つために、今回の研究で引用したのは、BBC、ドイチェ・ヴェレ、PBS、NPR、デア・シュピーゲル、ABCニュース、アトランティック、CNN、ガーディアン、Foxニュース、そして他のメディアである。いくつかのメディアは、よりバランスをとった報道をしていたが、そうでないのもあった。

視点に関して言えば、どのメディアもCNNとFoxニュースに似ていないものはなかった。しかし、双方とも、ヤヌコーヴィチ元大統領による危機が勃発した独立広場での抗議者への対処については批判的に報道していた。それでも、このような傾向があるにもかかわらず、双方の異なるメディアの情報の中から、最小の共通の特徴を見出すことは可能である。

●シナリオ・プランニングする人材を役立たせる

この本では、情報の受け取り手である大衆を理解することの重要性や、物語の筋書きをするのに役立つものの見方をいかに養うかについて解説している。しかし、この章における重要な点とは、生産性の高いチームを作るために、チームの構成や、シナリオの書き手がどうやって人材を役立たせるかについてである。結局のところ、簡単な方法を採り、すでにできていて、かつ活動しているチームについて働きかけたいという衝動に抵抗することが肝心である。なぜなら、シナリオ・プランニングとは、そのチームがすでに実践している活動とは異なるものであるし、特別な注意を払う必要があるからである。

生産性の高いチームを構成する最も効果的な方法は、シナリオ・プランニン

グという目的に限って言えば、必要となるスキルをリスト・アップすることから始まる。サプライチェーンが妨害されている南シナ海の例でいうと、重要な点は、物流の専門家、エンジニア、商品登録のマネジャー、金融専門家、中国研究の専門家を見つけることである。また、おそらく、異なる見解を提供するのに、中国に現在滞在しているチーム・メンバーが少なくとも一人は必要である。

この方法を一般化するのに、必要となるスキルを分類し、さらには、それぞれの領域において各々のメンバーがどれくらいのレベルや経験を持っているのか、ランク付けするといい。スキルのレベルによってメンバー各人がどのようにランク付けされるのか、また、標準化された方法でお互いにスキル・レベルを測るのか、については、スキル・マトリックス（Skills matrix）を作るのがいいだろう。

どうか、この車輪を最初から作り直さないでいただきたい。なぜなら、オンライン上でいくらかの優れたサンプルが無料で手に入るからである。今回の研究では、カイゼン研究所（www.gembapantarei.com）が提供しているサンプルを好んで紹介する。なぜなら、これは理解しやすく、とても客観的であるからである。これは、それほど熟達していない専門家からは期待することはできない代物である。

このスキル・マトリックスは、二つのステップで作ることができる。第一ステップは、一つの車輪や輪を使って、それぞれのチーム・メンバーが持つと思われるスキルを言葉で書くことである。円形だと使い勝手がいいが、四角形でもいい。次ページの図4はスキルのレベルによって、ランク付けされたマトリックスである。

スキル・ウィールを書き込む方法は、かなり単純である。時計回りに始まり、評価したスキルのレベルに応じて、それぞれのパイを色で塗りつぶしていくのである。それぞれのパイには、スキルのレベルに応じて、基本レベルから卓越したレベルまで振り分けられている。例えば、ワードのタイプ打ちのレベルについて考えてみよう。もし順に次のことができるとすると、それはずば抜

図4：スキル・ウィール（Skill Wheel）

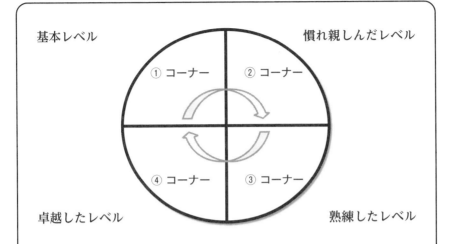

　けた出来栄えである、というように。反対に、「何もスキルがないレベル」ならば、色が塗りつぶされることはない。明らかに、人によってスキルのレベルが異なると思われる。
　このウィールについて興味深いことは、その柔軟性についてである。そのスキルのテーマについて、四つのカテゴリーに区分するのならば、そのウィールには目的があることになる。五つ以上のカテゴリーに区分することもでき、または、もっと細かく区分することも可能だが、単純化にするために四つの区分で一つのスキルのレベルについて十分に表すことができるであろう。それでも、このウィールはその人の好みに合わせて修正することも可能である。
　そのスキルのランク付けがされ、ウィールに書き込まれたのならば、そのウ

ィールをチーム・メンバーのリストに組み込むのである。繰り返すが、このウィールを作り変えてはいけない。適したテンプレートを探し、それを用いるのである。単純さのために、今回の研究では、次ページの図5にあるカイゼン研究所からのスキル・マトリックス表を応用している。

次ページの図5のスキル・マトリックス表は、使いやすい強力な道具で、かつスキルのレベルを分類するのに手軽なものである。

このことを考えてみよう。ある人が何かぼやっとしたアイデアだが重要なメッセージを持っている──細かい知識については、考えている最中なのだから、後回しにするとする。そこでその人は、それによって自分のアイデアを具体化するのに、その分野の専門家や第一人者といわれる人で、十分な知識を持っている人を探すのである。

ジュリア・チャイルドは、フランス料理についての偉大なる作家である。というのも、彼女自身、一流のフランス料理人として物書きのキャリアをスタートさせているからだ。スティーブン・キングも偉大な作家であるが、それでも彼は、料理本の企画を考える上で適任者ではないだろう。もし、そのテーマがハローウィンについて以外なら話は別だが、それでも、空想上のフランス料理のデザートを考えるために、ホラー小説を書くのはかなり無理があるだろう。

言い換えると、ここでの重要なポイントは、そのチーム・メンバーの中で、そのテーマについて最も優れた知識を持つ専門家を見つけ出すことである、ということだ。

例えば、この表の列には、「ピーター（Peter）研究員」、「ポール（Paul）エンジニア」、「サンディー（Sandy）販売員」などといった架空の人物名が記されている。また、そこには名前の良く知られた人物、例えば、「ジークムンド・フロイト（Sigmund Freud）」、「マックス・ウェーバー（Max Weber）」、「アンディ・ウォーホル（Andy Warhol）」、「マーサー・スチュワート（Martha Stewart）」といった名前も見受けられる。

横には十二の列があり、それはシナリオを実現させるために必要となる十二

図5：カイゼン研究所で発表された表に基づいて、
独自に作成し直したスキル・マトリックス表

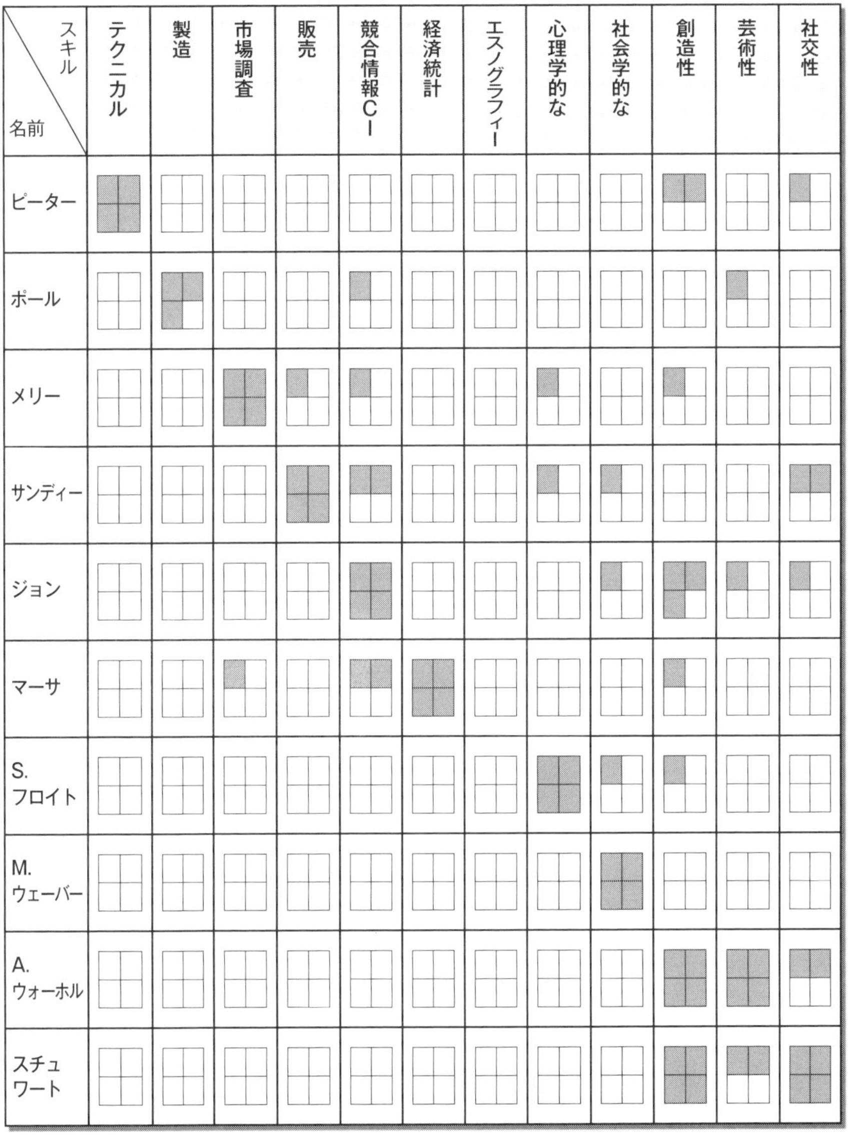

スキル名前	テクニカル	製造	市場調査	販売	競合情報CI	経済統計	エスノグラフィー	心理学的な	社会学的な	創造性	芸術性	社交性
ピーター	■									▨		▨
ポール		■			▨					▨		
メリー			■	▨							▨	
サンディー					■							▨
ジョン					■					▨		
マーサ			▨			■					▨	
S.フロイト								■				
M.ウェーバー									■			
A.ウォーホル										■	■	
スチュワート											■	■

（情報元：J. Miller、2009年）

のスキルが記されている。円形、もしくは四角形の四つの角はグレーに塗りつぶされており、それはそれぞれのスキルのレベルを表すものである。こうすることで、どのスキルが望ましい状態になっており、また、そのチームに抜けているスキルについても一目瞭然である。

　もちろん、スキルのレベルについてもいろいろと言及できるが、ここでは話を単純にするために、マーサー・スチュワートとアンディ・ウォーホルについて考えてみよう。二人とも非常に創造性に富んだ人物である。アンディは、マーサよりもより芸術性に富んでいる。しかし、マーサは、アンディよりも社交性という点では優れている。この研究の目的は、マーサー・スチュワートのことを批判することではない。むしろ、彼女は個人としては事業に成功した、と言える。他の箱は、無色になっていて、何もスキルを持っていないことを意味している。これは、あくまでも極端な例にするために、このようにしたのである。

　明らかに、このスキル・マトリックス表それ自体にもいくつかの問題点はある。例えば、その表にはエスノグラファー（民族誌的な記述をする人）が一人もいなく、研究者（ピーター）が一人しかいないし、また、高度なスキルを持った人もいない。

　さらに気付くであろうが、このチームには産業界におけるベテランともいえる人がいない。よって、このチームは経験不足ということになる。要するに、このチームが持つスキルには深刻な欠陥があるということになり、このチームがプロジェクトを進める以前に、スキル不足を補わなくてはならないということだ。

　実生活においては、メンバーの人たちが持つスキルは重複するものだ。いったんメンバーが持っているスキルを、時間をかけて分類するということになると、彼らが持っているスキルとそのレベルの高さに驚かされるだろう。どのようなプロジェクトを進めるにあたっても、高いスキルを持っている人たちに囲まれることは贅沢なことではある。しかし実際の悩みとは、人がシナリオを考える時に十分な人的資本が不足している場合や、また、どのようなスキルが必要であるのかが明確にされていない場合である。スキル上の弱みについての対

応策があり、それは他のグループと協力することである。
　シナリオ・プランニングの実行とは、通常、特別な活動であり、これは戦略的プランニングの実施を支えるか、その一部のものとして行われるのである。よって、このようなタイプのプロジェクトは、名誉ある仕事として見なされるのである。それ故に、このプロジェクトに招聘される人材は、名誉あることとして考えられるか、少なくとも職場において目に見える形で高い地位につく機会を手にしていることになる。なぜなら、シナリオ・プランニングで必要とされている人たちは、ほぼ決まって高いランクの従業員であるからである。

　スキル上のギャップを埋めるもう一つの方法は、その産業において多くの経験をしてきている人間をそのチームに迎え入れることである。ここで注意しなくてはならないことは、その人がその分野での修士号を持っていないからといって、彼・彼女がプロジェクトの成功に貢献はできないということにはならない、ということである。
　実際、一つの分野におけるベテランの人は、オールラウンドであるが故に、熟練したスキルを持つ人たちよりもプロジェクトをうまく進められることができる。そういった人は、異なる分野で活躍する機会があったので、ユニークな洞察を持っているのである。スキル上のギャップの問題に取り組んだら、次のステップに進むことになる。

意思決定のためのステップ２
——競合上のデータを収集・分析

　ステップ２の目的は、基本的に舞台の上で演じている役者、またはシナリオに関わる主体にレッテルを貼るための方法を明確にすることである。「主体」という言葉は広義な意味がある。価値あるものを分配する既得権を持つ人物とも定義される。故に、そういった主体をさらに分類することは必要不可欠であり、彼らの動機を理解して行動を予測できるのである。

ビジネス上の研究とは、組織を分類するための多くの方法を提供するものであるが、それをやり続けるための簡単な方法とは、演じる役割に応じてその主体たちを分類することである。

　ある主体は、直接に対面することになる競争者である——つまり彼らは、稀少な資源をめぐってあなたの組織と争うことになり、自分たちの都合がいいように資源の取り分を最大にしたいと思っている。他の主体は、供給者としての役割を果たす——つまり彼らは、あなたの組織に仲介となる商品とサービスを与えるのである。さらに別の主体は、顧客の役割を果たす——つまり彼らは、あなたたちから商品やサービスを入手したいと考えている。

　最後に、その組織が関係する市場とはまったく無関係な主体も存在する。彼らは、あなたの組織と競うこともなければ、何かを入手することもしない。むしろ、彼らは無関係な存在である。彼らが達成すべき目的は、あなたの組織を妨害したり、逆に、さらなる利益をもたらすことでもない。このような組織は単純なようにも思えるが、理解しうる存在であり、ビジネスの場で最も活躍する組織でもあるだろう。

　例えばある人が、ヨーロッパ・コンソーシアム・エアバスの企業を起こすシナリオを考えようとしているのならば、ボーイング社は競争相手の企業というカテゴリーに入るだろう。ロールス・ロイス社やゼネラル・エレクトリック社は、共にジェット・エンジン製造会社であるが、供給者のカテゴリーに入るだろう。ルフトハンザ航空のような航空会社は、顧客のカテゴリーに入るであろう。最後に、競争相手とはならない航空機製造会社である、ロシアのツポレフ社やブラジルのエンブラエルは、他の企業というカテゴリーに入るだろう。

　競争の厳しい市場をさらに分析するのに、よく用いられている方法がある。例えば、ファイブ・フォース分析モデル（Porter's 5 Forces model）では、競争相手、競争企業間の敵対関係、顧客、既存代用品の有効性、新規参入業者に注目する。マッキンゼーの7S（McKinsey 7S framework）は、組織の内的な動きや、それがどう変化するかについて注目する。つまり、それは、戦略、スキ

ル、組織構造、スタイル、システム、人材、そして共有価値に特化して考えるのである。そこで、比較のためにいくつかの理論上の枠組みを作ることは簡単であろう。

　人によっては、PEST 分析モデルを好む場合もある。これは、政治的（Political）、経済的（Economics）、社会的（Social）、技術的（Technological）に注目し、また特に最近では、法的、環境上、人口統計上、規制的要素などをその理論的枠組みに導入することで、この手法をより強力にしているが、その頭文字語（訳注：頭文字だけを取ってできた語）をより複雑にしている。

　人によっては、SWOT 分析の理論モデルを用いる場合もあり、これは、強さ（Strengths）、弱さ（Weaknesses）、機会（Opportunities）、脅威（Threats）の頭文字から取ったものである。こういった分析モデルはそれ自身に強みと弱みがあり、それらはビジネスにおける特定の側面のみを対象としているからである。

　よって、こういった分析手法の一つやその組み合わせが用いられるのも、ビジネス環境への注意をより払えるようになるからである。さらには、これらの手法を用いることで、不明な点を明らかにし、シナリオの立案者が重要な部分に集中して考えられるようにするので、そういった手法は十分に多大なメリットをもたらすのである。要するに、役者（主体）、舞台、物語の筋書きをより詳しく理解するように心がけるためのどのような努力でも、するだけの価値はあるのである。

　分かりやすく説明するために、原油会社について、ファイブ・フォース分析モデルの活用例を考えてみよう。

(1) 買い手の購買力――このカテゴリーでは、ガソリンの配当先や軍のような直接多くの石油を仕入れる購買者のことを指す。
(2) 供給力――ここでは、石油を掘削するためのドリル一式と、それを蓄えておくためのタンクのことを指す。
(3) 新規参入への障壁――精製所を建設するには、極めて高いコストがかかり、それにまつわる環境上の害があることも言うには及ばない。

(4) 代替品の脅威――バイオディーゼルや水素エネルギーが思い浮かぶ。
(5) 競争企業間の敵対関係――これは、天然資源や鉱業権をめぐる競争が起きることになるだろう。

ウクライナ危機を考えてみるならば、この理論的枠組みの中で、ロスネフチやガスプロムについて注目するのはいいことである。なぜなら、そういう企業のエネルギーに関する事柄や、そういう企業の西ヨーロッパに示せるだけの競争力は、クレムリンの関心事でもあるからである。仲間も含めた何らかの形の批判は別として、エネルギーはロシアの輸出品の中で大きな割合を占めている。

よって、ロシア連邦が内心で、エネルギーについての外交政策を立案することは全く意味があることである。ウクライナは実際のところ、ロシアのエネルギーのサプライチェーンの一部であり、エネルギーが継続的に輸送されることは、ロシア（売り手）だけでなく、ヨーロッパ諸国（買い手）やウクライナ（輸送国）にとっても重大な関心事である。

また、SWOT分析についても考えてみよう。この研究における目的のために、それは好ましい手法の一つであり、その理由として、それは非常に柔軟性に富み、分析的な枠組みを大きく修正する必要もなくして企業や行政部門の両方に容易に適用できるからである。次ページの図6に記されているような、製薬会社の一例を考えてみよう。

次ページの図6は、SWOT分析モデルの一例である。メルク社、ファイザー社、ロシュ社、バイエル社などのような巨大製薬会社を考えてみてほしい。上記以外の要素で、以下の様な要素も考えられることだろう。

(1) **強み**――そういった大企業は、重要な医薬品について高いシェアを誇り、高品質という評判を受け、特許も保護される。
(2) **機会**――人口統計から読めることは、大きな需要が見込めるということ。

図6：ある製薬会社についてのSWOT分析

〈強み(Strengths)〉
・高いマーケットシェア
・研究開発のための高額の予算
・高品質に対する評判
・特許

〈弱み(Weaknesses)〉
・莫大な研究費の出費
・ライバル企業の価格戦略
・消費者の権利問題
・医薬品が認可されるまでの長い過程

〈機会(Opportunities)〉
・新しく成長する市場
・貿易障壁が低く、貿易国間への投資
・地球規模での医薬品の高い需要
・法的&税制上の規制が少ない

〈脅威(Threats)〉
・新興国で、より低価格の製品開発
・厳格化する政府による審査
・経験十分な経営陣を失うこと
・短い特許の有効期限

(3) 弱み──薬が認可されるのに時間がかかり、研究開発に高い出費を要する。
(4) 脅威──市場における競争相手は特許を守らないか、効果のある薬を製造するのに必要なだけの投資をしないこともありえる。

　ロシアやウクライナについてのSWOT分析を考えるのならば、ウクライナ領土内におけるロシアの経済的存在感のその規模は、明らかに強大なものである。その一方で、ガスのパイプラインは脆いだろう。そして、ロシアは確かにウクライナの最大の貿易相手であるが、ロシアだけがその相手ではない。比較的豊かなウクライナはロシアの商品のみならず西ヨーロッパの商品を取引する機会にも恵まれている。よって、これは機会であり、脅威とはならないのである。

意思決定のためのステップ3
――マクロ・データの収集

　ステップ3の目的は、広範囲に及ぶ情報量を提供することであり、これによって、環境と、その環境が持つ側面、その特徴についても理解されるのである。重要なことは、完全な情報の概念を議論することであり、それは、公共の場の情報を入手するすべての主体について、ビジネスの文書上で説明することである。「完全な情報」というのは誤称であり、なぜなら、一個人の認識とはすべてを包含できるものではなく、むしろ限られた情報のみに接することができるものである。さらにはその人の「レンズ」によって限定されてしまうからである。言い換えるならば、あらゆる公的な場所から発信される情報というのは、誰でも入手できるはずである。

　よって、本当の作業とは、データを通して情報を変化させることであり、そこから関連する個々の情報を見抜くことである。この「関連する」という言葉は、文脈上、関心があることの現象について重要な特徴に関連する何らかの事柄を表現するものである。しかし、それには、人がシナリオを描写するのを手助けしてくれる数々の情報も含まれる。すなわち、物語の書き手としてシナリオを考える人が良い仕事ができるようにしてくれる数々の情報である。

　例えば、ウクライナのシナリオでは、クリミアや、東部で分離・独立している地域の民族的人口構成を知ることは必須である。ところが、これに関連する多くの理解すべき情報があり、それは同国の西部でも独立の動きがあるということである。ロシア系少数民族は、東部地域と同じだけ、西部地域に多くいるわけではない。しかし、西部にはポーランド系少数民族がいる。

　もし、この状況がさらに悪化するのであれば、ポーランドはそういった人たちを保護するように要請されていると感じ取り、そういった少数民族を保護するために軍を配置するかもしれないのである。ポーランドはNATOの一員であるから、紛争は非常な危険なレベルにまで達するだろう。だから第一に、私たちは、独立した地域の民族的人口構成について調べたくなるかもしれない。

しかし、その部分が重要でないと決め付ける以前に、どこにそういう情報があるのかを知るぎりぎりの段階まで、同国のあらゆる地域での人口統計をとってみることは良いことである。

　現時点において、情報処理を容易にし、または促進するいくつかの実証済みの方法を議論することは良いことだ。その一つの方法は、「死ぬ前にやっておきたいことをリスト」することである。このプロセスを視覚化させるための最良の方法は、空の分類箱や大量の白紙か、あなたのコンピュータに内蔵されている空のサブフォルダがあるファイルを想像してみることだ。空箱、白紙、空フォルダーは、（情報を書き込めるという意味で）同じでも、人によっては異なるように見える。情報を処理するということになると、より物質的なものを求める人もいて、何かを書き込むために文献を印刷する必要がある。
　一方で、電子機器上で情報を保存し、手の中に納まるくらいの大きさの機器で読むだけで十分という人もいる。そのことは大して重要ではない。自分にとって最も合うやり方を選べばいいのである。それに正しい、間違いは存在しない。例えば、電子上の短い文章を除いて、著者はメモを書き込むためにページ数の多い学術文献は印刷することが多い。次のステップとして、目的を明確にするために、それぞれの分類箱に貼るためのラベルを作ることである。
　例えば、ウクライナ危機について、ウクライナ、ロシア、ヨーロッパ、米国のラベルから作り始めることができるだろう。そういったラベルを作る他の方法は、人名に基づくものである。例えば、ヤヌコーヴィチ、ティモシェンコ、オバマ、メルケル、プーチン、というように。分類箱に貼るラベルを非常に見やすくするためのさらに別の方法は、何らかの無料ワード・データ視覚化ツール（free word data visualization tools）を用いることである。データの視覚化ツールは、非常に便利な検索ツールであり、一秒以内に莫大な量のデータを検索することができる。

　データを視覚化させるために必要なことと言えば、単語と有効なウェブ・ア

ドレスを集めることである。タグ・クラウド（Tag Cloud）、タグ・クロード（Tag Crowd）、そして、ワードル（Wordle）は人気のあるツールである。仮にある人が、BRICS についてのプロジェクトのラベルを作ろうとするのであれば、一つのウェブ・アドレスを打ち込むだけで十分である。ワードルは分かりやすいもので、単語の字の大きさでその言葉の使用頻度が分かるのであり、最頻出の話題がそのラベルに完全に適すると思われる言葉を選ぶのである。

　一度、ラベルの言葉を決めたのならば、どれでもいいから検索エンジンを使って検索してみるといい。そうすると、何千もの情報のリストが出てくることだろう。また、研究大学の図書館に行ってみるのもいい。そこには一般の書物だけでなく、ピア・レビューの文献も膨大な量だけある。50 から 100 程度の情報を引用してみて、タイトルをざっと見てみよう。それらの中に、文献を分類箱に入れるための必要な情報のすべてがある。

　もちろん、検索の時間はわずかか、ほぼ瞬時に等しい。第一段階が終わったらラベルを貼り付け、バケツが満杯になっている。一つ一つの分類箱ごと確認していき、そこに何の情報が入っているか確認していくのである。いくつかの単語に馴染みがなくても心配する必要はない。グループごとに仕分けをし、それぞれの内容がトピックごとに区分されているのである。ある言葉は頻繁に出てくることで、それぞれの分類箱を確認していくまでにラベルや、そのグループ情報を変更する可能性もありうる。最も難しい検索は最初の段階であるが、その後、必要に応じてこの作業を繰り返すことで、シナリオを作成する上で必要なすべての情報が含まれていることを確認できるのである。

　自分独自のラベルを作ることは、思ったよりも簡単な作業である。また、そのテーマについて指導を受けることも非常にいいことだ。それでも、せいぜい七つの重要な分類があることを確認するのがよく、それらですべてが包括されるわけではない。しかし、どのようなビジネスのシナリオにおいても、そういった七つのリストがあれば十分である。次に、データ分類（Data categories）について紹介しよう。

●どのような情報を入れるか――データ分類

経済の動向

　この分類箱に、経済の動向に関するあらゆる情報を入れてみよう。例えば、過去の国内総生産（GDP）とその予測、インフレ率、金融政策、為替レート、失業率、金利、景気動向、取引量についての情報、消費意欲といったわずかなものを挙げてみた。こういった経済の動向に関する情報を入れてみよう。この分類箱に必要な経済情報を入れてみることが大切で、そうすることで経済環境をより正確に説明でき、必要に応じて情報を自由に出し入れできるのである。

人口統計の動向

　この分類箱に、ターゲットとなる人口統計に関するどのような情報でも入れてみよう。例えば、年齢構成、学歴、収入レベル（可処分個人所得）、消費パターン、家族の大きさ、性別、その他、個人的に興味深いと思われる情報を選ぶといい。ラベルをすべてのケースに貼る必要もないが、ウクライナ危機の議論については、地域別「民族構成」というのが情報のラベルとなるだろう。

業界固有の情報

　この分類箱に市場特有のことに関する情報を入れてみよう。これは、原材料在庫、サプライチェーン、供給元の健全性、合併・吸収などが挙げられる。例えば、南シナ海で問題が発生したのならば、レアアースの在庫量についての情報が必要になる人もいるだろう。それが中国の国外でどれくらいあるのか、どの企業が供給可能な会社なのか、海運会社は他のルートで運送することで、可能性のある危険な地域を回避することができるのか、などについてである。

政治的環境

　この分類箱に、ターゲットとなる国やその周辺にまつわる政治的な展開に関するどのような情報でも入れてみよう。例えば、規制の量とその緩和、行政の構造改革、国連の方針、選挙前の動向、所属政党などである。ウクライナにお

いては、本来人民に選出された政権が抗議者たちによって追放されたという状況がある。次回の総選挙が行われるまで暫定政権を運営している議員たちがいる。また、独立した地域はキエフにある政権からの法令に従う様子もなく、中央政府もそういう地域に対して法令に従わせることを強いることもできず、政治的状況は複雑化しているのである。

グローバリゼーション

この分類箱に、貿易障害の除去、貿易自由化、輸出・輸入量、貿易インフラの開発、新しい市場の開拓、直接投資についてのどのような情報でも入れてみよう。要するに、グローバル化の力による結果や影響として生じた市場における、認知されるような変化を指す。ウクライナの場合においては、当時の大統領、ヤヌコーヴィチ氏がウクライナをEU側でなくロシア側に接近させようとした時から危機が始まった。このような重要な情報をラベル化して情報箱に貼ることができるだろう。

文化的な情報

この分類箱では、ヘールト・ホフステッドのような文化的側面から作業に取りかかることはいいことだが、その他の価値ある情報にも注目してみよう。例えば、他者への態度、外国人嫌いの程度、女性の職場へ参加度などで、これはわずかな事例である。

法的事項

この分類箱に、法的な事項についての情報を入れてみよう。例えば、所有権、特許権、国際契約、国家間の条約などである。ウクライナの件で、安全保障条約の例を挙げるならば、ロシアがすぐさまウクライナに侵攻したことは1994年の条約に違反したのではないか疑問に思われるだろう。

●異なる情報元からデータを生み出す

データ元は、あまりにも多くのものがあるので、本書でそのすべてを簡潔に

リスト・アップすることはできない。例えば、経済指標パッケージを作り出す際によくあることとして、100を超えるだけの情報元を網羅する場合がある。私は、半導体産業における経済指標パッケージを持ち出してきているが、これは米国中心型の情報だけでない。地域や、場合によっては特定の国別のデータも、グローバル企業の必要な情報のパッケージにとって必要になってくる。どのような場合においても、経済データの豊富な情報元の一つにアクセスしてみるのはいいことだ。

エコノミスト・インテリジェンス・ユニット（Economist Intelligence Unit）、グローバル・インサイト（Global Insight）、オックスフォード・エコノミックス（Oxford Economics）、世界銀行（World Bank）、国際通貨基金（International Monetary Fund、IMF）、国際労働機関（International Labor Organization、ILO）、その他の国連関連機関であり、それらは無料で世界規模のデータを提供している。

次の段階として、地域別、または国別のデータを検索することである。EUのユーロスタット（Eurostat）は、豊富なデータを提供し、経済協力開発機構（Organization for Economic Cooperation and Development、OECD）や各国の中央銀行についても同様である。産業組合もかなり詳細な情報と、未来予測の情報までも保有している。アメリカ石油協会も、無料でかなり詳しいデータと正確なレポートを提供している。常に産業組合をデータの資料室として注意を払うことが大切だ。

小規模な品種を大量生産する企業や小規模な研究所もまた、重要な情報を保持している。そういった組織は、他とは異なる見解を示す場合がある。私は、いくつかのそういった組織の名前が思い浮かぶものだ。例えば、フロスト＆サリバン（Frost & Sullivan）、セミコ（Semico）、IDC（International Data Corperation、米国の市場調査会社のこと）、ガートナー（Gartner）は、ハイテク産業における未来予測をする発電所のような情報源でもある。

報道機関やメディアも、無料でかなりの量の情報を提供している。重要なことは、その情報がどちらに偏向しているか、ということである。ロシアの「プラウダ」紙を読むならば、ロシアにとって非常に好ましい情報が掲載されているだろう。

展示会や会議はとても重要なもので、それによって、ある時間と場所において、豊富な情報を提供されるからだ。実際、展示会は情報収集を可能にするだけでなく、情報処理のスピードを加速させるものである。つまり、非常に短い時間で多くのことを学ぶことができる機会なのである。例えば、競合情報分析専門家協会（Society of Competitive Intelligence Professionals、SCIP）の会議に出席することは、現場での情報処理をしている専門家たちと交流することができ、かつ、最新情報を収集できるという点で完全な教育的機会を得ることになる。
　どうか、研究図書館員のことも忘れないでいただきたい。彼らは、データ処理に関しては何年にも及ぶ経験を積んできており、人が思いもよらなかったような問題の解決策をしばしば見つけることができるのである。よって、データ元とは、非常に多くのものがあるが、それでも、一個人の時間と予算の都合上、すべてにアクセスするには限界がある。

　重要なことは、柔軟な思考であり、異なる情報元からデータを生み出すことである。繰り返すが、心の中で情報が上塗りされていて視点が状況の中に埋もれてしまっているのならば、利害の衝突を明らかにできるとは必ずしも限らないし、その問題も大した問題でもないということになる。
　なぜなら、本当に危険なこととは、人が自分の偏見を認識し損ねるということにある。あらゆる問題に解決策がある。ひと度、チームが構成され、競争的な環境を理解し、データが収集されたら、いよいよ戦略という物語の一コマ一コマを積み上げていくことになる。建築家を呼んで設計図を描いてもらい、石工屋さんに物語の一コマ一コマを積み上げてもらう時である。

意思決定のためのステップ4
——シナリオを作成

●シナリオ作成のための根本的な要素

　ステップ4の話を進めるのに、いくつかのやり方がある。ステップ1から3

までの方法を通してデータを処理するか、情報を意味あるものにすることが一つの方法である。その他の方法として、パッケージング（一括にする）といって、これは物語のプロセスを編集できる人の能力にかかっている。物語をひとまとめにするにせよ、もしくはデータを処理するにせよ、良い内容のシナリオにするいくつかの要素に細心の注意を払うことが必要である。

　物語もしくはシナリオについて、最重要事項として、論理的に話を構築するということである。想起していただきたいことは、ここでの目的は状況にはさまざまな側面があるということである。物語をお話しするのに、舞台、役者、富んだ内容の話の筋書きが必要である。話題を選定することで、ある程度、舞台の問題が明らかになるが、役者たちは舞台に出て姿を現さなくてはならないし、物語自体も形にならなくてはならない。

　物語は、その話が始まり、最後の山場まで進行していき、そして終焉する必要がある。物語のかなりの部分において、舞台の場所は最も明らかになり、明け透けになっている場合が多い。よって、それは簡単に判別できるものである。舞台上の役者たちは誰なのかについて、それほどはっきりと分からない場合が多い。それは、彼らが役柄のペルソナ（仮面）で素顔をしばしば隠しているからである。

　最も興味深い部分は、その物語の筋書きである。なぜなら、非常に多くの隠された行動計画が仕組まれており、しばしば利害関係と切り離すことが難しいからである。「ハッピー・エンディング」であれ、「悲しいエンディング」であっても、完全に両方とも物語として受け入れられることであり——もちろん、意味深い話である——それぞれが物語の両極端な筋書きの構成を成しているのである。

　よって、物語の書き手にとってどの結末が最も好ましく、逆にどの結末が好ましくないのかについて判断できる。物語の筋書きについて、自由に模索し、創造的であってほしい。それは、問題の多くの側面を考えられるほどより良い話になるからである。ただ気を付けなくてはいけないことは、その物語に始まり、話の進行、明確な結末があることであり、終わりのないシナリオは極めて好ましくない。シナリオそれ自体は、リスクを緩和するための戦略を生み出す

ことはないし、実行可能でないシナリオは役に立たない。それは時間と資源の無駄なだけである。

シナリオは、戦略的プランニングの思考プロセスにおいて、非常に強力な道具である。しかし、シナリオは元来、計画を立てるための道具であり、よって、それはその定義上、ビジネスにおける問題に対して一貫したものでなくてはならない。シナリオは、企業にとって好ましい結果をもたらすための手段として機能するのである。シナリオを始めるための優れた方法として、企業の目的を見極め、それから、「もし何か起きたら、そのシナリオは企業に利益をもたらすのか、それとも計画を狂わせるものになるのか？」と問うことである。要するに、シナリオは経営戦略家とその企業を教育するものであるが、このような教育が有益と判明するのは、そのシナリオによって企業が自社の目的に到達できた場合のみである。

シナリオが理想的な教育的ツールであるのも、それによって人々の偏見を打ち破ることになり、決まった未来の他にも複数の代わりとなる未来を予見することができるようになるからである。どの組織も、「確約された」未来や、将来への確固たる信念を持っているものだ。シナリオによって、戦略家が代わりとなる未来を予見し、他にも起こりうる未来に気が付くための機会を得ることになるのである。

よくあることだが、人々は「可能性がある（possible）」と「もっともらしい（plausible）」の意味を混合している場合がある。「可能性がある」とは、確率上の話に関連することであり、「もっともらしい」というのは、代わりに生じる事柄に「意味がある」ようにしなくてはならないのである。

例えば、ウクライナの危機について言えば、クリミアがロシアに併合される状況で、クリミアがウクライナに再び併合されることを想定するのは、非常にあり得ない将来の話かもしれないが、これは起こることが「もっともらしい」と言えるのである。

ちょっと考えていただきたいのが、西側陣営の制裁でロシア経済が大打撃を

受けるかもしれない状況である。そうすることで、国境が危機の起こる以前の状態に戻り、西側陣営は最大の利得を得ることになると考えられるかもしれない。ロシア陸軍に対して、おそらく、このようなことを仕掛けないであろうが、明らかにロシアはオバマ大統領とケリー国務長官に妥協案を懇願するようになるのである。二人は、ロシアに対してウクライナの領土保全を尊重するように求め、なおかつ、クリミアに対しては国民投票によってその独立は違憲であることを認めさせるのである。同じ話の流れで、シナリオは信用に値するものであるべきで、そうでないと人々は関心を失うことになる。

EUと米国は、ロシアに対して制裁を科した結果として、逆に自分たちが経済的損失を受けることになる。また、これからもありうる経済損失を自ら進んで受けるという現実については真剣に考慮されるべきだが、それでも西側陣営はさらに制裁を科すというのである。この確率は極めて低いものだが、非常に大きな制裁の結果、ロシア経済が崩壊するというシナリオもありうる。その逆も然りで、ロシアが完全に西ヨーロッパへのエネルギー供給を遮断することもありうるのである。

シナリオは、地図もしくは設計図である。つまり、展開される物語にいくつかの枝分かれする道筋を提供し、地図上でその異なる目的地を示すのである。状況がどの方向に向かっているのかを把握するためにも、その道筋上にいくつかの標識を付け加えることが大切である。シナリオ・プランニングにおける言葉を用いると、明確で、その跡を辿ることができる標識を付けることである。

もし、地球温暖化について関心があるのならば、いくつかの標識は意味を成すことになるだろう。例えば、二酸化炭素排出レベル、オゾン層減少率、極冠氷の融解度、海水上昇度、気温の変化などがそうである。標識が重要である別の理由として、それらによって、戦略家は、何が他の選択肢に成りうるのかを判断できるようになるからである。仮に戦略家が組織に対して早い段階での注意事項を与えることができるのならば、そうすること自体に価値があるのである。

また、シナリオには二つの異なる目的がある。それはシナリオが、企業文化

に沿うことができるか、もしくは現状の問題に挑むための道具となりうるのか、ということである。経済が成長し、企業の景況感、または消費者マインド指数（消費意欲）という指標が上昇しているときには、速い経済成長率を踏まえたシナリオを考えることに意味があるだろう。

　この場合、そのペースに合ったシナリオを作ることで、その企業は新しいビジネス・チャンスをつかむことになるだろう。逆に、もし企業がすでに成熟した市場の中で活動するのならば、そういった難しい時代を反映したシナリオを思い描くことに意味が出てくる。

　同様に、行政においては、結果が好ましくなるようなシナリオや、結末によっては利害関係の対立がもたらされるシナリオも考えられるだろう。世界保健機関（World Health Organization, WHO）は、どのような病気の蔓延についてでも厳しく監視を続けており、それは、そういった病気が世界的流行になり、地球全体への脅威になるからである。同機関は危険度の情報を提供することで、各国や私たちがその病気の蔓延するスピードをよく認知できるようになり、また、国民が事前に予防する準備を整えることができるのである。

　人々がWHOからの警告に注意を払うのも、いつ、次のスペイン風邪やペストが発生するか分からないからである。WHOは、病気が蔓延する他のルートにも注意を払っており、そのことに関する情報を提供することで、さらなる病気の蔓延を防ごうとしているのである。

　シナリオは離れ小島でもない。つまり、シナリオはそれ自身のために存在しているのではない。むしろ、シナリオはプランニングの一連の流れの中や、ビジネスにおける手続きに対応して、一貫したやり方で進行していかなくてはならない。シナリオ・プランニングの戦略家が意識していることは、戦略事業の一つ一つが次期の会計年度計画の詳細な見通しに沿ったシナリオとなるということである。

　同様にして、中国の産業界が認識していることは、次の五カ年計画がすぐに発表されることになり、2016年から2020年までという年月の枠組みにおける方向性が定まり、そこで長期展望における投資の優先順位が決まっていくとい

うことだ。
　シナリオは、それによって成功をもたらすためにも、有力なスポンサー（出資者）、または「代理親」が必要であり、そういった人たちはシナリオを実施する上での熱烈な支持者として活動するものである。逆にそういう人がいないということは、努力が無駄になりかねない。そのような支持者が重要であるのも、彼らは企業経営者のような人たちを勇気づけ、商品やサービスに対する勢いをもたらすからである。
　また、彼らは重要な存在で、その組織内においても高い地位に就いており、彼らの視点は尊重されるべきである。そうすることで、企業の努力により、有意義な結果を生み出すことを導くための絶好のチャンスをもたらすことになるだろう。スポンサーは、実行グループのメンバーではないかもしれない。しかし、シナリオを企画する人はかなりの努力と時間をつぎ込むことで、支持者にも確かに協力してもらえるようにしなくてはならない。

　シナリオは一貫したやり方だけでなく、特定のグループの人たちに対して、また、特定の場所において進められなくてはならない。視聴者（情報の受信者）を明確にすることがシナリオ・プランニングの基礎的な側面であり、その理由はまさに、観衆を理解することというステップ1に合致するからである。
　理解しなくてはならないのは、誰が主体であり、利害関係者であるか、ということである。しかし、このことと同じくらい重要なことは、メッセージの受信者が誰で、彼らはどのようにメッセージが発信されたのか、どこでコミュニケーションが取られたのかについて関心を払うことである。
　企業関係者たちに直接会い、会議でビジネス上の課題について深く討論する予定があるのならば、それは有意義なことである。ある戦略プランニングの会議で、重役たちがいつ、どこで会議を開くのかを知っているとしよう。もちろん、彼らはそのテーマについて話し合うつもりでいる。それは前もって予定が組まれている会議で話し合うことになる。貴重な重役会議で話し合うわけであり、シナリオについての話し合いは時間がかかるものであるから、きちんとしたビジネス形式で書類などが作成されるべきである。そうでなければ、彼らは

真剣に取り扱ってはくれないだろう。
　今回の研究では、いくつかのシナリオの事例を提供している。一つは簡略化されたビジネス形式で、他のものはより厳格な学術形式で、そして最後のものは正式なビジネス形式によるものである。本書において、そのふさわしい形式とは、経営者たちが読むためのものである。
　よくあることだが、学術界の人々は、学術論文の形式に従った紙印刷されたものを期待している。その一方で、ビジネス界では情報を幅広い個所から引用する必要はない。学問の世界では、情報の信頼性を確証する必要がある。他方で、ビジネスや企業においては、その信頼性があることを前提にしているので証明する必要がないのである。

どうやってシナリオを作るのか？

●努力ではなく、発想力で作成する

　最も重要なことは、シナリオ・プランニングは努力ではなく、発想力で勝負するのだということ！　シナリオ・プランニングを行う能力は、長時間努力すれば向上するものではなく、むしろ、理論を賢く活用することでその内容が向上するのである。シナリオ・プランニングの目的を思い出していただきたい。それは企業内外の環境について他人に教え、重要な課題ついて討論を推し進め、新しい傾向について確認し、そして経営者がより良い未来を導くようにするためにある。
　ここで、やらなくてはならないことを考えてみよう。プランニングの過程で、有り余るほどのアイデアがあるのならば、人にさまざまな視点を持つように奨励することである。もしある人が未来への「決まった」見方に影響を受けているのならば、その人は自分の見方や現実の受け止め方に固執しているからである。その人にとって価値があると思われるのならば、そのことを受け入れるだろう。それでもシナリオのために新しいアイデアを出したいのならば、その企業がすでに考えて決めようとしているアイデアと同じものを提案しないこ

とである。それではかえって、シナリオの目的をつぶすことになる。今までとは異なる種類のシナリオを生み出すことは、新しい世界を発見するために行うのである。

　ここで疑問となるのは、どうやって発想を生み出すのかということである。それは人によって答えが異なる。人は、異なる方法で発想を生み出すものである。音楽を聴いてリラックスし、その時に思考が働き出す人もいる。自己の精神的空間を眺めるのに、そのテーマについて考えながら瞑想し、（ヒンズー教の）マントラを唱えたい人もいる。長い間、じっと座っていることができない人もいる。しかし、宗教的な体験によって、静かに瞑想する機会を十分に持つこともできる。クエーカー派の集会は、自分一人で瞑想する中で神と交信する方法を学べる機会である。カトリック司教杖を持つ神父は多くの時間を瞑想に割いているし、禅でも同じである。
　発想は、宗教的な経験から出てくることもある。聖書は約2000年にも及ぶ歴史があり、それには、倫理的な教訓を伝えるためのたとえ話、物語、寓話が数えきれないほど含まれている。もし、そういった倫理的な話では不十分と感じるのであれば、モルモン教の宣教師に教え乞うといい。彼らは、多くの神の啓示を話してくれる。もし、キリスト教に根付いた教えが合わないのであれば、ラーマーヤナもまた何百年もの歴史を持っている。
　また、神話についても発想の源として考えてみよう。例えば、古代エジプト、ギリシャ、ノルウェー、ローマなどには伝承されるべき多くの神話がある。アメリカ原住民にも物語、伝説、伝統がある。ここアメリカ南西部にも、幸いにもホピ族の多くの伝統文化が、ナバホ・ネイションの伝統と共に存在するのである。近隣にあるニュー・メキシコのズーニー族は、豊富な神話学や素晴らしい象徴学を保持している。イヌイットもまた素晴らしい視覚的な装飾品を持ち、その中にはトーテムポール（訳注：家の中や墓場などに立てる柱上の木の彫刻）がある。要するに、原住民は、そういった素晴らしい伝統文化を保持している。種類が多いが故に、それらのすべてをリストアップし、十分な評価はなかなかできないものだ。他の原住民とその伝統文化も、発想のための素

晴らしい源を提供してくれる。

　人形劇、映画、劇場、また漫画ですら、発想を生み出す源となる。幸運にもフェニックスにはグレート・アリゾナ人形劇場（Great Arizona Puppet Theater: www.azpuppets.org）がある。それは、創造性についての素晴らしい事例と言える。私たちは、多くの技術に囲まれているがために、かえって創造性を発揮できないでいる。
　想像してみていただきたいのは、ある人が大衆を楽しませるために、小さな人形を用いて、声のトーンを変えてどれだけの努力をし、技術を身に付けてきたか、ということを。操り人形の技術は、誰でも身に付けられるものではない。劇場で人形を操っている人たちは、才能に恵まれた人たちである。インドネシアも操り人形で有名であり、特に影絵人形や、そのユニークな楽器も語り尽くせないほど素晴らしい。
　映画についてはどうか。ハリウッドとインドのボリウッドは、毎年、新しい映画を何本も生み出している。ハリウッドは格別な投資をしているが、ボリウッドはそれほど投資することもなく、観客を魅了する映画を上映している。
　漫画本は新旧を問わず、物語の筋書きについて違ったものの見方を提供している。それは話が次々と進んでいき、視覚的であり、いろいろと探してみる価値はある。実際、世界中のどの書店に小さく控え目とはいえ漫画部門がある。これは、どこの書店でもそうなっている。

　発想力について言えば、日本と中国の劇は非常に富んだ内容のものであり、また、発想を生み出すための素敵な源を提供してくれるものだ。この本ではすでに伝統芸能である能についてお話ししているが、文楽や歌舞伎なども、発想を生み出すための完全な源になり、それらの舞台に関しても細心の注意が払われている。役者は豪華な衣装をまとっていて、その話の筋書きも非常に面白い。中国の京劇も、その物語を伝えるための表現力は比類なきものであり、目や耳を楽しませてくれる芸術である。
　インドにも劇について素晴らしい伝統を誇り、ケララ州で演じられているサ

ンスクリット劇も人気がある。最後に、伝統的なタイ舞踊も美しく演じられていて、タイ人は話の筋書きを書くのが巧みである。まさに、タイの伝統舞踊は壮観である。

　もしそれでもまだ創造性を発揮できないのであれば、創造的な話を書くことを学ぶのに、少しオーソドックスでない別のやり方がある。それは、カーニバルというものである。米国のニューオリンズでは、何台もの台車が流れるパレードが行われる。しかし、ブラジルのリオデジャネイロのカーニバルは、創造性、音楽、物語の筋書き、視覚的効果を考えるとふさわしくないだろう。それでも、少し控え目なものを探すのならば、カリフォルニア州パサデナ市は毎年、ローズ・パレード（Annual Rose Parade）を実施していて、より一層ユニークなパレード台車が登場し、それらは他のパレードの車よりも込み入ったデザインであり、すべてが装飾の花でできている。

●定量的・定質的なシナリオを作る

　これは非常に興味深い議論であり、定量的なシナリオを支持する人もいるが、その一方で、定質的なシナリオが最良だと考える人もいる。この本においては、双方の組み合わせが最善であるという考えに基づくものであり、それは定量・定質的なシナリオのそれぞれに目的があるからである。

　また、ビジネス研究の分野における議論についても少し理解しておくことが重要で、なぜなら、戦略的プラニングはビジネス研究の手法に従うものであるからだ。結局のところ、定量的および定質的な方法の有効性は相対的なものである。それらの方法を選ぶこと自体が目的ではなく、研究の目的を達成するための機能として選定されるのである（Cooper & Schindler、2006年、Robson、2002年）。

　考えなくてはならないことは、各々の研究者は独自の世界観を持っているということだ。ある研究者は、この世界を客観的に捉えようとする。その一方で、別の研究者は現実というのはそれを感知する人間の見方によるものだと信じている。この存在論的なものの見方は、その人の認知論的な前提に関連する

ものである。すなわち、それは、その研究者が社会的な構築物を構成された仕組みとして捉えるのか、もしくは、社会的な環境を理解するためにも体験する必要があるのか、ということである（Grantham、1997年）。

研究者が決めなくてはならないことは、その研究の目的が、定量的な手法が有効である現象において、いくつかの一般的法則を理解することであるのか。それとも、その研究の目的が、定質的な手法がより有効であろう場合で、特定の側面についてある程度詳しい知識を得ることなのか、ということである（Kuhn、1970年）。

さらに研究者たちが決めなくてはならないことは、その研究の焦点が、定質的な手法がより有効とされる行動、動機、認識に関連する事柄を理解することなのか、ということである。また、その研究目的が、統計的サンプリング方法が有効と思われる集団から一般化される事柄を導き出すことなのか。もしくは、その研究者が対象となる集団についての一般的な法則性にこだわっていないのか、も考えなくてはならない。

さらに信頼度が重要かどうかということも検討を要する。つまり、他人が何かの発見を独自で再検証する際、代わりとなる他の手法を用いることが重要なのか、それとも、他の方法での検証は重要でないのかも検討しなくてはならない。

研究方法を選定する以前に決めるべきこともある。それは、その研究の目的上、定量的な手法が適当で、何らかの理論を確証することなのか。もしくは、定質的な手法が最適で、何か新しい理論を実際に作りだすことなのか、ということを決めるのである。研究活動の他の側面として、このことは定量的対定質的な研究データベースにおける何らかの見識を提供するものである。

社会的精神医学や心理学における学問の伝統では、定質的研究手法がその役割を果たし、それぞれの研究の領域において独自の理論が形成されてきた。精神医学の文献（Whitley & Crawford、2005年）によると、そういった領域の研究のほとんどは、論理実証主義的な解釈によって行われている。つまり、研究は伝統的な定量的手法に従って行われるのである。言い換えれば、データが収

集され、仮説が検証され、そして、ある理論もしくは一連の仮説が有効と判断されるのである。

　それでも多くの精神科医は、定質的手法は精神的障害におけるさまざまな見方を提供できるものだと確信している。他の文献資料（Crawford & Ghosh、2003年）によれば、1990年から2000年の間で、研究論文上で定量的手法の利用数が飛躍的に増加したということだ。ポープとメイズ（Pope & Mays、1995年）は、患者の認識についての医学的知識を向上させる方法として、一般的に見受けられる障害をより「本来のあり方」で診るために、定質的手法を活用する概念を導入したのである。

　独自の長い見解についての説明が記されているが、ルソーやメッキ・ベラダ（Rousseau & Mekki-Berrada、2001年）は、難民の精神衛生について大きな関心を払っている。彼らの研究は、精神的障害や隔離されることによる不安の影響を専門としていた。カナダの研究者たち（Craven & Cohen、1997年）は、定質的手法を用いることで患者の認識構造や、外来治療という環境での患者と医師の交流を理解しようとした。

　また、心理学における研究文献によると、論理実証主義や定量的な分析や、それらにおける精神活動の測定方法に関連するものである。このことは、心理学が科学としての信用を勝ち取れるための要素の一つとして存在しているのである（Rogers、2000年）。

　定質的研究手法に公然と反対する人もいるし、定質的手法を定量的手法の補完的な存在であると見なす人もいるし、定質的手法を受け入れる人もいる。実際、ミッチェル（Michell、2004年）は定質的研究手法について、実験室でコントロールされた精神的な病の原因ではなく、複雑な環境に生きる人に関するあらゆる現象を、現代心理学者が理解して研究する上で足手まといになると言う。ウォルシュ・ボワーズ（Walsh-Bowers、2002年）は、定質的手法を活用することで、私たちは複雑な社会的な背景を理解できると言及している。

　その一方で、ポンテロット（Ponterotto、2005年）は、定質的手法によって心理学者たちがより文化的に多様である被験者に対して対処することができる

と確信している。実際、ポンテロット（Ponterotto、2005年）が言及する限りでは、心理学は定質的手法の活用から多くのことの発見があるとする。その一方で、パーカー（Parker、2004年）は、心理学における定質的研究に関心がある研究者のためにも、特定の研究上の特徴——これを彼は基準と呼んでいる——について議論すべきであると言う。

　教育学でも議論上、独特な見解が示されている。それは、定質的研究手法が教育学においても注目されているということだ。教育学の文献では、ピア・レビューのセクションを一層充実させることで、定質的手法についての議論を発展させる傾向にある。

　実際、シャンクとヴィレラ（Shank & Villela、2004年）が最近、指摘しているが、少なくとも一本は定質的手法による研究の論文記事がジャーナル・オブ・エデュケーション・リサーチ（Journal of Education Research）に掲載されているという。それは1992年から毎年最低でも一本は掲載されているとのことだ。そういった研究は、学習のプロセス、教室内の人間関係における力関係の認識、教室における評価方法の効果をテーマとして特化したものであるだろう。

　これらは明らかに、人間の行動を理解するための技術についての学問領域である。ペイジ（Page、2000年）が説明するには、教育学における定質的手法は、シュヴァーブ（Schwab、1969年）による先駆的な研究活動にその起源があるとする。その研究は、カリキュラムの編成における認識の重要性について提唱しているものである。最近では、ハンフリース（Humphreys、2006年）は、さまざまな背景を持つ学生の集団に対していかにして定質的手法を教授するかについての論文を執筆している。

　ビジネス研究の領域でも定質的研究の関心が高まっているようで、これは大体の場合、職場における複雑な特質に関する情報を定量的な手法では伝達できない、という研究者の葛藤から生じているのである（Cepeda & Martin、2005年）。グメソン（Gummesson、2005年）はビジネス学の研究者であるが、定質

的手法は市場調査における理論を創出するための技術としての価値がある、としている。後々、グメソン（Gummesson、2006年）は、彼が言及する限りにおいて、定質的手法のみが今日の複雑な労働環境において見受けられる文化的および行動上の問題を提示することができるとする。彼の研究は、定量的な手法ではなかなか測定できない仕事上の人間関係、集団力学、管理者の役割、その他の人間関係にまつわる概念といった主観的な側面を専門としている。

ビジネス研究における定質的手法はまた、製薬産業やバイオテクノロジー産業におけるライフサイクルを表すのにも活用されている。実際、シュウ（Xu、2006年）は、合併・吸収の優れた指標として、情報を認識し、拡散することについての定質的データを利用して研究を進めた。

社会科学分野における最後の事例として本書では、経済学では定質的研究手法がどのように評価されているのか、その説明を試みてみる。経済学の文献では、定質的手法の主流から外れた抹消的な評価（Oakley、2000年）などではなく、むしろスティグリッツ（Stiglitz、2002年）——現代における最も重要な経済学者の一人である——は、「消費者の行動を理解する上で、観察やその他の定質的な手法が必要である」、と実際に言及している。スティグリッツと同様に、ピオレ（Piore、2006年）が確信していることは、叙述分析手法（Narrative analysis technique）を活用し、自由回答質問形式を適用することで定質的手法により消費者の心理を鋭く考察することができるという。

以上のさまざまな所見を要約すると、おそらく社会科学の各分野の伝統において、定質的手法を用いる上で生じた当初の疑念を見事に克服したと言えるだろう。また、今日においては、研究テーマを深めるために、この二つの研究手法の強みをお互いに利用し合うこともできるのである。社会的に構築された対象物を理解するための方法についての相違点は、実際のところ世界を相補完的に捉えるものであり、それらは相反するものではない。

事実、ある文献（Valente、1995年）によると、定質的手法は情報が広がる（拡散する）比率を決めるのに有効なものであると記されてある。また、この情報も数学的拡散モデルに直接入力されるのである。それ故、ロジスティック

曲線はより強力になり、より正確に予測可能になる（Gummesson、2005年）。顕示的消費理論（Bagwell、1996年、Trigg、2001年）は、定質的手法の活用を通してのみ消費者の行動が理解されるとする。それによって、ライフサイクル（訳注：産業の生命周期のこと）・モデルの客観的な特質に信憑性を与えられ、これは他の数学的モデルではそう簡単にはできないことである。

　要するに、定質的および定量的方法は共に、社会科学一般、また産業界のライフサイクルの研究において、その地位を確立しているのである。ライフサイクルの特質についての知識は、社会的構築物のパターンについての客観的特質を体系的に分析し、人間の行動のあやを理解することから生じるものである。

　別の文献（Grantham、1997年）上で提示されていることは、この二つの手法のそれぞれは有益なものであるが、二つが合体することで各々が独立したものではなく、一つの知識体を提供するというのである（Reinstaller、2005年）。実際、グメソン（Gummesson、2005年）は、定質的見解を定量的分析に加味すると、その研究の信憑性がはるかに増すが、それらの手法を組み合わせることは容易なことではないとも提言している。言い換えれば、研究テーマや取り扱っている論題によっては、片方の手法による見解から、技術上の進歩や新機軸の採用について研究することも可能である。

　さて、社会科学の多くの分野が定質的な見方を提唱しているので、その手法をシナリオ・プランニングで活用しないことを考えることは、全くの見当違いであろう。これは実際のところ、シナリオを生み出すための簡単な方法は定量的手法による、という研究者からの意見もある。

　例えば、半導体産業における定量的手法について考えてみよう。半導体産業協会（The Semiconductors Industry Association）は、いくつかの研究所と同様、定期的に未来予測の資料を発刊している。多くの予測が数学的モデルからの出力であり、また、それらのうちの多くは、国内総生産（Gross Domestic Product、GDP）のような投入量という何らかの形のマクロ経済学データが含まれている。それをたった一つの計算上の単位として考えるのではなく、むしろ、消費量（Consumption、C）、投資額（Investment、I）、財政支出（Government spending、

G)、そして、貿易高（輸出額－輸出額、もしくはX-M）という複数の単位が、その一つに含まれているとしよう。

そこで、中近東における動乱についてのシナリオを作るために、ホルムズ海峡（訳注：ペルシャ湾とオマーン湾をつなぐ戦略的に重要な海峡）で米国とイランが仮に紛争を起こしたとして、その結果、石油の値段が1バレルにつき10米ドルほど上昇したと仮定する。マクロ経済学の指標における大雑把なやり方が知られていて――例えば、石油の値段が10米ドル上昇するたびに、国内総生産が0.5%から1%ほど低下することが見込まれる――この事実が、シナリオを作りだす上で知っておかなくてはならないすべてとなる。

この規範事例は、国内総生産の数字を用いた産業界の予測であり、その他の場合――イランでの動乱――は、この仮説上の低い国内総生産についての産業界の予測ということになる。このようにして、基本的な未来予測とそれに対する一つのシナリオを持つことになるだろう。

同様に、シナリオはそれらがモデルとなる限り、投入量の根本として利用されることで、定量的に導き出されることになるだろう。どのような国内総生産の構成要素も、議論の対象となるものである。変動するインフレ、金利、税の変動によって、さまざまな国内総生産の数字をはじき出すこともできるだろう。これは、どのような産業モデルでも同様にして変数と総生産の数字を変えることができるのである。

公共政策の分析の場合、ウクライナに対しても同じ国内総生産のモデルを用いることができる。基本的な投入量（C, I, G, X, M）を変動させ、ウクライナの経済成長率について異なる予測をすることができるのである。そこで、予測の多くは数学的モデルの出力であるから、それらはモンテカルロ法の活用や入力値を変えることによって、いくらでも簡単にシミュレーションすることができる。それ故、定量的手法は人気があるのである。

こうして、定量的なシナリオは人気があるが、それはすべてを包括するものではないし、定量・定質的複合手法と同じくらいの理解が得られるわけでもない。定質的なシナリオを無視することも誤りで、なぜなら、それも強力な道具

であるからである。定量的なシナリオが科学的見解を反映するものであるならば、定質的なシナリオは芸術的な見解を反映するものである。それらは相反するようなやり方で用いられるものではない。むしろ、それらは、現実を認識するための二つの異なる方法なのである。要するに、一つのタイプのシナリオは数式、公式、行列代数で記されるものである。

　その一方で、もう一つのタイプはイメージ、色、そして描図によるものである。太平洋岸北西部に住むイヌイット族を考えてみてほしい。彼らは、トーテムポールを使って完結した物語を伝えている。また、パブロ・ピカソの「ゲルニカ」という絵画も思い出してほしい。その絵画には、スペイン内戦中に都市が破壊されている様子が描かれている。一見したところで、簡単にその立体的な図柄が分かるものではない。しかし、その絵を通して、ピカソはその出来事の悲惨さを十分に伝えている。定質的なシナリオでは、必ずしもイメージやコラージュである必要もない。それは、デルファイ・パネル（訳注：専門家への数回のアンケート調査による未来予測）のような、定質的研究手法を利用することもできる。

　デルファイ・パネル法は、古代ギリシャの有名なデルファイの神託に因んだものであるが、その分野の専門家が選別されて彼らから一致した意見を見いだすのである。これは明らかに統計的なやり方ではないが、そこから多くの情報を生み出せるのである。

　ある人が、将来の小型機器に興味を持ったとしよう。おそらく、デルファイ・パネル法で、興味深い別の現実を考え出せるだろう。要するに、一つの方法を他のもの中から選別し、または一つのシナリオを他のものから選別する上で、こうした研究手法に基づくのである。お薦めなのは、先の二つの手法を用いて融合することで、最善の研究成果を出すことである。

●規模的評価法から変化を考える

　シナリオを構築する上で、規模的評価法（Dimensions approach）から得るものも多く、これはその研究対象が連続的であるか、非連続的であるかについて考察する方法である。これは時間的な意味での規模において、重要な概念とは

現状を維持するのか、変化をもたらすのかということである。
　一つの事例として米国の政治的変化について挙げられる。多くの人は、大統領選において一つの党が三期連続で勝利することは難しいと考えている。最近の歴史において、共和党のレーガン政権が二期続いた後に、同じ共和党のブッシュ政権が一期続いたのは例外として、民主党のクリントン政権が二期続いた後にブッシュ政権が始まり、民主党のゴアがクリントンの後釜にならなかった。ブッシュ政権も二期ほど継続したが、それでもジョン・マケインが継承せず、民主党のオバマ政権が引き継いだのだった。
　そろそろ、オバマ大統領も二期目の就任を終えようとしている。すべての賭けが外れている。つまり、他の民主党の候補者が大統領選に勝利し、こうした伝統を打ち破るのか。それとも、共和党の候補者が政権を取り返すのか。繰り返すが、大統領選のシナリオについての論点は、民主党の現政権を維持できる能力の、その不連続性にあると言えるだろう。

　時間的な意味での規模をシナリオに当てはめて考えると、その方法は一過性の性質を持っていると言える。過去、現在、未来を、シナリオのための要因として考えてみよう。ウクライナ危機の場合、同国の過去は、ポーランド、バルト諸国、オスマン帝国、そしてロシアの支配下にあった。ここで疑問となるのは、未来は過去の鏡であるのかということだ。
　いくつかの起こりうるシナリオがある。それは、ウクライナは無傷なままで、ロシア連邦の傘下に入るか、ロシアの一部になるのか、人によっては、同国がEUのメンバーになることを期待しているし、ウクライナが孤立した独立国にもなりうる。そのような事例はヨーロッパに多くあり、今や存在しないオーストリア＝ハンガリー帝国やプロシアがそうである。しかし、ポーランドは、ロシアとの間に国境線を引いているし、ドイツも数々の戦争の結果、その国境が変わったのである。
　2008年の金融危機が発生して以来、シナリオ・プランニングに関係し、広く人気がある他の時間的な規模の話として、「人生に一回の出来事」、または、「ブラック・スワン（Black swan、「黒い」白鳥／訳注：マーケットにおいて事

前にほとんど予想できず、起きた時の衝撃が大きい事象のこと）」が挙げられる。基本的に人生で一回の出来事とは、一回ぽっきりということだ。それらは、何かの破滅的な出来事が起きるまで、めったに起きるものでもない。

　ポンペイ（79年のベズビオ火山の大噴火で埋没した、ナポリ近郊の古代都市）や、東南アジアや日本を襲った破壊的で巨大な津波を思い出してみてほしい。その津波で、2011年、福島第一原子力発電所の惨事が起きたのである。この「ブラック・スワン」という言葉は、私たちが存在しないと信じているが、実際に存在する物事に用いられるのである。事実、少数の黒い白鳥がオーストラリアで発見されるまで、「白鳥は白い」と一般に信じられていたのである。

　最後に、シナリオを作る上でもう一つ重要な時間的な規模の話として、視点についての概念が挙げられる。この本ではすでに視点について解説しているが、重要なのはシナリオを作成している構造の中で再度、視点を強調することである。同じ物語に少なくとも二つのバージョンがあり、また、通常、シナリオには複数の主体が存在するので、多くの起こりうるバージョンがありうるということも考えてみてほしい。

　また、一国における世論は、一枚岩でないことも考えてみてほしい。世論は、さまざまな形で形成されるが、それは人の経済的階級や立場などの個人的バックグラウンドによるものである。他人の視点から世界を見ることは、とてつもなく難しいことではない。むしろ、他人に意見を求め、それに注意を払うのである。多くのことを特定のグループから学べるはずである。なぜなら、研究者は、被験者に対して面と向かい合って座っているのであり、また意識下の行動の手がかりとなる身振り手振りをも見ることになる。

　エスノグラファー（民族誌を調査する専門家）は、人を観察する技術の訓練を受けているので、物語を書くための貴重な情報源となる。したがって、彼らは異なる視点を他者と共有できるのである。複数の人々が一つの考えを共有することは、まったく可能であるが、彼らの行動は実際にそうするわけにはいかない。ここでのポイントは、可能であるのならば、あなたのチームにエスノグ

ラファーを一人だけ入れてみたらどうか、ということである。

●シナリオの構成をまとめる

　すでに論じたように、それほど多くないにしても複数の主体がいる以上、物語には多くのバージョンがある。よって、問題とは物語の種類が少なすぎるということではなく、むしろ、はるかにその種類が多すぎることである。その他の問題として、複数の話を登場するほとんどの人々の視点からして、どうやって真実であるかのように整理してまとめるかということである。そして、企画管理の技術の都合で四つから、せいぜい六つくらいの完結したシナリオ数に限定することは良いことである。

　思い出していただきたいのは、それぞれのシナリオは完結した物語で、導入、話の進展、クライマックス、そして結末が含まれていることである。さらに、それぞれのシナリオには、その話がどのように進展したかについての目印となる十程度の分かりやすい標識を入れることができる。

　シナリオ・プランニングのチームは通常、かなり少人数で編成されるものであるから、内容が豊富な数多くの物語を作り、それぞれの話に少なくとも十の標識を入れることは、大変な作業であると思われるだろう。

　そこで、標識を六つ以下に抑えることもよく議論されているが、著者の経験からすると、組織内の重要な関係者たちは、話の中で四つから六つ程度の標識の後になると困惑してうんざりしてしまうのである。現実的にはより少ないほうが好ましく、もし数少ない複数のシナリオであるならば、良質のシナリオの内容にするためにも、当事者はその作業に多くの時間をつぎ込むことができる。

　一つの重要なポイントとして、偶数のシナリオをいつも用意することである。人間の行動の習性で最も中立で中間的なケースを選択するものであり、どんな奇数の数の選択肢があったとしても、それを選択するものだ。この場合、奇数の数のシナリオは好影響を与えるどころか悪影響を及ぼすものである。なぜなら、その「そうすると決めている未来」のバージョンの代わりに、中間型

のシナリオを選択しがちになるからだ。

　こうして、奇数のシナリオは「そうすると決めている未来」に悪影響を及ぼすことになる。それはシナリオ・プランニングの目的が、利用者に別の未来を教えることであり、他の未来を押し付けることではないからである。奇数のシナリオは、意思決定をする人に自分の経験と、ものの見方に従って選択をさせるようなもので、そうした選択肢が意思決定者の前に（意図的に）提示されており、シナリオ・プランニングのチームによって（自然な形で）生み出されたものではない。

　もし上級管理職たちが、将来の起こりうる出来事に遭遇しても、ご自身に本質を見抜く洞察力をお持ちであるとしよう。彼らは行動を起こした結果、より良い結果を出すことになるだろう。一日の終わりに振り返ってみていただきたいのは、そういった良い結果を出した人たちが上級管理職たちだったのは、偶然にもそうだったのではなく、彼らが一生懸命に働いたからだったのか。そう、彼らは良い判断をしたからである！

　シナリオとは、その他の戦略的プランニングの思考法と同じく、意思決定を支える機能の一部である。その有効性とは、上級管理職たちがより分別のある意思決定をできるようにすることにある。一つ確かなことは、意思決定の意義が、上級管理職ではなく、シナリオそのものにあるのでもない。むしろ、シナリオが上級管理職の意思決定のプロセスを増強し、支えるのである。

　最後に、シナリオ作成の構成における他の重要な側面として、どこから話を始めて、どこで終わるのかを考えておくことである。言い換えると、シナリオはお互いの境界線が必要なのである。それはちょうど、仕切られた境界の内部で物語が形づくられるのである。

　境界線を引くための一つの方法として、アルファ（A）とオメガ（Ω）という、ギリシャ・アルファベットの最初と最後の文字で表すのである。ここで重要な点として、始まりと終わり、もしくは両極端な場合を探すことである。このことを行うには、一つのシナリオを満天の星にする状態、それが意味すると

ころは、万事がうまくいっているということである。

　逆に、空が淀んで沈んでいるような状態、それが意味するところは何もかもがうまくいっていないということである。この全か無かの考え方は有益なものである。そのような好ましい結果とはその主体が元来、どのような理想を思い描いていたのか、逆に好ましくない結果とは、起こることを全く望んでいなかった最悪の結末を意味する。それは、いわゆる、最悪のシナリオというものである。この「最高－最悪」のシナリオは簡単に作ることができ、多くのデータ処理の必要はない。

　次に考えることは、シナリオの作成者が作業のどの部分に多くの時間をつぎ込むのかということである。作業の大半は、明らかに「最高－最悪」のシナリオを作ることに割かれると考えていい。そこで、その中間について今度は考えるのである。それらは、そのテーマにおけるバリエーションとも成りうるもので、もしくは、灰色であると表現される。

　一つの可能性のあるやり方として、二つの境界線──つまり、両極端な場合──から始めて、少しずつ修正していくのである。そうすることで、一つの中間型のケースは悪くはないが、明らかに最悪よりは良いものになる。また、別の中間型のケースも最高ほど良くはないが、他のケースよりは明らかに良いというものになる。

　もう一つの中道路線のシナリオを考える方法は、音楽からそのやり方を拝借できる。セルゲイ・ラフマニノフ（Sergei Rachmaninoff）の「パガニーニの主題曲（The Theme of Paganini）」におけるバリエーションのことである。ラフマニノフの楽譜に何か奇妙な点があったわけではない。そうではなく、彼は自分の曲をさまざまなバリエーションで演奏していたのである。それによって破格の大成功を収めたのである。

　同様にして、物語の書き手も、重要なシナリオの進行役──または、話の進行に影響を与える事柄──において、それを少しばかり修正する自由を持てる。こうして、他のシナリオとは少し異なるお話のバリエーションを生み出せるのである。

意思決定のためのステップ5
——価値の付加

●今あるシナリオに付加価値を加える

　シナリオの作成が終わり、社内の上級管理職たちや他の重要な関係者へのプレゼンテーションが終わったからといって、すぐにシナリオ・プランニングの作成プロセスが終了するわけではない。むしろ、それは単に会議でのプレゼンテーションが終わっただけのことである。少なくとも学問的見解からすれば、この時点でシナリオ・プランニングを終えた気持ちに駆られるが、ビジネスの世界では大間違いである。企業が大きな投資をするのも、教育のためではなく、投資に対する何らかの回収を期待しているからである。

　価値が付加されたシナリオは、完全で明確に、企業の目的に合致したものであるべきだ。それは、重要なスコアカード（訳注：企業の業績を四つの視点から総合的に評価する方法）から把握され、一般的に受け入れられている測定方法を活用することで評価されなくてはならない。さもないと、そのシナリオ作成チームは企業から追放される危険性がある。

　いったん、起こりうる未来の出来事、別の未来についてのシナリオが構築されたのなら、そのチームの義務は各々のシナリオに対する企業の戦略を検証することである。例えば、もしそのシナリオが現実化されるのならば、企業戦略は機能するのか、その企業はその目的を達成することができるのだろうかと考えてみるのである。

　もう一度、先のレアアースの事例を考えてみてほしい。もしサプライチェーンを妨害するような出来事が三カ月以上も続いた場合、自動車会社の生産目的にどのような影響を及ぼすのだろうか？　その企業にどのような影響があるのかを理解する方法は、高性能バッテリーが不足することで500台もの自動車の生産が遅れるということを知ることである。次に、経理上での悪影響は、そういった自動車数に一台当たりの平均販売価格をかけたものとなり、その金額

が四半期分またはそれ以上のしわ寄せを受けることになる。

　要するに、実際の問題として、実際の収益が期待の収益よりもはるかに低くなることで、どれだけ大きな収益不足になるのかということである。もし、その答えが「イエス」ならば、スコアカード上、このシナリオは要注意信号となり、「リスク緩和の戦略を必要とする」の項目に印を付けなくてはならないだろう。シナリオが現実化され、戦略上の目的を実現するための企業の能力が何も改善されていない状況であるのならば、そのシナリオに今まで以上の工夫をしなくてはいけない。

　しかし、シナリオが企業戦略から大きく逸脱し、もしくは経理上の問題を生み出すのならば、このシナリオは注意深く監視されなくてはならない。ここで重要な点とは、企業の戦略上、明らかにされてきたさまざまな将来への道筋を一つ一つ確保していきなさいということである。

●「ギャップ」「リスク」「機会」を認識する

　ひと度、戦略と直接的に関連するシナリオが決定したのならば、次のステップに移ることが重要である。それは、理想と現状のギャップを認識することである。このギャップとは、重要な測定基準の中での期待値と現在値との差を意味する。あるシナリオによって、5億米ドル程度の予想以上の売り上げだったのならば、それは好ましい意味でのギャップである。喜ばしい意味でのニュースは報告するに値するだけの出来事である。

　反対に、あるシナリオの結果、売り上げが予測よりも5億米ドルだけ不足していたとしよう。そのシナリオ作成チームは大至急、実行可能なリスク緩和の戦略を見つけなくてはならない。

　ギャップを認識するための別の方法は、すべての利害関係者のことを考え、それぞれのシナリオにおいて彼らがどれだけの利益を得るのかについて定量化することである。競争の厳しい状況において──繰り返すが、経済学の本質は、稀少な資源を分配すること──は、ライバルの利益は自分の損失を意味する。したがって、そのギャップの大きさと、誰が得をしたのかについてを検証するのである。同時に、チャンスとリスクについても認識しておくことが重要

である。なぜなら、ある関係者にとってのチャンスは、他の関係者にとっても同様にチャンスとなることもありうるからである。

　ボーイング社、エアバス社、その他の航空機を製造する企業にとって、タングステンのリスクは、ロシアの企業も同じく損害を受ける場合もありうる。しかし、オーストラリア、ブラジル、中国、インドの企業はこのような出来事を、自分たちの企業が優良企業になるチャンスであると考えるであろう。
　大企業は、サプライチェーンを統合整理して、供給先の企業社数を削減する傾向にある。しかし、その企業が特定の企業に商品を供給して独占するたびに、高い費用をつぎ込んでも他の供給先の企業を探し求めざるを得なくなる。こうなると、代わりのタングステンを供給する企業は、こうした状況を利用して値段を吊り上げることができるだろう。
　しかし同時に、そういった小規模な供給先の企業も、ボーイング社か、エアバス社のサプライチェーンに加入することの長期的なメリットを考えることになる。そこで両社は、単に取引をするためだけに安い値段を提示することになる。おそらく、巨大企業である二社は将来を見据えた上で航空機を製造するので、それら二社はタングステンを常に受注し続けなくてはならないだろう。小さな供給先の企業から見れば、そういった二つの巨大企業のうちのどちらかのサプライチェーンに加入するということは、二度とあり得ないチャンスになるだろう。

　人は何かのリスクについて、すぐに他人に報告したくなるものだが、その状況を違う角度から検証することは必要である。というのは、見方を変えれば、危機は好機にもなるからである。シナリオ・プランニングのプロセスを考えることに十分な時間を使うことは、常に良いことである。これは誰が得をし、損をするのか、どれくらいの額や程度なのかについて確証するためだけではない。戦略を立案し、企業がチャンスをつかめるように助言するためでもある。
　ここで、第3章を思い出していただきたい。主体について書かれたこの章では、各節のタイトルが主体である国名に付け加えて、「国際舞台で勝つ場合」

と「国際舞台で負ける場合」という項目があったはずである。これは気まぐれにそうしたのではない。むしろ本書は、読者がどの主体が何に関して、どの程度を得するのかについて考えていただくための土台を用意したのである。こうしたことから、主体同士の間での損得について解説している理由である。それは、簡単に知ることができる。

　国家にとって、輸入代替と供給元を変更するという貿易戦略は容易でないが、それでも安価な商品を他の国から輸入できるのならば、これは「危機─好機」という関係と捉えることもできる。
　例えば、ロシアは深刻な貿易リスクを抱えている。それはウクライナがロシアの最大貿易相手国であり、かつ、その経済規模が大きいからである。よって、ロシアの損失は他国の利得となるのである。
　それは、ドイツ、ポーランド、または、その他のヨーロッパの国々の利得にもなる。そういった国々は地理的にウクライナと近隣だからでもある。ロシアのウクライナに対する攻撃的な態度によって、そういった国々は恐怖心からロシアと良好な関係を表向きは求めることになるかもしれない。それでも、同国の攻撃的な外交姿勢を懸念することになるだろう。したがって、外交上のリスクを緩和するためにも、そういった国々は西ヨーロッパのほうへ牽引されることになる。

●企業が抱える理想と現実のギャップを埋める

　ひと度、理想と現実のギャップが報告されたのならば、シナリオ作成チームにとって重要なのは、自分たちが単に「課題を会議のテーブルに持ってくる」だけの人間と見なされないようにすることである。というのも、企業の誰もがそうするからである。シナリオ作成チームは、チャンスを見出す人たちとして認識され、企業が抱える理想と現実のギャップを埋めるようにしなくてはならない。また、定量化できる方法でリスクを最小限にできるようにしなくてはならない。
　最重要なことではあるが、そうしたギャップは何らかの経理上の課題が含ま

れているから、企業の金融部門の人間が仲間になるだろう。重要な点として、シナリオが経理上の評価基準にどれだけの影響を与えるかということである。考えられることは、高いコスト、低い売上高、サプライチェーン上での問題、風評被害といった、月並みなリスクのことである。そういったリスクについては、単なる数字上のギャップにすぎないと考えよう。それには無数の実行可能な戦略があり、その中には、ヘッジング、長期契約、数量割引、オプション取引が含まれる。

　数量割引が十分に効果的なのも、そこには供給者が当該商品を納入することの金銭的なメリットがあるからである。しかし、不都合な点としては、そういった商品もどこかに保管されておかなくてはならないことである。長期契約を結べば、長期の収益は期待できるだけでなく、契約を結んだ双方にとって長期に及ぶ関係を持つことになる。

　例えば、ドイツがロシアとガス輸入の長期契約を結び、仮にそれが妥当な値段であれば、利益を見込むことができる。ヘッジングは、金融における強力な手段で、完全に金融リスクを取り除くことができ、損得のかなりの程度を相殺できる。それでも、ヘッジングが効果を発揮するのは、ある程度のリスクを取る場合に限られる。

　オプション取引も同様である。それには多くの物品の運搬が伴うものである。どんな場合でも、多くの実行可能な戦略を立案できる。2008年の危機とBRICSが独自の金融変動に対する防衛政策を取ったことを思い出していただきたい。これは、IMFがそうするだけの十分な資力がなく――いや、まったくない、といっていい――そういった国々は万が一に備えて、もう一枚の防衛のための「膜」を被せたのである。ヘッジングも国家レベルで行われるものである。

　例えば、ある国が紛争を恐れるのならば、お薦めなのは、石油、ガス、食糧、そして他の緊急用の必需食品を戦略的に貯蔵しておくことだ。どのような場合でも、リスク緩和の戦略は、金融対策において、それ自体が単独な領域ではない。シナリオ・プランニング上での戦略は、リスクとチャンスを報告するだけでなく、リスク緩和の解決策を客観的な視点で提供することができること

である。

●本章のまとめ

　この章の目的は、シナリオ・プランニングを作成するプロセスを紹介し、その道筋や設計図を提示することである。そのステップは論理的に構成され、段階的に完成されていかなくてはならない。しかし、起こりうる未来の出来事や、どのようなリスクに遭遇しても、それに対応できる明確な戦略を持って行動を起こす上で、必要かつ十分な情報を手元にあるようにするまでは、できるだけ頻繁にその推敲作業を繰り返す必要がある。

　シナリオ作成チームのメンバーは多様で、スキルに応じて構成されるべきである。これによって、集団浅慮（訳注：集団思考ともいう。集団で合議を行う場合に不合理で危険な意思決定を行ってしまうこと）や偏見を最小限にすることができるのである。競争的な環境は、その大体において、利害関係者の性格を分析するのと同じように分析され、理解されなくてはならない。

　環境上の情報を収集するのに少なくとも七つの方法がある。厳密な意味では、何百もの可能性のある情報源がある。だからこそ可能な限り、データ処理を最大限に利用することは、その人の強みとなるのである。シナリオは論理的に生み出され、ビジネス上の課題に対して一貫したものでなくてはならない。また、他の未来を反映したものでなくてはならない。

　最後に、シナリオ・プランニングの実行は、現状報告で終わるべきではない。むしろ、シナリオの価値を発揮できないのであれば、それは単なる役立たずということになる。

重要なメッセージ

　シナリオ・プランニングは、どのような規模の企業においても、また、どのような額の予算においても、迅速で、効率が良く、また経済的にも実行できるものである。もし五つのステップに従い、そのルールを守り、多大な時間と労力をつぎ込むのであれば、それなりの効果を期待できるであろう。

【注釈付き参考資料】

①シャンパン
ワインについて、多くの優れたホームページがある。これは非常に分かりやすいものであり、込み入って退屈ということもない。
http://www.wine-searcher.com/regions-champagne

②グレート・アリゾナ人形劇場
この劇場は、ほぼ毎日上演している。
www.azpuppets.org

③ラフマニノフ
セルゲイ・ヴァシリェヴィチ・ラフマニノフ（Sergei Vasilievich Rachmanioff, 1873年－1943年）のことで、ここでは、『ラプソディ/パガニーニの主題による狂詩曲（The Rhapsody on the Theme of Paganini)』について解説している。
http://youtube.com/watch?v=c33q87s03h4

④歌舞伎劇場
長い間、私が好きな場所は京都の南座で、これは祇園祭でも有名な歴史的由緒ある祇園地区にある。
http://www.insidekyoto.com/minamiza-kabuki-theatre
東京にも、歌舞伎座という素晴らしい劇場がある。私は幸いにも、それぞれに訪問できたが、偏見であったとしても日本国内において、京都が私にとって最高の場所である。
http://www.tokyokabukiguide.com/

⑤京劇
これは非常に素晴らしい劇である。私は幸運にも中国の国内外で何度か鑑賞する機会に恵まれた。
http://www.ebeijin.gov.cn/BeijinInformation/BeijingsHistory/t1137406.htm

⑥タイ舞踊
私はバンコクで鑑賞する機会があったが、それがどこの通りであったのか思い出せない。これはその解説ともなる動画である。ユーチューブ上でアップロードされているもので、一見に値する。
http://www.xip.fi/atd/thailand/thai-classical-dance.html

第2部

実際に
いくつもの
「シナリオ」を
思い描いてみる

第6章 シナリオ・プランニングを事例から学ぶ

●ビジネスにおける三つのシナリオ事例

　シナリオ・プランニングに関する研究は、理論と方法論を紹介しただけでは終わったことにはならない。シナリオを作成し、独自の研究調査をしたい人にとって、シナリオがどのようなものであるのかを直接、確認することは極めて重要である。本書では三つのシナリオを提示することでその形式を紹介し、シナリオを作成するプロセスにおいて、どれだけの時間と労力が必要になるのかについてもお伝えしたい。

　幹細胞のシナリオは、簡略化されたビジネス形式によるものである。再生可能エネルギーのシナリオは、やや長い学術的な形式であり、ウクライナ危機のシナリオは、より長いビジネス形式となる。

　これには正しい、間違った形式は存在しない。適切な形式を選定するためにも、限られた時間と予算の範囲内でシナリオが作成できるようにしなくてはならない。学術的な形式のシナリオがより優れていると当然のように考えてはいけない。それは、学術界の観衆に対して話したいから単にそうするのである。ビジネスにおけるシナリオには、より簡潔で、権威主義的な主張はほとんど含まれていないかもしれない。しかし、そのシナリオで経営者たちを説得し、経営上のギャップを埋めるようにしたいのであれば、学術的な形式も必要になる。

　学術的な形式とビジネス形式の重要な相違点は、前者の権威的な口調とその学術的な情報源にある。例えば、学術的な形式において、必ずその情報の信憑性について確証しなくてはならない。そうするための方法として、学術的な文献からかなり引用するのである。

　ビジネスにおいては、そうする必要はなく、なぜなら信用があることが前提とされているからである。要するに、もしあなたがビジネスの世界で活動する

のならば、学術的な形式を求めることに意味はない。反対に、学術的な環境で活動するならば、簡略化されたビジネス形式を求めることはお薦めできない。

再度、繰り返すが、ここで重要なことは、対象となる観衆に合った書式を採用することである。あなたが学術研究について書きたいと考えているのならば、この本の幹細胞研究のシナリオを読むことに時間を使ってはいけない。もしあなたが、主にビジネスに関係する観衆に話をしたいのであれば、再生可能エネルギーのシナリオについては省いたほうがいい。そういった話題は、この手のタイプの観衆に受け入れられるのに恐ろしいほど時間がかかるからである。

シナリオ事例1——幹細胞研究

◉希望か、倫理かの矛盾に満ちた幹細胞研究

いつになっても手の施しようがない深刻な病気がある。人間はまだこうした病気に対する治療法を確立させていないのである。なかでも、変性疾患は特に非情に思われるものである。人の記憶や脳の機能をゆっくりと破壊していくからである。つまり、その病気は、人から貴重な時間、過去、現在、未来を奪っていくのである。最後には、多くの患者は強度の認知症の状態に陥り、愛する人たちや、ついには自分たち自身についても認知できなくなる。

幹細胞研究は、私たちが生きている間に、希望と可能性のある治療法を提供してくれるのである。確かに、その治療法は痛々しい苦痛を抑制できるので望ましいものである。しかし、その研究は生きている幹細胞を必要とし、現在の技術水準からして、その細胞は胎児からのみ得られるのである。

一人の生命の苦痛を緩和させることを試みるために、他の生命をまず犠牲にしなくてはならない。もし幹細胞が採取されるならば、その胎児は、本来の成長する過程を奪われることになり、そして人間として生命体にならなくなるだろう。その一方で、変性疾患に病んでいる患者は何百万人もいる。また、治癒できる可能性がある技術的段階も存在している。その技術開発に急いで投資す

べきでないのか。

どちらがより価値があるのだろうか？　誰かの苦痛を和らげられるが、一人の生命を破壊することなのか。それとも、一人の生命は守られるが、誰かの苦痛を無視したままでいるのか。今回の研究の目的は、倫理上の矛盾点を掘り下げて考えることではなく、その矛盾点を提示することである。米国のヘイスティング・センター（Hasting Center）には、生命倫理に活用できる多くの資料とブログを提供している。

●利益と将来性のジレンマ

幹細胞研究は多くの将来性があるが、他の生命科学研究と同様に多額の研究費がかかる。製薬会社が抱えるジレンマについて考えてみてほしい。企業は研究開発に多額のお金をつぎ込まなくてはならないが、その結果、利益が保証されているわけではない。なぜなら、その薬が好ましい効果をもたらさないかもしれないからである。さらに悪いことに、その薬は、米国食品医薬品局（US Food & Drug Administration, FDA）に承認されないかもしれないのである。

その結果、すべての投資は無駄になる。メルク・アンド・カンパニー（Merck &Co.）について考えてみよう。2013年の会計年度は、同企業のギャップ（Generally Accepted Accounting Principles, GAAP／訳注：一般に公正と認められた会計原則の略）では44億400万米ドル、非ギャップでの当期純利益は104億4300万米ドルであった。そして、研究開発費は、75億300万米ドルであった（Merck、2014年）。

要するにメルク社の当期純利益は、薬の開発・販売が成功したおかげであるとすぐに分かるだろうが、当期純利益における研究開発費の高い比率にも気づくだろう。幹細胞研究はまだ基礎研究の段階であり、現時点では、治療の可能性のある新薬が開発されている段階ではない。それ故、その研究への投資額は極めて高額であると言えるだろう。仮に研究を米国内で行うことができないのであれば、それは複雑な問題となる。

米国の企業において、その研究を自社の研究所の外部で行えば、その研究・運営費が割高となり、経営上のリスクも高くなる。ところが、幹細胞研究

に投資をしないというのは、これまた問題である。新しい発見をし、病気を治せる薬の特許を取得しようとする研究室にとって、その長期的展望から、利益が転がり込み続けることが見込めないからである。変性疾患を病む人たちを助けることは、ビジネス上でも利益が大きいのである。

●シナリオの構造——視点

中枢神経系が出来上がっていない発達段階の胎児から、幹細胞を採取するという仮定から、このシナリオは展開されることになる。つまり、脳死状態の患者から臓器を取り出すことに類似している。繰り返すが、「最も望ましい」結果と「最も望ましくない」結果というラベルを貼るために、一つのものの見方、視点を選択しなくてはならないのである。これがシナリオの構造であり、そのどちらか一方を支持するものではない。

幹細胞研究におけるシナリオ考察

●シナリオ1——最も望ましいシナリオ

このシナリオでは、米国内における幹細胞研究がすべて思い通りに進展する場合である。次ページの図7は、重要な四つの要因が含まれているシナリオである。これらの要因は、シナリオ作成のための情報処理の段階で判明した。

「これは最高！」というシナリオでは、そのすべての評価基準で満点である。右上の角から時計回りに見ていくならば、幹細胞研究は社会的に受け入れられるだけでなく、望ましい結果をもたらすことになる。この研究に対して世論からの好評を博し、倫理的な議論においても研究水準を維持するためであるならば、胎児から生細胞を採取することが好ましいという結論が出ている。

この問題は別の観点からすると、プロ・ライフの団体よりも、老齢者の人権を主張する団体のほうが発言力を持っている。また、世論も後者のほうを支持している。国民の圧倒的大多数は、この研究を擁護しており、人々の苦痛を取り除くことは他の何よりも価値があることだと信じている。若い人たちは、人

図7：「これは最高！」というシナリオ

胎児の生細胞が利用可能	世論からの高い支持
潤沢な研究費	国内で研究可能

の老化現象を認識しており、また、そうした研究の進歩を支えることが自分たちの最大の利得になることも認識している。

　すべての必要となる研究は、国内の主要研究所で行われている。そればかりか、研究所、大学、それ以外の半官半民の組織にも継続的に公的研究資金が投入されている。大事なことを言い残していたが、この研究は合法であり、どれだけの量の細胞を採取したとしても、倫理的に受け入れられるということだ。

●シナリオ2──中道路線のシナリオ（その1）

　この場合、米国での幹細胞研究の進展の大部分が、思い通りにいくことになる。次ページの図8は、重要な要因が含まれているシナリオで、そうした要因は情報処理の段階で判明したものである。

「これはいいね！」というシナリオでは、幹細胞研究の反応はとても好ましいものである。幹細胞研究は、たいていの人たちから望ましい研究であると認識され、世論の大部分も歓迎している。しかし、胎児が生命の始まりという概念からして、倫理的に誤っているという疑問を持たれている。中枢神経系がまだないのは一時的なことであり、順調に行けばその胎児はいずれ人間の体になる。

図8：「これはいいね！」というシナリオ

胎児を利用可能だが、制限がある	世論からのそれなりの支持
それなりの額の研究費	国内で研究可能

　倫理的な議論の大部分は、胎児がどれだけ犠牲になるのかということだが、その程度について厳しい制限がかけられるべきという方向へ話が進んでいる。老齢者の権利を主張する団体が依然として社会の中で強い発言力を有しているが、X世代、Y世代などという離れた世代の人たちは、この研究活動を継続するのに、胎児を犠牲にして良いのかという倫理的な疑問を投げかけている。

　しかし、この場合でも研究は国内で行われ、ある程度の研究資金は獲得できることになる。それでも幹細胞研究は、もはや最優先事項ではなく、むしろ研究資金を要する多くの病気を治療できるかもしれない研究の一つと見なされている。胎児を犠牲にするのは倫理上問題があると考える人もいるので、制定された法律では、限られた数の胎児──それらは、科学の進歩のために捧げられた胎児──のみから細胞を採取できる、としているのである。

●シナリオ3──中道路線のシナリオ（その2）

　この場合、米国内での幹細胞研究の進展は、その大部分が思い通りにいかない状況である。次ページの図9は、重要な要因が含まれているシナリオで、そうした要因は情報処理の段階で判明したものである。
「まあ、OKでしょう」というシナリオでは、幹細胞研究の反応は非常に好ましいものではなく、その見通しも不確かである。幹細胞研究は、ある程度は望

図9:「まあ、OK でしょう」というシナリオ

利用できる胎児の 生細胞はない	世論から支持されているが、 疑問視されている
限られた研究費	国内で研究可能

ましい研究と考えられてはいるが、それはあくまでも、ほとんどの人から、「まあ、やってみてもいいのでは」という程度のものである。

　本質的には、世論はその研究に疑問を投げかけており、それは子宮の中で形成されることになる生命体を犠牲にすることは倫理上、許されないことであるからだと信じている。

　倫理上の議論は、胎児を犠牲にすることに対して、大方、強い規制がされるべきというほうに話が進んでいる。高齢者の権利を主張する団体の発言力は、社会において主流を占めていない。むしろ、プロ・ライフ支持団体や宗教団体は胎児を犠牲にするのは倫理上誤っているから、研究を中止にするべきであると、研究所に精力的に働きかけている。立法機関も生命の保護をするべきだという世論の反応に対応して、研究所に厳しい規制をかけることになる。よって、研究活動も非常に複雑化することになる。

　この場合、研究は依然、国内で行われるが、公的研究資金の額はかなり限定されることになる。なぜならば、幹細胞研究の優先順位は非常に低いからである。実際、他の圧力団体が猛烈にロビー活動を議会にしかけることで、倫理上で許されている他の研究活動に目を向けさせるだろう。それに付け加えて、立法機関は、胎児を犠牲にすることは倫理上許容されないことであると決議を下すことになる。

それ故に、この研究のために、もはや新しい胎児を利用することもできなくなる。研究所は、今手元に残されている胎児の細胞で間に合わせなくてはならなくなるだろう。ここで幹細胞研究は、「必要悪である」という烙印が押されることになるとしよう。この場合、この研究の意義を認めるまでの間は、ある一定期間、世論は懐疑的な態度でこの研究の進行を見守ることになる。

●シナリオ4──絶望的なシナリオ

　この場合、ほとんどのありとあらゆる社会的な力が、米国内の幹細胞研究の進展を抑止することになる。次ページの図10は、重要な要因が含まれているシナリオで、そうした要因は情報処理の段階で判明したものである。
「絶望的だ！」というシナリオでは、幹細胞研究への反応は極めて否定的であり、その見通しも暗い。幹細胞研究は極めて望ましいものではないと考えられている。国民の大部分は、その研究は「選択肢ではない」と見なしている。世論は本質的にすべての生命に対する畏怖から、この研究に対して懐疑的な態度を取っている。したがって、胎児を犠牲にすることは殺人と同義である。

　倫理上の議論は、圧倒的に胎児を犠牲にすることに対して批判を浴びせている。高齢者の権利を主張する団体は、無視され、けなされている。世論は、激しい討論が行われている。プロ・ライフや宗教団体は、胎児を犠牲にすることは中絶と同じことであるから、中絶を行うクリニックと同様に研究所も激しい攻撃の的となるであろう。中絶医の場合と同様に、研究者も暗殺されることになるだろう。立法機関も世論による生命の尊厳を守るべきという声に対応する形になる。規制は厳格なものとなり、その結果、研究活動を行うことはほぼ不可能ということになる。

　この場合、海外で研究活動が行われる以上、幹細胞は法にそぐわないものであるから、一切の公的研究資金を獲得できなくなる。これに付け加えて、立法機関は、胎児を犠牲にすることを違法であると見なしているので、研究のために胎児を利用できない。研究所は、重い罰金を科されることになり、公にその権威を失うことになり、そして、研究者は、「赤子殺し」という烙印を押され

図10:「絶望的だ!」というシナリオ

利用可能な胎児の 生細胞はない	世論の反応は、 非倫理的とする
研究費はなし	海外でしか研究ができない

ることになる。このシナリオでは、幹細胞研究は、「絶対的な悪」としてのレッテルを貼られることになり、今すぐに中止しなくてはならないのである。

●情報収集、調査から世論の動向を見守る

　世論の立場を判断すること——つまり、プロ・ライフ派から研究推進派までの世論の変化に注意を払うことである。米国だけに限定せず、EU、日本、韓国でもこの研究に関心が高まっている。重要単語を検索して常にネット上で情報を収集し、シンジケート調査を利用し、そして世論の動向を見守ることである。

　技術レベル——幹細胞研究の進展を注視し、胎児を犠牲にすることなく細胞を採取できるだろう技術に格別の関心を払うのである。発行されている文献は、有力な情報源である。医学研究所からの情報だけでなく、『ニュー・イングランド・ジャーナル・オブ・メディシン (The New England Journal of Medicine)』などが思いつくところだ。いくつかの科学誌も読んでみよう。

　研究資金獲得の可能性——米国科学財団 (National Science Foundation) は公正な機関で、研究資金の要請を一般公開している。国立研究所や、大規模の医学研究所も独自の研究を行っているが、そういった機関も情報を公開してい

る。その他の治療が難しい病気への研究資金だけでなく、幹細胞への研究資金にも注目してみよう。

　規制環境——すべての行政機関は、国民の関心事であり、また、それらの活動は公正明大である。規制を監視することは容易である。提言された規制上での変化に注目してみよう。

　政策立案者——議員とロビイストは重要な役割を果たす。しかし、幸いにも議員は公正な存在であり、ロビイストの活動も定期的に投票で選出された役人によって報告される。この話題について、いくつかの提言された政策案に注目してみよう。

●意思決定のための提言

　研究所へ——研究に伴うリスクは、挑戦するだけの価値がある。新薬開発によって費用対効果があるものと判断したのならば、研究所は、一般大衆に対して広報キャンペーンを組まなくてはならないだろう。それによって、高齢者が変性疾患という病気に苦しんでいる現実、そして、技術がもたらす希望について社会教育するのである。

　私が言及しておきたいこととして、産業協会が国内外の政策立案者に圧力をかけて働きかけてみることである。研究所は自分たちの使命が健康を促進し、人間が最も弱っている時——つまり、それは老後——に病を和らげることの尊さを一般人に思い起こさせることである。そうすることで研究所は、利害関係者の利権を守りながらも、慈悲深い態度を示すことができるのである。

　高齢者の健康問題について提言する人たちへ——研究所と同様に、世論での討論において主張するためにも、社会教育にかなり力を入れなくてはならない。高齢者を支える団体は、高齢者の問題から幹細胞研究を分離して考える必要がある。その問題は、世代間の対立を緩和させる方法として世のためになると認識すべきである。また、そういった人たちは、議会で同意を得られるようにするためにも、政策立案者と関係を持つべきである。議会で同意を得られるようにするためにも、圧力をかけなくてはならない。彼らは研究所にも焦点を定め、研究所が急いで幹細胞研究を遂行するように圧力をかけて働きかけなく

てはならない。

　政府へ——競争上の利点や、幹細胞研究のビジネス市場における先発者としての地位を確保し、政府はこの分野での研究を活発化する目的で、特別に特許を認可するように考慮するべきである。これは政府にとっても、民間部門に研究活動を促すために、そのコストがかからない解決策である。

　プロ・ライフ集団へ——自分たちの主張を公の場で主流となるようにするためにも、できるだけ早く、「幹細胞を採取する」ことは「中絶」や「殺人」と同義であることを一般大衆に教育する必要がある。プロ・ライフ集団は宗教団体に働きかけて、幹細胞研究を公然と批判して止めさせ、もしくは聖職者の立場という権力を用いて、その研究は倫理的な意味で恥辱に値すると断言する必要がある。プロ・ライフ集団は、人の退職年金の財産を運用することで、幹細胞研究への投資することから敬遠させるよう、その対策基金を準備するとよい。また、株主総会にも参加し、可能な限り研究活動反対と騒ぐことである。こうすることで研究所は、その悪い世間体に伴うダメージが大きすぎると考えるようになり、自分たちの社会的存在について見直すことになるだろう。

【注釈付き参考資料】

①生命倫理
　ヘイスティング・センターは、幹細胞の生命倫理的な諸問題について、鋭い考察をしている。
　http://www.thehastingscenter.org/Publications/BriefingBook/Detail.aspx?id=2248)

②メルク・リポート
　メルク社の2013年度における研究開発費用は、2012年度よりも低いものであったが、それでも、その規模は米億ドル単位である。
　http://www.mercknewsroom.com/news-release/corporate-news/merck-announces-fourth-quarter-and-full-year-2013-financial-results)

シナリオ事例2——再生可能エネルギー

　このシナリオは、学術的モデルに従って構成されている。そのような内容なので、この章の形式ために、すでに実在する戦略的プランニングの文献にかなり依存することにした。また、データ収集の段階では、デルファイ・パネル法（Delphi panel procedure）を活用しているが、それについてはここでは詳しく解説していない。「はじめに」でも言及しているが、この章の大部分は、理論上から導き出される私なりの提言を本章の中心としていることに留意していただきたい。初めの事例とは異なり、ここでのシナリオは経済的なリスク緩和の戦略については提言していない。

◉環境上のリスクを再検討する

　シナリオ・プランニングの技術を再生可能エネルギー問題に活用することを理解するため、先の参考文献の節で紹介した方法に従っていくことが重要である。すなわち、再生可能エネルギーを産業界に応用することで、環境上のリスクによってもたらされる市場での課題を再検証することが必要なのである。

　シュタールとグリグスビー（Stahl & Grigsby、1992年）は、人の認識上における問題点について挙げている。それは、経営者が選択的注意と集団浅慮（Pons Novell、2003年）の問題によく悩まされていることである。つまり、経営者が労働環境におけるすべてのリスクを認知できないという、環境上の複雑性からくるその影響について説明しているのである。

　再生可能エネルギー産業におけるシナリオ作成者とその他の関係者たちは、これと同じ問題に対する免疫ができていない。実際、選択的注意を行うことで認識上の問題が悪化し、その悪影響も増大することになるのである。これに付け加えて、カーネマン（Kahneman、1973年、1979年、2010年）の文献全体から指摘されていることは、人々の意思決定におけるその実践は、癖、決まった手順、習慣が確立した（Pressman、2006年）後に形成されることになる。

また、意思決定の実践に伴う偏見により、判断力がより一層、曇ることになるという（Shefrin & Statman、2003年、Altman、2004年）。

　要するに、環境の複雑さ、選択的注意、意思決定のプロセスにおける偏見の組み合わせで、認識に不調和が生じ、それによって人は環境を歪んで解釈することに導かれるのである。こうした、環境上の思いがけない認識は、意思決定のプロセスに悪影響を及ぼすことになる。

　技術上の問題点や課題は、再生可能エネルギーにも当てはまる。その理由はドライヤー（Drejer、2004年）が思い描いたように、技術上の進歩が加速されており、カルダート（Caldart、2006年）が説明しているように産業界の変化のペースが速いという問題が存在しているからである。太陽電池パネルや風力発電における技術上の進歩により、高いエネルギー交換効率──もちろん、これは数字上、プラスという意味である──がもたらされるだろう。しかし、消費者は信用度という意味で不審に思う点もあるはずだろう。その結果、消費者は完全に料金が安くなるか、また、技術が進歩するまで、新しいエネルギー開発システムを敬遠することになる。

　その上、再生可能エネルギーは、消費者が多くの選択肢から選べる故に、その集客力にも問題がある。選択基準は太陽電池パネルや風力発電だけに限定されるだけではない。それ以外にも、発電容量、電力系統接続、戻し減税、維持費、外見、騒音、土地利用規制条例、実用可能な特定の譲渡地域も含まれるからである。その発電容量だけでなく、太陽電池板のうちのどのようなタイプの技術を選んで建設するのかということにも関係する。消費者が実際に選ぶ段階になると、いくつかの選択肢がありうる。つまり、市場も細分化されて非常に複雑な選択肢を生み出すことになるのだ。

　需要の不確実性という課題が未だに解決していない理由として、コツィアロス（Kotsialos、2005年）が指摘する予測の変動性だけではない。マッカーシーとメンツァー（McCarthy & Mentzer）が予測したように、消費者の異なる需要によって市場が数多く細分化され、結果として需要の種類が過剰状態になるからである。

さらには、最近、再生可能エネルギーの設置基盤数は、2030年までに必要とする総数のわずか5%未満である。実際、2030年までの需要曲線の上昇から、1万1500ワットの電力を供給できる設置基盤数が必要になる。このように米国エネルギー省情報局（US Energy Information Administration、2010年）とコールク（Qualk、2010年）は予測している。これは簡単な問題ではない。エネルギー設置基盤の実際の数と望ましい数のギャップが非常に大きいので、環境的、気象学的、規制上、技術的な要素における不確実性は問題となることであろう。

　風車の有用性と風速の重要性についても考えなくてはならない。なぜなら風力発電において、風車と風速は発電するための決定的な要素であり、これは天候のパターンに大きな影響を受ける。エル・ニーニョ現象のような気候変動が繰り返されることにより、発電量は、期待値よりもかなりの増減がありうる。

　要するに、平均パーセント誤差によって測定される天候変化の影響度は、研究者や産業界の人間が信用する天気予報よりもはるかに大きくなるものである。つまり、当てにならない天気予報により風力発電への不安が高まることになる。その結果、そのことが投資上の不安として跳ね返ってくることになる。さらに、設備投資を避ける方向へ進展するのである。天気予報の正確性については、米国海洋大気庁（US National Oceanographic & Atmospheric Administration）の関心の的でもある。実際、同庁長官は、再生可能エネルギーのためにも、より正確な天気予報を心がけたいと陳述している（MacDonald、2010年）。

　このような需要の不確実性という問題は、再生可能エネルギー産業に大きな脅威となるのである。リスクに対して寛大な巨大金融機関は惜しみなくこの産業に投資を続けるだろうが、それでも、そういった投資に対して巨額の回収を求めているものである。これは、この産業への高い資本コストにもなることを意味し、つまり（非再生可能エネルギー源に比較して）単位キロワット当たりのコストが比較的に高いことなる。この産業の関係者らは、こうしたことに頭を抱えているのである。

最後に、ドライヤー（Dreyer、2004年）とルーニー（Roney、2003年）の二人が同じように懸念した規制上の問題点について、検討することも必要である。政府による規制領域は三つの層からなる。これは非常に複雑な規制環境を作る目的から、それぞれの行政機関が規制する各範囲が重複するのである。一般的に政策とは、より公正で安定した過程を通して立案されることを期待されるだろう。

　しかし、T・ブーン・ピケンズ氏（Ireland、2010年）の風力発電所の事例に見られるような規制上のずさんさ、並びにスペイン（Sills、2010年）の事例に見られるような規制における一貫性の欠如が指摘されている。事実、こうした事件は本当に起きているのである。厳しい規制の中で再生可能エネルギー産業も他の産業と同じく、ある程度の制約を受けることになる。それ故、このことを十分に検討しなくてはならないのである。

　総じて、環境上の五つのリスク——認識、技術、市場の細分化、需要の不確実性、規制——が、再生可能エネルギー産業においても多く存在するのである。以上のようなリスクを認識しておくことは、不確実な状況下で意思決定をする経営陣に必要となる。また、シナリオ・プランニングという手法が、戦略的プランニングのプロセスにかなりの程度、貢献することを意味する。

●シナリオ要因1——進行させるために重要な要素

　起こりうる未来を構成する要素——つまり、シナリオ・プランニングの成り行きのこと——を理解するのに、シナリオを進行させる重要な要素、これをシナリオ要因（Scenario drivers）と呼ぶ。まず、これらを明確にする必要がある。本書では、データ検索、インタビューへの回答、参考文献上の根拠に基づいて要因を選定した。次ページの図11には四つの要因の表がある。それらの要因は、それぞれの分類箱の中に納まっており、その分類の中で最も関連する重要な点の解説も含まれている。

図11：シナリオ要因

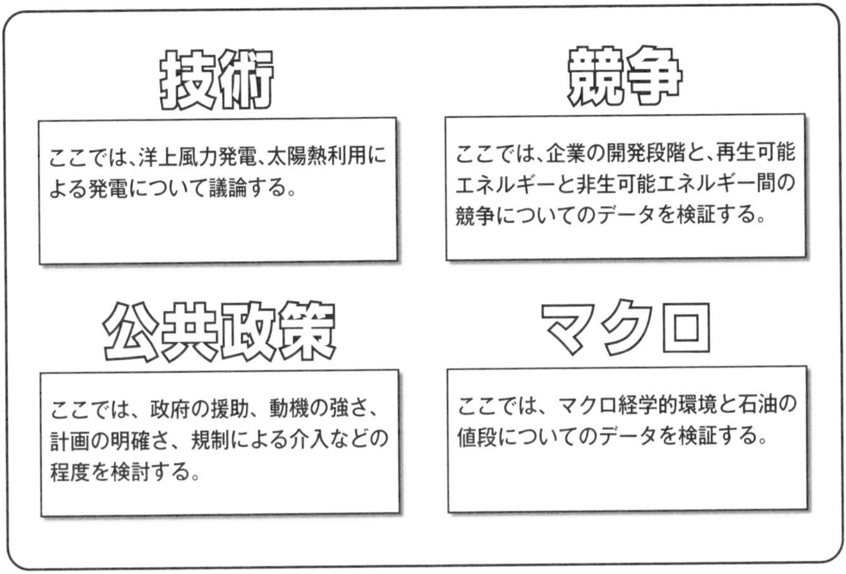

技術
ここでは、洋上風力発電、太陽熱利用による発電について議論する。

競争
ここでは、企業の開発段階と、再生可能エネルギーと非生可能エネルギー間の競争についてのデータを検証する。

公共政策
ここでは、政府の援助、動機の強さ、計画の明確さ、規制による介入などの程度を検討する。

マクロ
ここでは、マクロ経学的環境と石油の値段についてのデータを検証する。

（著者作成）

●シナリオ要因２──企業間の競争

　この競争というシナリオ要因は、主に二つの関係から特徴付けられる。一つは、再生エネルギー産業における企業間の競争の程度について。もう一つは、この産業と、特に非再生エネルギー産業および原子力発電産業における競争の程度についてである。

　企業という言葉は、広いサプライチェーン内における相互交流の程度に反映される。例えば太陽光発電産業は、パネルの取り付け業者、パネル製造業者、部品製造者、原料供給業者、研究機関、公共事業委員会、規制機構の相互交流の程度に関連するというわけである。ここでの評価基準は、サプライチェーンにおいて、そういった業者らがどの程度、相関関係にあるのかを注目することである。なぜなら、企業はお互いに分離して競争し合う必要はなく、むしろ、競争状態になった時にサプライチェーン全体を利用することになるからであ

る。

　この関係を理解する方法として、太陽光パネルのサプライチェーンを検証してみるといいだろう。この事例では、理想的なビジネス・サイクル——つまり、産業の成長を生み育て、大きくするビジネス・サイクル——が存在する。仮に、好都合な規制、便利な交通手段、レアアース、鉱物、シリコンの貿易障壁がほとんどない状態であれば、シリコンウェハー製造業者は、手頃な値段でシリコンを入手できるだろう。太陽電池製造業者は、手頃な値段でウェハー製造業者からの商品を入手できるだろう。

　このことは、つまり、シリコン製の太陽電池が適切な値段で販売されることになる。今度は、太陽電池の組立工は、低価な仕入れ値の利得に気付き、経費節約分を顧客に還元することになるだろう。低価な総保有コストは、消費者の低初期費用につながり、その結果、資金上のニーズも低くなる。低価格なだけでなく、行政機関もその目的を確かなものとし、この産業の持続維持のためのサポートをしていることにもなる。総じて、統合されたサプライチェーンは、太陽光発電産業だけでなく、消費者にも利益をもたらすのである。

　この「競争」という言葉は、再生可能エネルギー産業と非再生可能エネルギー産業との間の競争力のレベルを反映するものである。再生可能エネルギー産業が非再生可能エネルギー産業と競争するというのは、一般的に好ましい考え方でない。その理由として、前者は価格面で後者と競う以上、不利となるからである。

　例えば、最安値のエネルギーは石炭である。これに対して、電気供給で最も信頼することができ（訳注：これをベース・ロードという／ある期間における、最低限の変動することのない稼働状態のこと）、最も汚染度が低い（二酸化炭素排出量が最低）エネルギー源は、原子力発電となる。専門家が指摘しているように、非再生可能エネルギー産業（特に原子力開発産業）とがさらに協力することで、再生可能エネルギー産業に多くの恩恵を与えるきっかけになるであろう。

　ここで注目すべき重要な点は、比較的に予測が可能とはいえ、原子力発電の

図12：世界原子力協会（WNA）による、原子力発電の推定生産高についてのシナリオ（単位はGW、ギガワット）

原子力発電の生産高 / (GW)	2005年	2010年	2015年	2020年	2025年	2030年
基準値	367	381	410	446	488	524
低め	367	372	372	367	317	281
高め	367	389	447	518	613	740

(WNA 2005年、2010年)

未来は、不確実性があるということである。また、世界原子力協会（World Nuclear Association, WNA、2005年、2010年）は、原子力発電の未来を、ある時点での予測に関してではなく、むしろ特定の期間やシナリオという点において推測している。図12では、原子力発電の推定生産高について提案された三つのシナリオを示している。

国際エネルギー機関（The International Energy Agency, IEA、2010年）が予測するには、2030年までにエネルギーの需要が急上昇するとのことである。よって、原子力発電は、値段上の有利性、値段の安定性、エネルギー保障、ベース・ロードの安定性、二酸化炭素排出がほぼゼロという多くの特徴がある。

米国エネルギー省情報局（the US Energy Information Administration、2010年）やコールク（Qualk、2010年）が推測したように、再生可能エネルギー設置基盤が単独で2030年までに1億1500万ワットの供給ができないのならば、原子力発電産業との連携でエネルギー不足を補うことが最も可能となる。

ヨーロッパ型モデル（Teske & Lins、2010年）では、バーチャル発電所（Virtual Power Plant, VPP）の創設を要求しており、それは現在のドイツで稼働している再生産可能エネルギー施設と融合したようなものである。バーチャル発電所は、11ヵ所の風力発電所、20ヵ所の太陽発電所、4ヵ所のガス発電所、そして1ヵ所の貯蔵設備と連結し、制御するのである。

このバーチャル発電所型モデルでは、風力発電所と太陽発電所が機能しない時に、ガス施設と貯蔵施設が共に作動することでベース・ロードを維持することができる。そのために送電網における変動性はない。あるいは、いくつかのガス発電所が連結している代わりに、原子力発電所1基がその役割を果たすのである。

　このシナリオ要因において、四つの予想されるレベルが考えられる。以下に、順次、述べる。

（1）**最高レベル**――再生可能エネルギーのサプライチェーンにおける協力関係が最高であり、サプライチェーンも一般的に楽観的な将来があり、コストも最低値である。再生可能エネルギー産業は、原子力発電産業と綿密な関係を保ち、また、政策立案者たちとも両産業の関係者が合同会議を開いている。

（2）**高いレベル**――再生可能エネルギーのサプライチェーンが高いということである。また、協力関係が最高レベルではなくても、依然として消費者とエネルギー産業との間の調整者による討議で、今後の明確な道筋も示されている。

（3）**中間レベル**――サプライチェーン内の協力関係が強くないということ。これは、サプライチェーンがバラバラになっていて、特定の地域だけが電気供給が良い状態である。原子力開発産業と再生可能エネルギー産業の調整者との討議は明確でなく、合同プロジェクトにおいても両者はめったに協力しない。

（4）**低いレベル**――サプライチェーン内の協力関係がないということ。また、企業間は資源をめぐってお互いに激しい競争状態にあり、大企業が市場を独占することで小企業を駆逐している。料金は一定でなく、地域によって大きく異なる。再生可能エネルギー産業は、料金という点で非再生可能エネルギー産業と競うことになり、調整者による協力関係も成立していない。

●シナリオ要因3——マクロ経済による成長

　マクロ要因は、二つの大きな関係から特徴づけられる。一つは、経済成長の程度に関係し、その一方で、化石燃料と、特に石油の値段に関係するのである。「マクロ経済における成長」とは、真の地球規模の総生産高における変化率によって測られる経済的繁栄の程度を表す。発展している経済的な環境の中で、ビジネスのサイクルは膨張モードになっていて、エネルギーへの需要も好影響を及ぼし、融資も可能であり、投資額も高い。

　その逆も然りで、文献（EIA、2010年、Ghosh 2010年、World Economic Forum、2010年）にも記されている。2008年の経済危機の間、エネルギー需要は低下し、エネルギー・インフラへの投資も落ち、大規模プロジェクトへの融資も徐々に難しくなったのである。

　次ページの図13は、グローバル・インサイト（Global Insight）社の提供による歴史上のデータに基づいて作成された、米国エネルギー省情報局（US EIA）による予測を示している。同機関によると、経済協力開発機構（OECD）の加盟国は、2007年から2035年までの年平均変化率は2%であると予想しており、非加盟国は4.4%の平均成長率と予想され、同時期における世界全体の平均成長率は3.2%であるとしている。

　また、米国エネルギー省情報局は経済成長率について別のシナリオを持っている。しかし、同機関は2007年から2035年までの期間における年平均変化率が異なる予測はしていない。

　マクロ要因における二つ目の関係とは、石炭や、特に石油といった非再生可能エネルギー源の値段である。その理由として、石炭や石油は太陽並びに風力発電と比較して安価であり、このことによって再生可能エネルギーの導入が遅れることになりうるからである。

　事実、これには根拠（Brown、2010年）がある。米国エネルギー省によると、経済危機があったのにもかかわらず、米国内で32もの旧来形式の炭鉱施設が建設されており、または建設中とのことだ。ブラウン（Brown、2010年）に

図13：2005年に推計された世界の総生産高（単位は米億ドル）

総生産高	2007年	2015年	2020年	2025年	2030年	2035年	平均変化率(%)
OECD加盟国	36,361	40,532	45,933	51,414	57,215	63,468	2.0
OECD非加盟国	26,769	40,154	51,035	62,926	75,820	89,753	4.4
世界全体	63,130	80,686	96,968	114,340	133,034	153,221	3.2

（米国エネルギー省情報局、2010年）

よれば、オバマ政権は景気対策資金から3.4億米ドルの資金を炭鉱施設の除去のために取っておいていたが、民間の投資家たちは、その施設を完成させるために35億米ドルを注ぎ込んだとしている。さらにブラウン（Brown、2010年）は、公共事業団は石炭を好む傾向にあり、それは非常に豊富な天然資源であり、天然ガスや核エネルギーよりも低コストで済むからだと指摘している。

米国エネルギー省情報局（2010年）は、石油価格の高い、または低い場合に応じて、世界のエネルギー需要の二つのシナリオを考えている。石油価格が低い場合、米国エネルギー省情報局が推測していることとして、2020年までに7億3500兆BTU（英国熱量単位／訳注：1BTUは、標準気圧下で質量1ポンドの水の温度を60.5°Fから61.5°Fまで上昇させる熱量を示す）ものエネルギーが、水力発電や再生可能エネルギーによる発電の組み合わせによって供給されることになっている。これは世界で消費される全エネルギー量のうちの約12%に相当するとされる。また、この比率は2035年までに、13%まで微増すると見込まれている。次ページの図14は、1000兆BTU単位での、世界における全エネルギー消費量を示したものである。

高い石油価格の場合、米国エネルギー省情報局が推測するには、2020年までには、7億3500兆BTUものエネルギーが水力発電と再生可能エネルギーの

図14:世界の全エネルギー消費量
(ただし、低い石油価格の場合。単位は1000兆BTU)

エネルギー消費量	2007年	2015年	2020年	2025年	2030年	2035年	平均変化率%
石油	174.7	190.5	202.8	216.3	232.2	248.9	1.3
天然ガス	112.1	129.4	141.5	149.2	154.5	160.2	1.3
石炭	132.4	138.3	151.4	165.8	181.9	200.8	1.5
原子力	27.1	32.2	37.4	41.1	43.9	46.9	2.0
水力+再生可能	48.8	63.7	73.0	81.8	90.1	98.0	2.5
合計	495.2	554.1	606.1	654.2	702.6	754.7	1.5

比率(%)	2007年	2015年	2020年	2025年	2030年	2035年
石油	35%	34%	33%	33%	33%	33%
天然ガス	23%	23%	23%	23%	22%	21%
石炭	27%	25%	25%	25%	26%	27%
原子力	5%	6%	6%	6%	6%	6%
水力+再生可能	10%	11%	12%	13%	13%	13%

(米国エネルギー省情報局、2010年)

図15：世界の全エネルギー消費量
（ただし、高い石油価格の場合。単位は1000兆BTU）

エネルギー消費量	2007年	2015年	2020年	2025年	2030年	2035年	平均変化率%
石油	174.7	168.2	165.4	172.3	181.8	192.2	0.3
天然ガス	112.1	129.3	143.0	153.1	159.7	167.0	1.4
石炭	132.4	139.5	153.6	170.7	190.5	213.0	1.7
原子力	27.1	32.3	37.4	41.1	43.9	47.1	2.0
水力＋再生可能	48.8	63.7	73.5	83.4	93.5	102.3	2.7
合計	495.2	532.9	572.9	620.5	669.4	721.6	1.4

比率(%)	2007年	2015年	2020年	2025年	2030年	2035年
石油	35%	32%	29%	28%	27%	27%
天然ガス	23%	24%	25%	25%	24%	23%
石炭	27%	26%	27%	28%	28%	30%
原子力	5%	6%	7%	7%	7%	7%
水力＋再生可能	10%	12%	13%	13%	14%	14%

（米国エネルギー省情報局、2010年）

発電の組み合わせで供給されることになる。これは世界の全エネルギー消費量の約13%に相当する。そして、この比率は2035年までに14%まで微増するとのことだ。

つまり、高い石油価格の場合、二つの確実な予測がある。(1) 経済理論の文献 (EIA、2010年、World Economic Forum、2010年) に記されている事実から、高料金によって総計で低い消費量となり、(2) 液化エネルギーを利用しなくなり、その他のタイプのエネルギーに依存するようになるだろう。液化エネルギーの消費量が低下し、水力発電や再生可能エネルギーによる発電の消費量が確かに増加するだろうが、石炭、天然ガス、原子力発電の消費量も増加する。

どちらの場合においても、石炭と天然ガスは、共に再生可能エネルギーよりも安価であるが、世界におけるエネルギー消費量の半分近くを依然として供給することになるだろう。また、液化エネルギー資源と比較しても、旧来のそういったエネルギー源は2020年までに世界のエネルギー消費量のうちの87%か88%を供給することになるだろう。前ページの図15は、米国エネルギー省情報局による、石油価格が高い場合の、世界における全エネルギー消費量を示したものである。

米国エネルギー省情報局による2035年への予測では、世界のエネルギー消費のうちの86%か87%は旧来のエネルギー供給源によって供給されるとしている。石油は再生可能エネルギーと代用することができるので、再生可能エネルギーを適用する上で、石油価格は重要な要因となる。

実際、アメリカ石油協会 (The American Petroleum Institute, API、2010年) は、米国エネルギー省情報局の調査と類似した推計を発表している。それによると、2035年までの世界のエネルギー供給のうちの86%は非再生可能エネルギー源によるものだと予測している。米国の場合、アメリカ石油協会 (API、2010年) の予想では、2035年までにエネルギー供給の55.6%は石油や天然ガス (石油やその派生物) からであり、その供給の85.7%までは、石油、天然ガス、石炭、原子力によるエネルギー供給であるとしている。次ページの図16はアメリカ石油協会による、1000兆BTU単位による2008年と2035年のエネ

図16：米国における、2008年と2035年の全エネルギー消費量

米　国	2008年		2035年	
消費量	単位：1000兆BTU	%シェア	単位：1000兆BTU	%シェア
石　油	38.35	38.3%	42.02	36.7%
天然ガス	23.91	23.9%	25.56	22.3%
石　炭	22.41	22.4%	25.11	21.9%
原子力	8.46	8.5%	9.41	8.2%
水　力	2.46	2.5%	2.99	2.6%
バイオマス＋再生可能	4.27	4.3%	9.19	8.0%
固形廃棄物、輸入	0.24	0.2%	0.22	0.2%
合　　計	100.09		114.51	

（アメリカ石油協会、2010年度版）

ルギー供給量と、全供給量の割合についての予測である。

　アメリカ石油協会（2010年）と米国エネルギー省情報局（2010年）が共に推測しているのが分かるように、再生可能エネルギーの成長を見込んでいるが、旧来のエネルギー供給源の高い需要度も予想している。さらに、2008年の経済危機（Brown、2010年）の期間以降、石炭への投資と同様に、石油とガスのためのインフラへの公的資金の投入額は、2009年から2010年の間にかけて減少しているのである。その一方で、再生可能エネルギーのためのインフラへの投資は、米国や海外において、かなり減退しているのである（EIA、2010年、Ghosh、2010年、World Economic Forum、2010年）。

　エネルギー需要の要因として経済成長だけでなく、人口増加の影響について考慮することも重要である（次ページ図17）。国連（United Nations、2008年）の推計によれば、2020年までに76億7500万人まで達するとし、2007年から2020年のまでの間、世界の人口は2007年のインドにおける人口と同じだけ増

図17：2007年から2050年までの、世界の人口

人口 （百万人）	2007年	2010年	2015年	2020年	2030年	2040年	2050年
世界人口	6,671	6,909	7,302	7,675	8,309	8,801	9,150
増加率		3.6%	5.7%	5.1%	8.3%	5.9%	4.0%

（国連人口要綱、2008年度版を元に改訂）

加するとされる。図17は国連による、2050年までの人口増加の予測についてである。

　国連の予測によると、人口増加は2020年以降、2030年の8.3%がピークとなるとみられる。しかし、世界の人口は2015年までに70億人以上を超えることになり、2030年までに80億人を超え、2050年までに90億人を超えるとされる。10年おきに500万から600万人ずつ増加していくというのは、より多くのエネルギーを生み出すためのすべての資源がかなり必要になる。エネルギーの需要度が高くなるにもかかわらず、多くの人たちはエネルギー資源にそれほど関心を払っていない。むしろ、エネルギーを消費することに、まだ気を取られている。

　この要因には、四つの予想されるレベルがある。それらは以下の通りである。

（1）最高――平均経済成長率が2020年までに毎年3.5%に達するということである。石油価格は、経済危機によって最高値を更新することになる。インフラに対する投資が欠乏し、生産物も不足している。石炭と核エネルギーのインフラへの投資も、世論の反対により、今一つ伸び悩んでいる。再生可能エネルギーのインフラへの投資は活発である。

（2）高い――平均経済成長率が2020年までに毎年3.35%まで達するということである。経済危機によって、石油価格は依然として高い。インフラ

への投資は低く、原油タンカーでの補給は困難であり、石油の生産高も比較的低く、不足している。世論の反対により、石炭や核エネルギーのためのインフラは共に遅れがちである。再生可能エネルギーのインフラ開発のペースは好調である。

(3) **中間**——平均経済成長率が 2020 年までに毎年 3.2％という基本的見通しということ。石油価格は、新しい危機が起こることもないので安定したままである。インフラへの投資も常にあり、原油タンカーでの補給が困難ということはない。関連する生産物も豊富にあり、世論はエネルギー供給源にほとんど無関心であるので、石炭や原子力開発のインフラへの投資も滞っていない。また、再生可能エネルギーのインフラ開発への投資は適度なペースで行われている。

(4) **低い**——平均経済成長率が 2020 年までに毎年 3.0％まで達するということである。南アメリカおよび西アフリカの深海における油田の発見によって、石油価格が低下することになる。新しい危機が起こることもないので、インフラへの投資も増加傾向にある中で継続的に行われる。生産物は豊富にある。世論は他のエネルギー供給源や二酸化炭素排出よりも安価なものを好む故に、石炭や原子力発電のインフラへの投資はかなり加速的に行われる。過剰な競争、克服できない技術上の難点、騒音や視覚公害により、再生可能エネルギーへの投資はかなり低下することになる。

●シナリオ要因 4 ── 政策における連続性

　政策というシナリオ要因は、二組の異なる要素の関係によって特徴づけられる。一つの組においては、公共政策の指導力における明確さと一貫性に関係するものである。もう一つの組においては、認識と行動における変わりやすい性質に関係するものである。この「公共政策」という言葉は実際のところ、先の一連の相関関係があるが互いに異なる基準を包含する。まず何よりも、このことは一般的に議論された重要な事項である。

　米国連邦エネルギー規制委員会（The Federal Energy Agencies）は、明確な

企画を打ち出す役割が与えられる必要がある。また同委員会は、その対象とする範囲において、異なる利害関係者たちが協力して明確な原則に基づいた目的、計画の中間目的、かつ計画を具体化するための一連の基準を創造するように呼びかける必要がある。

要するに、エネルギー開発の計画者は優れた経営管理人でなければならない。つまり、エネルギー開発の計画において、ある一定の再生可能エネルギーの供給源を確保して、全エネルギー供給容量の一部として組み込まれるよう管理しなくてはならない。開発計画における先導的な役割だけでなく、政府機関は、融資保証の規模と入手の可能性だけでなく、税優遇措置の規模と期間に関する明確で一貫した政策を伝達する必要がある。

また、政府は、固定価格買い取り制度を制定し、十分な指導力を発揮することで送電媒体を改良し、かつ電力供給網の集積を実現可能としなくてはならない。公共政策の立案者たちは、再生可能エネルギーと省エネルギー基準の両方を設計し、強化しなくてはならない。その基準とは、全国規模でなくてはならず、現在の米国内で行われているような、地域レベルで基準を決めるようなものではない。

また、監督当局は企画承認プロセスを合理化する必要がある。それ故に、再生可能エネルギー計画が長期に及んで未定のままになっているような状態にしてはいけない。その一例として、テキサス州のT. ブーン・ピケンズ氏（T. Boone Pickens）の風力発電所が挙げられる。最後に、地方レベルで制定された法案と、国家レベルで創始された法案との間に、法律上、高次元の統一性が確保されている必要がある。

人の認知と行動の性質における変化から、態度と行動という異なる二つの性質の関連性を理解することができる。態度について言えば、その一つの側面として、人々が持つ気候変動の影響への関心、気候変動の影響について確信していること、二酸化炭素排出の問題を解決するための国際協力の重要性、そして、社会が低炭素エネルギー供給源へ移行しなくてはならないという確信の強さといったもののレベルに関連している（Ladislaw & Zyla、2008 年、Kumar &

Chebiyam、2009 年)。

　気候変動の要素は、ナキチェノヴィチ（Nakicenovic、2000 年）が元来、思い描いていたシナリオに従うのであり、それは、大気中にある 100 万分の 1 ほどの大きさの二酸化炭素の結果、地球の温度が 1℃から 3℃ほど上昇するという影響について、詳しく解説されている（Fischlin、2007 年、Schneider、2009 年)。大気中に高い濃度の二酸化炭素が存在するために、地球上の海面水位が 10 メートルほど上昇することになり、世界中のすべての沿岸都市に大災害をもたらすことになるであろう。特に東南アジアの沿岸都市にその被害があるとみられ、そういった地域には多くの人口が集中しているのである。

　態度に関する一つの側面として、世論、環境問題に対する一般的な関心、そして、新エネルギー開発計画についての行動力の程度が挙げられる。環境保護運動家たちが、ドイツの北部海岸にあるアルファ・ベンタス海岸風力発電所（Alpha Ventus Offshore Wind Park）に対して批判するのも、その団体の人々が、イルカが怖がって海岸に寄りつかなくなり、また、鳥が渡りのための空路を遮り、もしくは回転する風車の羽に鳥たちがぶつかって死ぬのではないかと恐れたからである。

　ところが、実際に建設が完成してみると、ドイツ・ハンブルグ連邦海上航行水路管理局（Federal Office for Maritime Navigation & Hydrography of Hamburg, Germany）が導き出した結論とは、イルカがその地域に戻ってきただけでなく、カキ、カニ、イソギンチャク、ムラサキイガイがその風車の基底部に新しい住処として集まったのである。今ではその基底部は人工漁礁として機能しており、結果として、ボルクム島（Borkum Island）北部の地域における生物多様性は、このエネルギー・プロジェクトの結果、実際に増加したのである（Der Spiegel、2010 年)。

　要するに、偏りがなく、望ましい形で公的資金を受けている研究と科学的根拠に基づいて、環境保護運動家たちは、自分たちのものの考え方にバランスをとる必要がある。そうでなければ、環境保護運動は単なる空理空論となり、よって公の場における信頼性を失うことになるだろう。

　世間の認識における他の側面とは、エネルギー安全保障にまつわることであ

る。文献（Logan & Venezia、2007 年、Froggatt & Lahn、2010 年、Grimstone、2010 年）によれば、人々は、持続維持と安全保障という観点からエネルギー供給を考察し、エネルギーの貯えを確保する傾向にあるということだ。実際、国家安全保障の問題として将来、エネルギーの持続可能性を請け負うことの必要性をテーマとして議論の大部分が進展しているのである。世界中の多くの国々が石油を自給自足できるものではないので、その代わりとなる資源を探さなくてならないだろう。また、再生可能エネルギーは、そういった国々が国内のエネルギー源として確保できるよう、多大なる貢献をすることができるだろう（Bang、2009 年）。

　いくつかの資料（The US Department of Energy、2007 年、UK Energy Research Centre、2009 年）は、ピーク・オイル（訳注：世界の石油産出量の頂点。それ以降、需要がまかなえなくなるため、石油価格が高騰するという考え方）の副産物、もしくは、世界の石油供給が枯渇するとしてエネルギー安全保障を考える必要があるとのことだ。

　その他の資料（International Monetary Fund、2010 年）では、経済や（詳述するならば、非常に高い石油価格によって）食料供給に逆効果を与えるとしている。燃料安全保障は重要なことであり、高い石油価格が食料の価格に悪影響を及ぼすものだからである。また、石油の生産がピークに達するかもしれないという不安を、その国の戦略部門が持つことになる故、国家が地理的にその支配が及ぶ範囲内で、その代用品を追求することは至極当然のことである。

　変化する行動上の特質について基本的に言えることは、再生可能エネルギー供給源や低二酸化炭素排出政策に税金を投ずることで、結果としてエネルギー費用が高くなることに、人々が耐えるだけの意思があるのかということである。旧来の非再生可能エネルギー供給源は、再生可能エネルギー源よりも低コストでエネルギーを供給することができる。それ故に、全発電設備容量の中で再生可能エネルギーの内訳を高くするという将来への移行を確かにするために、一般家庭や企業は単位キロワット当たりの高い電気料金を率先して支払う

必要があるだろう。

　さらに、文献（Kumar & Chebiyam、2009年）によれば、経済的に豊かな国は、途上国の、再生可能エネルギー源に転換する計画に資金を進んで提供しなくてはならないだろう。そうでなければ、世界のある特定の地域の二酸化炭素排出量のレベルは、他の地域での高い排出量で相殺されることになるだろう。なぜなら、途上国は、エネルギーが利用可能で、かつ入手可能であることを国家建設の第一としており、エネルギー源そのものについてはそれほど関心を払っていないからである。

　このような関心事が豊富で複雑な状況の中で、最も重要な目標が設定されていくことを理解するためにも、公共政策上における指導力、態度、言動が連続的に変化するように視覚化して表現することは最善なことである。なぜならば、そういった変動要因に対して、起こりうる組み合わせと生じうる結果が無限にありうるからだ。

　同時に、そういった変動要因は、心理学的もしくは行動経済学的観点から確かによく理解されることだろう。次ページの図18は、これは明確で一貫性のある指導力、認識上および行動上の変動要因という機能として、公共政策の状況変化について描写したものである。この変動要因について、再生可能エネルギー開発がどのような方向に進展しようとも、あらゆる場合を想定して描写してある。

　図中の針は、時計の針のように特定の場所を指して180°内で動き、それはより好ましい、または好ましくない公共政策の度合いを指すもので、公共政策の明確さと一貫性、再生可能エネルギーが望ましいという世間の認識、それに対して惜しみなく投資する意思によって測られる。

　この要因には、三つのレベルが想定され、以下、それぞれについて記してみる。

(1) 高い——これは、公共政策が明確であり、立案する際に、すべての社会的主体者や利害関係者たちがエネルギー開発計画の討論に参加している。優遇策や保障ローンのような政策上の指導力が十分に長く続くこと

図18：公共政策における状況変化の連続性

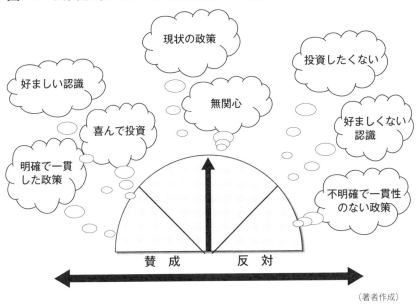

（著者作成）

によって、民間からの投資によって、送電網が合理化され、グリッド接続（訳注：電力会社が工場や家庭に電力を供給するための送電網を意味する）がされ、再生可能エネルギーを可能にすることを保障するのである。

こうした観点から、将来の低二酸化炭素排出によって特徴づけられるような確実に入手できて、劇的に制御されているエネルギー源を大至急にも求めるべきであるという意識を世間が持つことになるだろう。また、公共政策が実現されるのを見届けるために、再生可能エネルギー供給源と非再生可能エネルギー供給源の差額原価を惜しみなく支払うことになるだろう。

(2) **中間**──これは、状況が現段階において、公共政策がしばしば明確でなく、複数の規制が重複して矛盾しているような状況である。米国の州によっては優遇策や保障ローンを拡充したいと考えていて、それは単に

経済状況がそうすることを許しているからであり、即座に財政的支援を躊躇して撤回することもない。こうした観点から、世間は将来、低二酸化炭素排出を追求するという目標に非常に無関心になるだろう。

　また消費者が、コストのかかる再生可能エネルギーに自ら進んでお金を払いたいと思うような場合とは、州政府が経済刺激政策を打ち出すことで、消費者が高額なキロワット単位当たりの電気料金でも負担なく支払えるような状況の場合のみであろう。

(3) **低い**——これは、公共政策があまり歓迎されておらず、しかも、まとまっていない状態である。その規制の大部分は、利害関係者たちによって整備されている。しばしば、何人かの利害関係者たちの視点を無視したようなやり方で法整備されているのである。世界銀行のような国際機関によって融資される基金の他に、州政府は優遇策や保障ローンを提供したいとは考えていないだろう。

　こうした観点から、環境保護運動はかなり盛り上がり、また当事者が対抗関係に陥るようになる。よって、エネルギー開発計画が許可されて、認可されるまでの時間は恐ろしいほど長く、厄介なことになるという結果をもたらす。このことに付け加えて、消費者も企業も、経済モデルと提示されているより高いエネルギー・コストにお金を支払うことを拒むであろう。消費者は気候変動の影響に対して非常に懐疑的になるであろうし、また、石炭もしくは天然ガスのどちらかによる、より経済的なエネルギー供給源対策をむしろ好むことだろう。

●シナリオ要因5──技術の開発

　政治上のシナリオ要因とは、二組の異なる要因の関係からなる。一つの組は、実行可能な結論を生み出す方法において、どれだけ産業界、大学、政府の協働関係を築けるかに関連する。もう一つの組は、新しい技術の開発に関連する。この「協働」という言葉は、エネルギー開発計画における異なる利害関係者たちがお互いにどれだけ協力し合えるのかについて言い表す一連の緊密な関係をも包含するものである。

デッフリー（Deffree、2010年）は、エネルギー研究イニシアティブ（Energy Research Initiative）を強調している。それというのは、エネルギー供給システムの効率化を促進させ、新しい技術を市場にもたらすように設計された太陽光発電やスマートグリッド研究をターゲットとする産学関係のことである。エネルギー研究イニシアティブのような応用研究上での協力関係は重要なものである。その理由は、共通の基盤において共に働き、願わくは複雑な問題に対する標準化された解決策を生み出すことを目的として、有識者と産業人が協力し合うからである。

　また、認識すべき重要なこととして、そのような関係は、政府が助成金や研究資金という形で提供することにもメリットがある。要するに、こういった大規模な協力関係は理想的な手段であり、これによって、エネルギー市場において重要な利害関係者たちが団結することができるのである。それというのも、第3部門といわれる政府は、政策上で優先順位でないものに対して資金を投入することはないだろう。

　文献（Greenstone、2010年）でも研究開発に資金を投じることの重要性を強調している。これは、フィッシュリン（Fischlin、2007年）とシュナイダー（Schneider、2009年）が記しているような、大気中に1000ppmの二酸化炭素が蓄積することで、地球上の気温の変化が1℃から3℃も上昇することが起こらないような未来にするために、より持続可能なエネルギー開発を実現しうる政策立案者のためだけでなく、国家の競争力を高めるための手段にもなるのである。さらには、グリーンストーン（Greenstone、2010年）もまた、民間部門はすでに開発済みの技術と等しく、利益につながるような技術開発にも資金をしばしば分配するだろう、と記している。

　その一方で、政府の役目とは、行き詰まりに対する新しい打開策のために、基礎研究に資金を投じることである。グリーンストーン（Greenstone、2010年）が論証したことは、研究開発への投資と、それによる技術革新との明確な関係について、米国では好ましい結果を長年にわたって出し続けているということだ。グリーンストーン（Greenstone、2010年）が引き合いに出す事例と

して、米国国立衛生研究所（US National Institute of Health）における毎年の研究資金運用を挙げている。これは、世界最大規模の基礎医学研究への資金投入のことである。

　結果として、そこからの研究資金を獲得した研究者のうち 93 人もノーベル賞を受賞しており、21 の最重要な新薬のうち 15 もの薬に、研究資金の獲得者が関わっていたのである。米国国立衛生研究所から研究資金を獲得するのと同じ方法で、十分に強い生態系を促すために、米国エネルギー省がそのシステムを模倣することもできる。その結果、医学研究に匹敵するくらいの結果を出せることだろう。

「技術開発」という言葉は、社会的な主体が、グリッド接続、エネルギー貯蔵、設備機能の効率についての諸問題を解決するために、技術上の解決策を開発することができる能力のことをいう。設備がより効率化されることで、技術が可能となることの一例として、「光電変換と熱電子発電を組み合わせた発電方式（Photon-enhanced Thermionic Emission, PETE）」がある（Bergeron、2010 年）。これは基本的に、光電池が太陽光と熱を吸収できるようにし、それによって太陽光と熱を効率よくエネルギーに変換できるようにするのである。要するに、熱電子発電と太陽電池の変換技術を組み合わせたものである。

　熱からエネルギーへの変換技術の重要な進歩が見られる他の分野は、物質科学の分野である。ガリウムマンガンヒ素の半導体が発熱をそれほど起こすこともなく高い計算能力を発揮する。さらに、熱によるエネルギーの浪費を減少させることができることを、科学者（Happich、2010 年）らが証明したのである。

　また、技術が再生可能エネルギー計画上の大きな発展に貢献できるその他の分野として、大量蓄電設備が挙げられる。これはバーチャル発電所が機能する上で必要な構成要素である。これが、今までのところ、グリッド接続における電圧変動を最小限に抑えるために、再生可能エネルギー供給源と非再生可能エネルギー供給源を組み合わせた最も有効な方法とされる。

　このシナリオ要因において三つの想定されるレベルがあり、以下、それぞれ

について記す。

(1) 高い——これは、エネルギーの研究開発への投資額が高額であり、その規模は、米国国立衛生研究所が基礎医学研究につぎ込んでそれなりの研究成果を出せるだけの研究費と同じくらいの十分な額である。熱力学や物質科学が、熱およびエネルギー変換で低コストかつ大量の発電が可能な水準まで進歩する。大量蓄電がオンライン上でも可能で、地球上のどこでもバーチャル発電所を創設することも可能である。

(2) 中間——これは、研究開発への投資額のレベルが、米国における基礎医学研究への投資とその成功例と同じ程度のものではない。熱力学と物質科学は、熱変換のための装置の開発という水準までは進歩する。しかし、量が限定されているレアアースの鉱物資源や製造上の問題点から、多くの発電が可能でも適切なコストにはならない結果になる。蓄電装置も元来、予期していただけの電気量を貯蓄することができず、グリッド接続における電圧変動を調節できるようにするためにも、そういった装置も大量の電気を蓄えなくてはならない。

(3) 低い——これは、研究開発への投資額が、医学研究への投資額による成果と比較対照して極度に低い。また、新技術も市場に参入しておらず、民間部門も応用研究のみに集中している。熱力学や物質科学の研究の進歩は遅い。蓄電装置は、大量の電気を蓄えられるだけのものを開発製造することができず、これはレアアースなどの鉱物資源が稀少で製造工程も複雑である。

　蓄電装置も、グリッド接続における電圧変動を調節できるだけ必要な容量のエネルギーを蓄えることができない。バーチャル発電所における先のようなエネルギー源の組み合わせも区別がないもので、そのコストも高価である。したがって、グリッド接続において、迷惑ともいえる電圧変化が生じることになり、これによって研究開発に対して批判が起こり、消費者からの反発を受けることになる。

●エネルギー開発におけるシナリオ

　この節の目的は、文献資料、デルファイ・パネル法による調査結果、そして、シナリオ要因を統合させることである。2020年までに各国が必要とするエネルギー需要に見合うだけの再生可能エネルギー政策に関して、その開発と適用によって起こりうる四つのシナリオを考案する。

　シナリオの主のテーマは、一年の四季を連想して考えてみたもので、春は成長の時期で、夏は挑戦と好機、秋は衰退、冬は停滞期を表す。再生可能エネルギーに対するこうした類似とは、以下のように説明される。春は再生可能エネルギーの絶頂期であり、それが大きく発展する時期である。夏はこのエネルギー産業が依然として栄えているが、その取り巻く環境は厳しくなりつつある。秋はこの産業が衰退しつつあるか、もしくは低成長の時期である。冬は沈滞している時期で、この産業において、当初想定していた2020年の目標には絶対に到達できない状態となっている。

　次ページの図19は、2020年までのエネルギー開発におけるすべてのシナリオについてである。これは、それぞれに名前が付けられていて、競争もしくは協創、マクロ経済学的規模、公共政策、技術水準——これらは、シナリオ要因として認知されている——のレベルによるものである。また、それぞれのシナリオは、市場の異なる状況における再生可能エネルギーの妥当な見解を示している。

●2020年までのエネルギー開発のシナリオ——春

　「春」という言葉からしばしば連想されるのは、自然界では花が咲き、植物も最も活気に満ちている時期のことである。同様に、再生可能エネルギー開発もまた開花していることであろう。成長するための最適な環境は、すべての利害関係者たちが完全に協力し合うことでもたらされる開発事業が最も発展する時期にその特徴がある。なぜならば、すべての関係者たちが一つのチームとして団結して動くので、成長度が高いのである。

　このシナリオにおいては、再生可能エネルギーの技術開発は最高潮になって

図19：2020年までのエネルギー開発のシナリオのまとめ

2020年 シナリオ	競争／協創	マクロ経済学 的規模	公共政策	技術水準
春	高い協調性 低い競争意識	最大規模	高い	高い
夏	共に高い	大規模	中間	中間
秋	共に中間	中規模	低い	低い
冬	低い協調性 高い競争意識	小規模	低い	低い

（筆者作成）

いるだろう。米国エネルギー省の打ち立てた目標を実現させるためのエネルギー研究開発への研究費の額は、米国国立衛生研究所による基礎医学研究への研究費の額と匹敵するくらいのものである。同様に他国においても、研究への投資額は大規模なものである。熱力学や物質科学の進歩によってもたらされることは、ソーラーパネルが太陽光に照らされ、熱を吸収することで発電できるようになるだろう。

　また、半導体によるエネルギー消費量も激減することになるだろう。したがって、このことにより、低コストで、高い発電力の光電変換装置を生産できることになる。風力発電の効率のよさは高いエネルギー生産性をもたらすことになる。これは、最も効率のよい風からエネルギーへの変換率だけでなく、高温からエネルギーに変換をもたらす新しい熱力学技術によるものである。

　大規模な蓄電装置も、大容量な装置、低コストの電池によって現実味を帯びている。この低コスト、高エネルギー率という蓄電が可能な仕様は、地球規模のバーチャル発電所の創設までを可能にするものである。同時に、こうした設備によって、再生可能エネルギー源と非再生可能エネルギー源の組み合わせが現実化され、グリッド接続が途切れることがない状態で経常的に電気が流れる

のである。

　マクロ経済学的な意味での成長という観点から、世界の総生産高は毎年、平均して3.5%のペースで増加しているが、先進国と新興国ではその成長率は異なる。国連が予測している通り、人口は緩やかだが一定のペースで増加している。経済成長と人口増加の組み合わせによって、政府がさらなるエネルギー需要を満たせるだけの政策を立案するように強いられている。石油や化石燃料の適切な価格を設定するように何度も試みられるのだが、それでも、高い価格で設定されている。
　これは、世界的な高い需要度によるものと、ピーク・オイルについての恐怖心、南米や西アフリカなどの国々において岩塩層下、つまり深海から石油を掘削することができないことから需要度がさらに増大するのである。さらに、米国のメキシコ湾で石油が漏れた事件も相まって、地球規模で深海から石油を掘削することが制限されることになる。広範囲に石炭を採掘することへの投資も急速に減少し、これは一般世間が、高い二酸化炭素排出に対して厳しい目を向けるようになったからである。世論の批判は原子力廃棄物に対しても向けられているが、原子力開発産業は、世界原子力協会が予測するように、速いペースでその開発を推進している。それは、この燃料源が低二酸化炭素排出だという理由からである。
　このシナリオでは、公共政策は明確化されており、その上、すべての社会的主体、つまり再生可能エネルギー源と非再生可能エネルギー源の両者を結び付ける戦略家も含めて関与していることになる。政府による誘導政策は一貫していて、大規模であり、それ故、送電線の合理化、グリッド接続のプロジェクト、そして蓄電設備の拡充に財源を効率よく割り当てることができる。
　世間の認識としては、エネルギーは低二酸化炭素排出によって生産されなくてはならないという緊迫した必要性があると考えており、同じく、公共善としてエネルギー安全保障を追求しなくてはならない必要性も含まれる。もし、そういったことの必要性を認識しているのならば、その他のエネルギー需要を満たすためにも、エネルギーにおける価格格差に対して、消費者は惜しみなく出

資するだろう。

　また、再生可能エネルギー産業は、天然ガスや原子力開発産業と競うようなことはしない。むしろ、その産業はバーチャル発電所を協働して創設するように働きかけるのである。したがって、強固な協調関係の中で、異なるサプライチェーンが生じ、異なる産業間においてその競争意識も低いのである。
　以上のシナリオによって、再生可能エネルギーはすべての課題を克服し、その成功例について共通の認識を私たちに持たせるのである。こうして再生可能エネルギーはその可能性が十分にあり、国際エネルギー機関（International Energy Agency, IEA）が想定していた目標を凌ぐまでの能力を発揮するということである。再生可能エネルギーに備わっている能力からして、より多くのエネルギー生産が可能である。また、それは総エネルギー需要のシェアにおいて大きな割合を占めることになり、当初、控え目に見積もっていた国家内の目標以上の規模になるのである。

◉2020年までのエネルギー開発のシナリオ ── 夏

　「夏」という言葉からしばしば連想されるのは、花が咲き終わった後で植物はすでに実を結ぶこともなく、むしろ、秋の枯れていく季節に備えて高温と戦うような時期のことである。植物が夏の間に体験するのと全く同じように、高い生産性をもたらすためにも、再生可能エネルギーも難しい課題を克服しなくてはならないだろう。この本の目的からして、「望ましい成長」という言葉は、国際エネルギー機関による2020年への成長予測に基づくものと同義である。
　このシナリオでは、再生可能エネルギーの技術開発の水準は高いが、その可能性における最高レベルではない。米国エネルギー省が打ち立てた目標を目指す上で、エネルギー研究と開発のための資金は不足していて、それは米国国立衛生研究所よって財政的に支えられている基礎医学研究における成果には遠く及ばない。
　同様に、他国においても、それなりに投資はされているが、それは最高もしくは最も望ましいレベルではないだろう。熱力学や物質科学の進歩によって、

ソーラーパネルが太陽光に照らされ、熱を吸収することで発電するという能力も限定的となるだろう。半導体によるエネルギー消費も減少し、その結果、低コストで、高い生産性の太陽電池を生産できるようになるだろう。風力発電の生産性も向上することで、それはより効率のよいエネルギー源となる。大容量の蓄電も可能で、これは大規模、もしくは中規模の容量で、効率よく蓄電できる電池による。

こうした低コスト、高エネルギー生産性という特徴から、地球規模でバーチャル発電所を創設することが可能となるのである。そうした設備では、再生可能エネルギー源と非再生可能エネルギー源の両方を現実化して利用可能であるが、電気が安定して流れることには依然として課題が残り、グリッド接続を統合するにもいく分かの余計な費用がかさむことになる。

マクロ経済学的な意味での成長に関して、世界全体の生産高は毎年3.35%ずつ上昇しているが、これは先進国と途上国では成長率が異なる。人口の増加は緩やかであっても、国連の予測よりもやや減少したペースである。経済成長と人口増加により、政府がより高いエネルギー需要を満たせるような政策を立案するよう要求される。

石油や化石燃料を適切な価格にするためのいくつもの試みも行われるが、世界的な高い需要度から比較的に高価に設定されている。南米や西アフリカの国々において岩塩層下から石油を採掘することが比較的に可能なので、ピーク・オイルの恐怖心も静まっていく。こうした採掘の成功例から、政府は深海で石油を採掘する作業に対して制限しようとしていたが、逆に寛大になるかもしれない。米国のメキシコ湾における石油漏れの事件は遠い過去の事件となることで、深海における石油採掘の規制は、元のレベルまで緩和されるだろう。

化石燃料を広範囲に採掘することへの投資はいく分か減少する。世論が依然として、高い二酸化炭素排出量を抑制したいところだが、再生可能エネルギー源と非再生可能エネルギー源との間の価格格差に対して、税金をあまり投じたくないということもありうるだろう。

世論の感情として、原子力発電には核廃棄物への恐怖心から反対であるが、

原子力開発産業は適度なペースで開発を進めることができる。これは、世界原子力協会が想定していた通りであり、その理由として燃料源から排出される二酸化炭素量が低く、再生可能エネルギーよりも低コストになるからである。

このシナリオでは、公共政策は比較的に明確である。それには、ほとんどの社会的な関係者が関与している。この場合においては、再生可能エネルギー産業と非再生可能エネルギー産業との間の明瞭なコミュニケーションがとれている。両者の間に、合同プロジェクトや合同委員会会議も開催されている。政府による産業奨励策にしても比較的に一定したものだが、送電線の合理化、グリッド接続のプロジェクト、蓄電量の拡充をするほど、最も効率よくその財源を割り当ててはいない。

世論の認識として、低二酸化炭素排出による多くのエネルギーが生産されなくてはならないというある種の強迫感を持ち、同時に、公共善としてエネルギー確保を追求する必要性についての意識もある。そういった必要性を意識することで、消費者は他のエネルギー需要を満たすためにも、しぶしぶと価格格差に対して税金を支払うことだろう。

このシナリオにおいて、再生可能エネルギーは、天然ガスや原子力発電と積極的に競うこともない。しかし、単位キロワット当たりの価格格差が意味することとは、天然ガスか、もしくは原子力によって単独で発電される発電所が、バーチャル発電所の創設に対してかなりの脅威を与えるということである。したがって、異なるサプライチェーンを超えた強固な協力関係もあるが、産業を超えたある程度の競争もあるという状況となるだろう。

以上のシナリオによって、再生可能エネルギー産業がそのほとんどの課題を克服することができ、成功への共通認識を私たちが持てるようになるのである。こうして、この産業には高い潜在的な可能性があり、国際エネルギー機構が予測したような再生可能エネルギー産業の目標を達成できるようになるのである。言い換えれば、再生可能エネルギーに備わっている能力からして、予測されていたのと同じくらいのエネルギーを生産するだけの能力があり、また、当初、控えめに見積もっていた国家内の目標と同程度に、総エネルギー供給市

場でのシェアを占めることになる。

●2020年までのエネルギー開発のシナリオ——秋

「秋」という言葉から連想されるのは、自然における生命の成長のペースが遅くなっていき、冬季における休眠に備えるという時期のことである。秋における植物の活動と同様に、再生可能エネルギー産業は適度な成長が見受けられるが、期待していた目標を達成させるためにもいくつかの難しい課題を克服しなくてはならないだろう。本書の目的からして、「望ましい成長」という言葉は、国際エネルギー機構による2020年への成長予測に基づくものと同義である。

このシナリオにおいて、再生可能エネルギーの技術開発はほどほどに進んでいる。米国エネルギー省が打ち立てた目標を到達させるために出資された再生可能エネルギー研究開発への研究費は、米国国立衛生研究所が基礎医学研究に研究費を投じて出される研究成果の半分程度のものである。同様に、他国における研究開発に投じられる研究費は、最も望ましい金額のほんの一部にしか満たない。

熱力学や物質科学における進歩の結果、ソーラーパネルが太陽光に照らされ、熱を吸収することで発電できる能力は極めて限られている。半導体によるエネルギー消費もやや減少しているだけで、また技術上の大きな課題を克服したこととは対照的に、単に継続的に少しずつ改良されるだけである。それ故に、いく分かの低コスト、効率のよい太陽光発電装置が開発されるだけである。

風力発電については、その発電力がやや向上する程度である。大容量の蓄電も可能であるが、コストがかかるもので、これは技術上、中規模な容量の電池しか生産できないからである。ややコストがかかる蓄電様式の結果、世界のあらゆる場所でいくつかのバーチャル発電所を創設できることになる。

こうした設備により、再生可能エネルギー源と非再生可能エネルギー源の融合を具現化することができるだろうが、安定性のある電気供給は依然として大きな課題となる。また、グリッド接続を統合するにしてもある程度の余計なコ

ストがかかることになる。

　マクロ経済学的な意味での成長も、世界における生産高は、毎年3.2%ずつ増加していくが、これは先進国と途上国では成長のペースが異なる。人口増加のペースは国連が予測していたものより、やや減少傾向にある。また、経済成長と人口増加によって、政府はエネルギー需要を満たすことができる政策を立案するように強いられる。
　石油や化石燃料の価格を適正なものにしようといろいろと試みることになるが、それでもまだ高価なため、シェールオイル（頁岩油）が代用策となる。南米や西アフリカの国々において岩塩層下から石油を採掘できることから、ピーク・オイルの恐怖感が抑えられることになる。
　こうした石油採掘が成功することによって、政府も深海での石油採掘を規制していたが、寛大な態度を示すようになる。米国のメキシコ湾で生じた石油漏れの事件によって深海での石油採掘への規制も遠い昔の記憶となる。石炭の大規模な採掘に対する投資も安定したペースで行われている。世論は、高い二酸化炭素排出量を依然として避けたいと切望しているが、それでも、再生可能エネルギー源と非再生可能エネルギー源との間の価格格差に対して税金を投じたいとはあまり思っていないだろう。
　原子力発電に対して、世間は良い感情を持つことになるだろう。その理由として、核廃棄物処理の技術が向上することによって、人々の水床汚染の恐怖が和らぐからである。この産業は、世界原子力協会が予測していたように、やや早いペースで発展していくことになる。それは、この燃料源による発電が常に可能であり、低二酸化炭素排出量であり、再生可能エネルギーよりも比較的に低コストであるからである。
　このシナリオにおいて、公共政策は現状を反映させたものであり、何人かの社会的な関係者たちも関与している。この場合、再生可能エネルギー産業と非再生可能エネルギー産業間のコミュニケーションも行き当たりばったりのようなものであり、合同プロジェクトや合同委員会の会議もほとんど行われていないことになるだろう。

世論の認識としては、低二酸化炭素排出量のエネルギー源による大容量の電気を確保しなくてはならないという緊迫感はほとんどない。そればかりか、望ましいところだが、公益としてエネルギー安全保障を追求する必要も今すぐにはないという考え方がはびこっている。仮にそういう必要性が認識されたとしても、エネルギー、安全保障、環境上での需要を満たすために、エネルギー源における価格格差にお金を払いたいと考える消費者はほんのひと握りであろう。

　このシナリオでは、再生可能エネルギー産業は石炭、天然ガス、原子力発電産業としばしば競うことを望むことになる。しかし、単位キロワット当たりの価格格差が意味するところは、石炭、天然ガス、もしくは原子力のどれかによって単独で発電する施設の存在は、バーチャル発電所の創設にとって脅威になるであろう。この結果、異なるサプライチェーンを超えた協力関係は弱く、協働することもないような状況になるだろう。

　再生可能エネルギー産業は、課題のいくつかを辛うじて克服し、私たちが成功への共通認識を持てるようになるので、その潜在的な可能性も低いものである。これは、国際エネルギー機関が予測していた再生可能エネルギー産業の当初の目標に到達しないような状況になる。言い換えれば、再生可能エネルギーに備わっている能力による発電力は、予想よりもわずかに低いものであり、また、その全エネルギー産業の市場におけるシェアも、元来想定されていた国家目標よりもわずかに低くなるだろう。

◉2020年までのエネルギー開発のシナリオ ── 冬

　「冬」という言葉から連想されるのは、自然の生き物は冬眠中であり、植物も枯れてしまっている時期ということである。「冬季」における発電所の状態もこれと同様であり、再生可能エネルギー産業は低成長期に入っており、望ましい成長水準に到達するためにも打ち勝ちがたい困難を克服しなければならないだろう。この本の目的からして、「望ましい成長」という言葉は、国際エネルギー機関による2020年への成長予測に基づくものと同義である。

このシナリオにおいて、再生可能エネルギーの技術開発の進み具合は遅く、潜在的な最大限の可能性からすれば、はるかに低いものであろう。米国エネルギー省が掲げた目標に到達するため、エネルギー研究と開発のための研究費は、米国国立衛生研究所が基礎医学研究に投じる研究資金によって出される成果とは、比較しようがないほど低い水準である。

　同様に各国における投資額は、期待されている水準からすれば最低レベルに近いものである。熱力学や物質科学における進歩にしても、ソーラーパネルが太陽光に照らされて熱を吸収することで発電できる能力も極めて限定的にしか発揮できないことになる。半導体によるエネルギー消費もほとんど減少させることができない。したがって、低コストでなく、ほどほどの効率の太陽光電池を開発することになる。
　風力発電の発電力もほとんど向上することが見受けられない。大容量の蓄電も不可能に近く、これは技術上、可能であっても、大・中規模の蓄電ができる電池を開発するのに高いコストがかかるからである。高コストで非効率というこの蓄電容量では、バーチャル発電所をほとんど創設することができず、できたとしても、西ヨーロッパ、米国、アジアの先進諸国、その他の京都議定書に調印した国々に限られる。そういった高コスト、非効率なバーチャル発電所では安定した送電は不可能であり、グリッド接続を統合するにしても、さらに高いコストがかかることになる。

　マクロ経済学的な意味での成長に関して、世界の生産高は毎年平均して3%ずつ増加していき、年によっては景気収縮、一定の時期における不況、高い失業率も先進国において見受けられることになる。人口増加は、国連の予測よりも遅いペースである。低経済成長と低い人口増加率から、政府はさらなるエネルギー需要を満たすような政策を立案するようにはまったく強いられてはいない。石油と化石燃料を適正価格にしようとする試みは何度も行われて、価格水準も地球規模での需要度が低いことから比較的低く設定されている。
　また、南米や西アフリカ諸国で、岩塩層下から石油を採掘する試みに成功し

ていることから、ピーク・オイルの恐怖心も収まっているだろう。この成功によって政府は、深海における石油採掘作業の必要性を強く認識するようになり、深海での石油採掘に対する規制もなくなり、米国のメキシコ湾における石油漏れの事件は、遠い過去の記憶として見なされることになる。大規模な石炭採掘への投資も速いペースで行われている。

　一方で、世論は依然として、二酸化炭素が多く排出されるのを防ぐことが望ましいとも考えている。しかし、他方で、世論は、再生可能エネルギー源と非再生可能エネルギー源との間の価格格差にお金を払うことを極度に拒むことだろう。

　世論の感情として、原子力発電に好意を次第に寄せるようになるだろう。原子力発電は、稼働上においてほぼ問題が起こらないものであり、これによって、最も安全で、予測が最も可能で、コストが最も安く、二酸化炭素排出量が最も低く、社会のエネルギー需要を明日にでも満たしてくれるほど確かなものである。世界原子力協会による最も高い成長予測と同様に、この産業は非常に速いペースで展開されている。

　このシナリオでは、公共政策は比較的に不明瞭である。それには社会的な関係者らがほとんど関与していない。よって、相互不信の雰囲気が漂っており、公共政策の立案のプロセスからそういった関係者らが疎外されているような印象を受けており、また、お互いに対抗関係にある。この場合、再生可能エネルギー産業と非再生可能エネルギー産業間のコミュニケーションはほとんど行われていない。合同プロジェクトや合同委員会の会議も行われていない。政府による産業奨励策もかなり一貫性に欠け、財源が小さすぎるために送電線の合理化、グリッド接続のプロジェクト、重電容量の拡充を図るために効率よく資金を分配することができない。

　世論の認識は、低二酸化炭素排出量で大量の発電を行わなくてはならないという強迫感もなく、エネルギーも原子力、石炭、天然ガス、もしくはその他の非再生可能エネルギー源を通して、最高水準まで確保できればいいという考え

方を同時に持っている。二酸化炭素分離の技術が進歩することで、各国において二酸化炭素を低コストで清浄することができるようになるだろう。仮にそういった必要性を認識するのならば、その他のエネルギー需要を満たすために、エネルギー源の価格格差にお金を支払いたいとは思わないだろう。

このシナリオにおいて、再生可能エネルギー産業は積極的に天然ガス、または原子力開発産業と競うことを求める。単位キロワット当たりの価格格差は、天然ガス、石炭、核燃料の単独で発電される設備は、バーチャル発電所を創設することに対して、手強い経済的障壁を与えることになる。それ故に、異なるサプライチェーンを超えて、最も厳しい競争関係と、最も低い協力関係という状況が生じることになる。

以上のシナリオでは、再生可能エネルギーがその政策上の課題を見つけるに当たり、最も深刻な障害を乗り越えられないので、成功への共通認識が確立されないのである。再生可能エネルギー産業の限界が意味することは、すべての可能性のうち実現できることはごくわずかであり、国際エネルギー機構が予測したこの産業の目標を達成することはできないということである。

言い換えれば、再生可能エネルギーに備わっている能力は低コストではなく、予想以下の発電量であり、総エネルギー産業の市場におけるシェアも、元来の非現実的で大げさな国家目標からして著しく低い割合となるだろう。

●エネルギー開発におけるシナリオのまとめ

この節では、2020年までの世界のエネルギー需要を満たすために、再生可能エネルギーの将来について起こりうる展開と選択肢について考察してみた。文献を参照し、デルファイ・パネル法による調査によって、四つの主なシナリオ要因について明らかにしてみた。

一つ目の要因は、産業内連携と産業間競争の程度に関連するものである。二つ目の要因は、公共政策の領域にどのくらい関与するのかということと、および財源をどの程度まで投資できるのか、ということである。三つ目の要因は、すべての経済成長ならびに人口増加率を合わせた成長の程度についてである。そして、四つ目の要因は、技術上の進歩について関与することである。

それぞれの要因は、情報における一連の重要な要素に区分することができる。それによって、再生可能エネルギー開発について、将来起こり得る四つのシナリオのうちの一つが実現するための道筋を示すマインド・マップや道標を築くことになるのである。

●シナリオ研究の限界

　もともと、この研究の手法は、デルファイ・パネル法に基づくものである。また、さまざまな社会的な主体者たちの間で機能しうる共通の基盤を作ることを目的としている。それは、同意を得るための手段であり、定量的に予測するための方法ではない。それ故に、分析の結果は、ある特定の時点における標準偏差が伴う予測ではなく、むしろ、文献を検索して関係者からの情報収集に基づく、将来起こりうる想定内の出来事についてのものである。関係者たち自身は、エネルギー産業と公共政策についての知識と経験を兼ね備えているので、彼らの偏見が発信される情報の中に含まれているのではないかと疑うのは理に適っていない。

　サンプリング戦略は、産業専門家、エネルギーおよび電気技師、戦略家、工学もしくはエネルギー経済学の有識者を対象としたものである。結局のところ、そのサンプルには環境保護運動家たちが含まれていなかったのである。それ故に、その調査には、彼らの視点が含まれていない。

　本書において用いられている分析的枠組みはシナリオ・プランニングであり、これによって、再生可能エネルギーを導入する上で起こりうる結果のいくつかを収集したものを分かりやすく解説してみた。この「起こりうる」という言葉は、「可能性がある」という言葉と同義であるから、それぞれのシナリオ要因において挙げている情報のうちの本質的な要素が、それぞれのシナリオの一つが現実的に具現化することを指摘しているのである。

　しかし、本書においては単に、生じうる四つの結果について列挙したのであり、すべての起こりうる結果についてではない。すべてを列挙することは実に骨が折れる作業である。そういったシナリオを考察する人たちが注意しなくて

はならないこととして、情報の本質的な要素というのは、ここに書き記した四つのシナリオの中にあるのではなく、むしろ、そういったものの組み合わせとして存在するということである。それ故に、その考えられる組み合わせは、数多くが存在するということである。

それでも起こりうる結果の範囲とは、そのすべてとは言わなくても、その他の起こり得る未来の大部分までもが含むことができるだけの、十分に広範囲なものである。どうか、春と冬は両極端なシナリオであることを認識していただきたい。したがって、最も起こりうる将来とは、それらのうちのどちらかのシナリオか、または、それらの中間型のものが現実化することになるだろう。

●再生可能エネルギー政策に対する提言

再生可能エネルギー政策に関するこのデルファイ・パネル法は、共通の政策課題を打ち立てる過程において、異なる利害関係者たちが協調して同意するための方法と、最良の実践例を提示している。その共通の政策課題とは、再生可能エネルギー産業を発展させることで、2020年までに世界のエネルギー需要を満たせるようにすることである。

そのプロセスにおいて、この調査から、将来の研究、実践的な応用、そして理論上の議論に対して異なる提言がされている。この節では、そうした提言について記されているのである。

●再生可能エネルギー研究に対する提言

今回のデルファイ・パネル法において、その対象者は、特にその大部分の人たちが米国やヨーロッパなどの地域に在住する先進国から参加している。第一の提言として、その対象となる地域を拡大することで、特に多くの人口を抱える新興国である中国、インド、ロシア、ブラジルを含めるべきである。ところが、中国が再生可能エネルギー政策を本格的に取り組むのであれば、今後の研究ではこの国について注目すべきである。

新興国における共通の再生可能エネルギー政策課題を見出す上での障害を理解することは、科学研究団体が新興国にまつわる問題を理解することを促すこ

とになるだろう。また、異なる新興国の間でいくつかの開発計画の合意によって、世界銀行のような国際機関がその開発を推進させるために資金をよりよく運用できるようになるだろう。

　第二の提言として、環境保護運動家たちやその他の専門家に対しても同様な調査を行うことである。なぜなら開発の合意に導くプロセスにおいて、そういった利害関係者たちを含めることによって緊張状態や対立関係を緩和させられるからである。実際、環境保護運動家たちが多く参加するほど、多くの効果が期待できる。

　政策の戦略家たちは、事後の公聴会ではなく、開発の段階における彼らの関心事を理解するためのコミュニケーションの場を設けることになるだろう。そういった運動家たちにとっても産業界の関係者やエネルギー開発の戦略家たちとよく交流することで多くのメリットがある。なぜならば、運動家たちは、全エネルギー需要が高まっている過程において、そういった関係者が直面している課題について深く理解することができるからである。

　第三の提言として、国際機関、例えば国連の世界ミレニアム開発計画や京都議定書の参加国によって、大規模なデルファイ・パネル法を行うことである。このアイデアによれば、さまざまな国々の戦略家たちが同じテーブルについて、成功への共通認識を再度確認するようになるだろう。一つの共通の政策課題が、地球規模の視点を持つ行政機関から提示されるならば、他の利害関係者たちも世界規模の行政機関が計画していることについての全体像をよく理解できることになるだろう。

　第四の提言として、デルファイ・パネル法を用いてより大規模な特定の集団について調べることである。最良の実践例を用いることで、個々の国々に注目して定量的調査についての重要なテーマを見つけるのである。こうすることで、参加者の助言についての信頼性を高め、大規模な集団への提言を一般化することができるのである。

●エネルギー産業の実務家に対する提言

　エネルギー産業と政策立案の立場にいる実務家に対して、いくつか提言があ

る。第一の提言として、参加者からの助言を受け入れ、それによって将来への実践に導けるような、よく理解することができる一連の方法を作りだすことである。例えば、再生可能エネルギー設備設置の許可のための承認プロセスを早めることである。仮にこのようになっていたのならば、T. ブーン・ピケンズ氏の風力発電はとっくに認可されており、いち早く十分に稼働していただろう。

　第二の提言として、産業界における最良の実践例を共有して公表することである。そうすることで、世界各地にいる新しいエネルギー開発の戦略家たちや、個人・団体を訓練するための方法が最良の実践例という形で共有されることになるだろうし、これはそういった主体者たちに好ましい効果をもたらすだろう。

　第三の提言として、経済学、公共政策、電気・エネルギー工学の専門家たちに最良の実践例が共有されることである。こうすることで、そういった最もよく知られた方法が未来の公共計画、工学、エネルギー経済学についての講座に組み込まれることになり、こうした知識体から恩恵をもたらすことになるだろう。

　第四の提言として、世界原子力協会やアメリカ石油協会などの非再生可能エネルギー産業に働きかけることである。新しいバーチャル発電所を創設するプロセスにおいて、原子力開発産業および天然ガス産業が、再生可能エネルギー産業とどの分野で協力できるのかについて確認するのである。

●エネルギー産業の理論家に対する提言

　今回の研究では、デルファイ・パネル調査法を利用しており、シナリオ・プランニングの側面を組み合わせることで、再生可能エネルギー産業と非再生可能エネルギー産業の双方が互いに協力し合える分野を見いだすための必要な要素を明確にする。それによって私たちの社会が2020年までのエネルギー需要を効率よく満たせるようにするためである。

　その一方で、1960年代にカーン（Kahn、1967年）が構想したオリジナルのモデルから始まって、シナリオ・プランニング、最も重要である定量的シナリ

オ・プランニングは、まだまだ発展させられる余地が残されている。

シナリオ・プランニングは過去50年間で広く普及し、際立った進歩が見受けられたが、それは修正され、新しい産業にも応用されてきたのである。世界未来学会（World Future Society）の会員のような未来学の専門家たちは、この理論についての知識体を研究し、さらに拡大させるべきである。

●再生可能エネルギーのまとめ

この本では、戦略的プランニング、シナリオ・プランニング、そして再生可能エネルギー開発の知識の総体を紹介することで、公となっている政策課題における最も深刻な障害は何であるのかについて提示してみた。また、デルファイ・パネル法を利用することで、産業界の人々、研究者、教育家、公共政策の立案者に対して何が重要な課題であるのか、そして、どのようにして克服するべきなのかについて助言をしてみた。文献の検証とデルファイ・パネル法から導き出された結論については、この節において論じられている。

第一に、明白なこととして、エネルギー開発計画の分野におけるすべての利害関係者たちがお互いに直接的な接触を取っているわけではないこと。ある関係者たちは、他の関係者たちを無視していることに甘んじていること、また、お互いに敵対関係に陥っているのである。異なる関係者たちが必要としていることへの意識を高め、社会における公共の場での討論に頻繁に参加してもらうようにすることは必須である。そうすることで、再生可能エネルギーの共通課題を推進できるのである。この政策課題は一般公開され、仮に非再生可能エネルギー源からであったとしても他のエネルギー源の開発計画と統合される必要がある。

第二に、2010年の段階で設置基盤は、2020年の予測される需要を満たすのに必要なエネルギーの一部にすぎないので、従来の予測方法から、幅広い想定内で起こりうる結果が考えられる。そういった予測は専門家の意見で構成されているので、シナリオ・プランニングのような他の戦略的プランニングの道具を利用することが肝心である。このシナリオの理論は非常に不確実な将来に対

処し、さまざまな、かつ、しばしば対立するような目標を持っている複数の利害関係者たちに対応するための厳密に設計されたアイテムなのである。

　第三の結論として、それは開発計画の参加者たちが大まかに練った最良の成功事例から導き出されるものである。そういった計画の戦略家たちは、経済学、技術、コミュニケーション学、社会科学の分野に精通している必要がある。彼らはそういった分野の研究者たち、産業界の協力者たちとの関係を持つ必要があり、また、複雑な概念を明確で簡潔なやり方で説明できるようにならなくてはならず、そうすることで一般大衆が、彼らの建議に価値があると見なすようになるのである。

　第四の結論として、開発計画の企画参加者の提言に関することである。なぜなら、各行政機関は、短期及び長期に及ぶエネルギー開発計画の目標について明確に提示しなくてはならないからである。各機関は、将来、実行可能な実験が行える基礎研究に研究費を援助し、グリッド接続設備を近代化させ、グリッド接続を統合するために民間からの資金提供を誘致できるだけの十分な財源を提供しなくてはならない。

　また、政府機関は、仮に厳しい経済状況に直面したとしても、公約を破るようなことをしてはならない。なおかつ、政府は、開発企画の承認プロセスの流れを合理化する必要もある。そうでなければ、民間企業の活動意欲が低下し、関係者が開発企画に参加することもなくなるだろう。

　第五の結論として、再生可能エネルギー産業の関係者や戦略家たちが、原子力開発産業、天然ガス産業、その他の非再生可能エネルギー産業と合意しうる、明確で、対立が生じない対話の道筋を築くことである。そうして、2020年の社会的な需要を満たすため、互いに協力し合うのである。

　最後に、教育家たちは、開発計画の提言を教育現場の講座の中に組み込ませるようにしなくてはならない。そうすることで、より誠実な次世代の戦略家たちがこのエネルギー開発計画を次の段階まで高めるのである。

シナリオ事例3——ウクライナ危機

●有事における展開の予期

　ウクライナの危機は、この本に当然、加えられるべき重要なテーマである。ウクライナ人が抱える困難、それは腐敗から脱し、他国との国際関係を築くことでより繁栄したいという願望から、民主国家を樹立するための戦いに付け加えて、ウクライナという国の運命はウクライナ人だけに限定されるのではなく、近隣の経済圏——EUやロシア連邦——もウクライナへの影響を確かにすることに難儀しているのである。

　それ故に、そういった国々の関心も考慮に入れなくてはならない。シナリオ・プランニングというプリズムを通して、ウクライナ危機を研究することは多くのメリットがある。その理由は、この方法において、多くのさまざまな状況や起こりうる結果が展開されることを予期できるからである。

　それは、1960年代にハーマン・カーンが行ったように、危機に瀕している主体がリスクと収益の関係を理解し、同時に、大惨事になるような結末を避けることは可能なのである。シナリオは、夢と希望の組み合わせを明らかにするだけでなく、恐怖や失うものについても明確にするのである。どちらの場合においても、最も望ましい場合と最も望ましくない場合を理解しておくことで、関係者はそれに応じて戦略を立てることができ、より良い未来に向かって動き出すことができるのである。

　シナリオの重要な概念とは、何かを失うことの恐怖を煽ることではない。つまり、ウクライナ情勢の危機を分析することの目標とは、この危機を通して、成功への設計図もしくは道筋を作りだすためのシナリオを考案し、活用することにある。

　経済学者というのは、シナリオ・プランニングが得意なものである。それは、経済学の本質が道徳とは無関係なものであっても、道徳に反するものではないからで、状況に対して公平で冷徹な態度で考察するからである。重要な点

とは個人の価値観や倫理ではなく、経済学が単に希少な資源を配分することで、誰が何から利得を得るのかということになる。

　経済学者は、基本的に二つの役目を果たすことができる。一つは提言者として、他方は社会科学者としての役目である。提言者として、政策について説得し、それを指導することが期待される。その一方で、科学者として社会現象を理解し、説明することが期待されている。ここでのシナリオは描写的に記されている。それ故に、これは「どちらかの側につく」というような書き方ではない。その真の狙いは、いくつかの結果について記述することである。

　そこで、提言のセクションを設けており、これはシナリオ・プランニングの目的の一つが──その方法についてはすでに説明している──価値を付加することである。注意してほしいことは、私の提言は、その主体の利得をさらに増大するように考えられている点である。つまり、効用最大化の手段として、特定のそれぞれの主体に向けられて提言されているのである。

　例えば、EUに対する私の提言は、EU関係国（者）の利得が最大限に増加するためのもので、おそらくロシアの利得にならないだろう。その逆も然りである。筆者のありきたりな提言が意味することは、ロシアとウクライナの人々に対する多大なる関心である。故に、本書では、この危機が迅速に終焉し、平和的に解決することを望むのである。これに付け加えて、同様に、すべての関係国（者）の利得になるような結果になってほしいのである！

　話を単純化し、簡略にするためにも、ここでは四つのシナリオを提示する。もし、四つ以上のシナリオにするならば、読者は混乱状態に陥ることになりうるだろう。また、さらに一つのシナリオを付け加えるならば、中道路線のシナリオを選ぶことになり、客観性に欠けることになる。

　ここでは、大惨事になるようなシナリオは存在しない。それは、関係のある主体たちが、全面戦争を回避するように多大なる努力をしているからである。注目すべきこととして、仮にキエフの暫定政権が武力による紛争解決を望むのであれば、独立運動家たちを鎮圧するために軍を送ることになるだろう。もしロシアが武力行使による紛争解決を考えるのならば、ロシア軍はすでにキエフ

を制圧していたはずである。よって、本書における大前提として、両者が講和による手段を見つけたいという意思があるということである。

　本書では、ロシア側の視点を十分に理解することに尽力している。なぜならば、ロシアは重要なシナリオ要因になるからである。本書の目的として偏見を最小限に抑えることこそが、その本質である。
　さらに重要な点として、この本は西側、特に米国にいる人間によって記されているということである。それ故に、親欧米派となってしまうのは致し方ないことである。先入観が含まれていたとしても、私の社会科学、特に経済学において受けてきた訓練によって、それが極力抑えられているはずで、この本でもそのための技術を用いており、偏見なく関係する主体の行為を記述するようにしている。
　仮に何かが起こるのであれば、私は西側に対して批判的な態度を示す。それは、ウクライナは世界をより良いものにするために、核兵器を破棄しているからである。しかし、それにはいくつかの保証を約束する国との交換条件がある。結局のところ、米国はその保証国の一つであり、ロシアにしても然りである。
　本書では、米国の上院議員であるジョン・マケイン氏（アリゾナ州の政治家）について数回ほど言及している。私は、このマケイン氏が厳しい米国の対応を求めており、相応しい人物であると信じているからである。マケイン上院議員は、あらゆる場所における、誰にとっても民主主義を固く信じている人物であり、東南アジアにおける自由のために戦った過去がある。また、戦犯として投獄され、傷を負った退役軍人であり、自己の信念のために重い代償を払ったのである。
　彼自身、犠牲になったのにもかかわらず、彼は、アメリカ合衆国の魂の神髄を具現化している人物である。それは、国内外の至る場所における自由と民主主義のことである。彼が、オバマ大統領とジョン・ケリー国務長官に信任投票をし、二人に外交上の機会をもたらしたことは重要である。なぜなら、経済制裁はそれなりに効果をもたらしたかもしれないが、緊張状態が高まることなく、ロシアとの危険な衝突を避けることができたからである。

新しい冷戦を望む人はいない。もしそうであるのならば、ウクライナは他国からの干渉がない独自の時間を持つ必要があり、そうすることで、民主主義が形成されうるだろう。さまざまな民族がいるにしても、彼らは皆、ウクライナ人なのである。ウクライナ人が自分たちの問題を自分たちで解決すればいいのである。彼らは皆、ウクライナに関する専門家である。

また、彼らは一つの団結した国家の中で長い間、共に暮らしてきたのである。もちろん現実に直面していて、強大な二つの経済圏はウクライナがどちらの経済圏になびくのかについて、私は関心を払っている。世界が群雄割拠しており、これはもはやウクライナだけの問題ではなくなっている。これは地球規模の問題になったのである。それ故に、誰もがこの問題に注意を払わなくてはならないのである。それでは、始めよう。

●ウクライナ危機における現状把握

おそらく、たいていの人々が合意することとして、ヤヌコーヴィチ元大統領がEUとの経済協力関係を結ぶことを拒み、代わりにロシアとの緊密な関係を取ることを選んだ後から、事態が収拾つかなくなったことであろう（Der Speigel、2013年12月号）。声明後、国全体が抗議の嵐となり、当局が抗議する人たちに対して武力行使をして鎮圧しようとして死傷者が出た直後、一般大衆からの批判がますます高まった。国際世論も加担し、ヤヌコーヴィチ氏が大統領の地位を追われて亡命すると（Hindu、2014年2月付）、事態はますます悪化した。彼が亡命するに当たり、キエフに暫定政権が樹立することになった（New York Times、2014年2月）。

その一方で、同国は総選挙を行うように準備した。暫定政府が樹立されて数カ月の間で、クリミアは国民投票を行いウクライナから分離してロシア連邦に加入した（Financial Times、2014年3月付）。東ウクライナの他の地域(州)も独立する機会を探っており、危機が悪化している（PBS、2014年5月付）。

●ウクライナ危機における「主体」を明確にする

ウクライナは経済大国ではない。2013年におけるその経済規模は、GDPに

して 3370 億米ドルほどである（CIA Factbook）。国民一人あたりの GDP は 7400 米ドルほどである。711 億 4000 万米ドル分を輸出し、872 億 1000 万米ドル分を輸入している。概算すれば、輸出品の 4 分の 1 がロシアへ輸送され、輸入品の 3 分の 1 がロシアから来るものである。よって、ロシアは最大の貿易相手国となっている。

さて、ウクライナ政府統計局（State Statistics Service of Ukraine）が 2013 年に発表した資料によると、輸出額は 574 億米ドル相当で、輸入額は 701 億米ドル相当である（ウクライナ政府、2014 年）。どうであれ、確かなことは輸出入のどちらにおいても貿易額が 500 億米ドルを超えるということである。

ウクライナは、推計 2200 万人もの勤勉な労働力を有し、同時に、彼らは消費者でもある。商業活動における問題の本質は、ウクライナ経済が西側世界につくのか、それともロシア側につくのかということである。ウクライナは、消費活動の上に豊富なエネルギーや鉱物の生産活動が行われている。実際、経済活動のうちの 70% 近くは消費活動であり、ウクライナ人は海外のどこにでも出かけることができる。ウクライナは肥えた土壌を持つだけでなく、製造業も産業の基盤としてあり、これが収入源を多様化させている。それでも、産業の中心は東部または大都市部にある。

また、重要なこととして、危機における主体は何か、もしくは、少なくともどの主体が危機に対して気を配らなくてはならないのかについて明確にしておくことである。そうするために、本書では、ウクライナ政府統計局による 2013 年度版の良質な資料を活用してみた。ここでの考え方として、貿易上の取引方法について取り上げてみた。

これは単に、最も損失を受ける国とは、ウクライナ危機の結果で最も得をする国であるべきだということである。この資料において分かるのは、ウクライナと最も貿易をする国々についての輸出（X）、輸入（M）、そして、貿易収支（X−M）で、これらは貿易収支上の差額の大きさによってリスト・アップされてある。

ウクライナとの貿易で、貿易赤字の額が最大である 10 の貿易国について調

べてみる。非常に興味深いことに、2013 年のロシア－ウクライナ間の貿易で、ロシアは概算して 82 億米ドルほどの利益を得た。中国やドイツは 50 億米ドルほどで、米国は 20 億米ドルほど、ベラルーシやポーランドは 15 億米ドルほど、フランスは 10 億米ドルほど、そして、英国、日本、韓国は 5 億米ドルほどである。ウクライナにとっての重要な関係国を探すのならば、ウクライナと最も好ましい貿易収支である、そういった 10 の国々が重要ということになる。次にくるのがブラジルで、2 億 6400 万米ドルほど、カナダは 1 億 8600 万米ドルほどである。

　明らかに、これはケインズ流の手法である。たいていの西側諸国の経済活動においては兆米ドル単位で計算される。10 億米ドル、20 億米ドルという単位は、そういった大きな単位と比較して、取るに足りないものである。しかし、どの話題からか議論を始めなくてはならず、貿易についてはその良い起点となるだろう。

　ウクライナにとって最も利益をもたらす関係国を見つけるための方法は、ウクライナに最も投資する国について考察することである。ウクライナ中央銀行およびウクライナ政府統計局は外国からの投資に関して、それが自己資本という形でウクライナに投資した国について記録を取り続けていて、ここに 2013 年版の資料がある。

　キプロスは最上位国であり、その額は 190 億米ドルで、全海外直接投資の約 3 分の 1 ほどである。続いてドイツ（10.8%）、オランダ（9.6%）、ロシア（7.4%）、オーストリア（5.6%）、そして英国（1.7%）となる。米国（1.7%）とポーランド（1.5%）は、トップ 10 のリストに入っていない。

　ドイツ、ロシア、英国、フランスは、貿易収支と海外直接投資のトップ 10 リストに名を連ねている。よって、この資料からして、ウクライナはロシアにとっても、EU 最大の経済圏にとっても重要な国なのである。

　資料があるとしても、別の観点からこのことを検証してみるとよい。多くの人は、ロシアがウクライナに関心を払っているのは、経済的な理由からだと考える。ポーランドの保守派雑誌『フプロスト』（Wprost、2013 年 11 月号）は、

『ロシアの声』(Voice of Russia)の記事を引用し、ロシアは自国が金融の中心地としての地位を維持するためには2億人の消費者を必要としていて、ウクライナを自国の経済圏に併合することはその第1ステップとなると記している。

　他のメディア（CNN、2014年2月）が報道したことは、ロシアはウクライナの産業集積地帯に興味を持っており、プーチン氏は、ロシア人、ウクライナ人、ベラルーシ人を一つの国民として捉えている――そういった国々に、ロシアへの影響力を及ぼしたいと望んでいるという。

　それ以外のメディア（New York Times、2014年5月17日付）によると、ロシアがクリミアを併合するならば、領土のみならず、領海までも含むことになる。なぜなら、海底にある資源は、一説によると何兆円もの価値があり、それはどんなに想像を働かせたとしても微々たる額ではない。

　注意すべきことは、プーチン大統領の報道官であるドミトリー・ペスコフ氏は、そのようなことは言及していない。それでも、「ロシア全土にあるエネルギー資源の供給量と比較するのならば、その領海で採取できる石油量は取るに足らない程度だ」、などと述べていたのである。

　関係諸国やウクライナが東西どちらの陣営になびくのかについて、関心を払い続けることは肝心である。しかし、その他の主体について考慮することも同様に重要である。それは、ウクライナ国内における主体、つまり関係者たちについてである。国会議員、地元における寡頭政治の独裁者たちだけでなく、少数民族について注意を払わなくてはならない。

　メディア（Voice of America、2014年5月付）が報道したことは、東ウクライナ地方の地元独裁者らが、そこでの政治的安定のためにどれほど苦労しているかということである。仮にもその地域が戦場になった場合、そこでの資産家たちにとって、明らかにメリットになるようなことはない。一般市民が不安になることで、ビジネスに悪影響を及ぼすことになる。

　ポーランドの東ヨーロッパ研究所（Center for Eastern Studies in Poland、2012年9月）は優れた研究報告書を発行している。それによると、寡頭政治にお

ける独裁制が誕生したのは、1991年に同国が旧ソ連から分離した後で、レオニード・クチマ大統領の政権（1994-2005年）の間に同国が併合した期間のことである。

また、その報告書には、財界人、政治家、官僚たちがつるんで共生関係にあり、その相思相愛ともいえる三角形の中にメディアが加わっていると記されている。その文書はこのような制度に批判的である。同研究所が主張していることは、そういった利害関係者たちが自国の公益のためではなく、自分たちのネットワークを維持するため、単に自分たちの利益を追求しているだけだというのである。

独裁者というのは、想像できるように、自分たちのためだけに働き、他者の利益のためには働かない。だから、彼らにとって、ロシアであれ、西ヨーロッパであれ、友人ではないのである。

ヤヌコーヴィチ元大統領のことを考えると、彼は独裁者である。彼はロシアの友人でもない。彼はロシアから援助を受けたが、ウクライナの暫定政府が主張したことは、彼は10億米ドル以上の横領に責任があるということだ。彼はロシアに送金する約束をしていたが、そうすることはなかった。実際、ウクライナの報道（Ukrayinska Prada、2013年11月号）は、彼が常に「値段について交渉」し、「負債を清算」していたことを指摘しており、ロシアとEUの双方から譲歩を引き出そうとしていたのである。

つまり、独裁者の存在、民主主義運動、少数民族、ウクライナ国家主義者という主体のすべての組み合わせによって、政治的状況が複雑になっているのである。したがって、そういった主体は、彼らの利益をめぐって、歩調が合っているかもしれないし、合っていないかもしれないのである。

◉各国の視点から主体の行為を考える

この節は、数学的コンテクストにおけるモデル仮定と同じ内容である。つまり規則性に従ってシナリオの展開を書いてみて、主体の行為を正当化してみることである。それは、まさに主体が持つ仮の認識そのものを意味する。人の見

解というのは、以下のような単純なプロセスを経て形成される。

　私は、まず利用可能な統計を用いることで、シナリオに関係する主体とそういった主体が得ることができる利得について明確にする。次に、各国におけるメディアの報道から定量的な調査を行うことで、雰囲気、集団意識、もしくは心理的な全体構造を明瞭にし、そこから生み出される意図や、予測される未来への行動を分析するのである。

　ウクライナに対しては、特別な注意を払っているが、それは事件の中心的存在だからである。しかし、米国から遠く離れた国々からもさまざまな意見があり、それは「一つ」だけではない。この本において一つの意見を論じたとしても、それは大多数の中の一つということにすぎない。

　ウクライナ——この国は、リベラルな西側世界と保守的な東側世界によって、独立しようとしている。しかし、これはシナリオの目的からして、あまりにも単純化された考え方である。また、それは現状に対して精度の欠けた見方を反映している。

　ロシア系民族について考えてみたい。彼らの中で、この危機について無関心な人もいれば、より活動的な人もいる。しかし、本書において、むしろ彼らはロシア連邦に属すると見なしている。タタール民族やポーランド民族はウクライナを独立国と見なしており、そこでは自分たちの権利が尊重される。独裁制はむしろ現状維持されるだろうが、弱体化された中央集権制が最良と思われる。そういう体制だからこそ、独裁者が自分の権力を行使できるからである。

　キエフや都市部における民主主義を望む勢力、若者、知的労働者たちは、より繁栄した未来を望んでいる。そうなることを実現させるには、おそらくEUとの合意が妥当となるだろう。政府の役人は、現状維持を望むものである。暫定政府、政治的エリート、国民の間によく知られている政治家たちは、ウクライナの保全が尊重される限りにおいて、総選挙という民主主義的な手続きを望んでいて、分離した地域との交渉の余地を残している。ウクライナは内戦を望んでいないし、またロシアとの戦争も望んではいない。

ロシア——ロシアは、ウクライナが政治的に安定することを望んでおり、それによって貿易を行うことができると考えている。ロシアは、ウクライナ国内の少数民族の利権を尊守することを望み、またその利権を最大限に拡大したいとも考えている。また、ロシアは、ウクライナの経済圏との緊密な関係を維持させることを望んでおり、ウクライナを独立国家共同体の加盟国と密接な関係があるようにしたいという思惑もある。

ロシアは、ウクライナ領域内の油田や天然ガスのパイプラインをなおさら管理下に置き、そうすることでロシアのエネルギー資源をヨーロッパに輸送することができると考えている。ロシアの政治指導力によって、ウクライナ人、ベラルーシ人、ロシア人が「一つの人民」となり、親密な関係になることを望んでいるのである。

ロシア政府が確信していることは、ウクライナの合憲性のある政権がヤヌコーヴィチ大統領を罷免したので、キエフの暫定政府に政権の合憲性はないということである。西側陣営の動向は、旧ソ連が保有していた地域を支配しようする動きと捉え、そういった地域におけるロシアの支配に対する脅威であると見なす。同じく、西側陣営がシリアやウクライナを支配しようとする試みは、そういった国々にあるロシアの軍事基地を撤廃させようという戦略であり、ロシア軍を配置する力をさらに弱めるため、と見なしている。ロシアは、ウクライナやその他の NATO 諸国との戦争を望んではいない。

EU——1951 年に欧州石炭鉄鋼共同体（European Coal and Steel Community）が設立されて以来、EU は平和で信じられないほどの繁栄した時期を過ごしてきた。EU は、ウクライナを加入させることで、世界最大の経済圏をいち早く形成する機会を獲得したいと考えている。EU は、多くの経済的発展を促すための手段を保持しており、キエフとの緊密な同盟関係によって、ウクライナは経済的繁栄を期待することができると考える。フランス、英国、ドイツは EU における最大の経済大国であり、ウクライナとの最大の貿易国でもあるから、これは双方にメリットがある状況である。

ポーランド、バルト諸国、ルーマニア、ハンガリー、チェコ共和国、それも

皆、旧ソ連の傘下にあった国々であり、ウクライナの経済発展を望んでおり、西側陣営が主導する経済協力関係を切望している。EUも新しい冷戦を望んではいないし、むしろロシアとは前向きな関係を結びたいと考えているのである。

　アメリカ——米国は、今回の危機が平和的に解決されることを期待している。また、ウクライナの保全だけでなく、ウクライナ人民の権利が確かに尊重されることを望んでいる。米国は、独立広場で暴動が生じた後の決断は、ウクライナ国民が自分たちですべきことであり、キエフに樹立された暫定政権にその合憲性があると認識している。

　米国は、ウクライナが内部分裂することを望んでいないし、また、そういうことが生じないことを検証し続けたいとも考えている。例えば、近年の厳しい財政事情にもかかわらず、大統領はウクライナに緊急融資ローンを援助することを約束し、実際にIMFにそうするように働きかけた。米国も新しい冷戦は望んでいない。

　BRICS（ただし、ロシアは除く）——他の国々、これは南アフリカを除いて、いずれもウクライナとの貿易関係は、上位10位か、15位に位置し、今回の危機を平和的に解決することを望んでいる。中国とインドには少数民族がいて、また両国間には領土問題がある。したがって、武力行使による国境の変化は、両国に不安をもたらすものである。

　中国は、ロシアによる極東エネルギー・プロジェクトから恩恵を受けることになる。インドは、いくつかの原子炉を設置するための原子力開発技術をロシアから購入する。よって、そこには双方にメリットがあるわけで、そういった国々は米国とも良好な関係を結びたいとも考えている。ブラジル、中国、インド、南アフリカは、米国、およびEUと重要な貿易関係を結んでいる。それ故に、米国と敵対関係に陥ることは最も望ましいことではない。

　ブラジル、中国、インド、南アフリカは国際社会の傍観者、もしくは非同盟国（Non-Aligned Movement／訳注：第二次大戦後、東側西側の陣営に公式には

加盟していない諸国による国際組織）であり、一般的に米国の外交政策には批判的な態度を取ってきた。BRICSは米国に対して批判的である別の理由として、米国がIMFの投票権の仕組みを迅速に改革することに及び腰であるからである。

日本――福島震災の後、日本はエネルギー需要を満たすための代用手段を見つけられずにいる。また、日本は石油と天然ガスをさらに購入するために、ロシアとの交渉中である。西側陣営によって科されたロシアへの制裁は、日本の国益にはならないだろう。また、三菱航空機株式会社の航空機は、タングステン市場の成り行きについても注意を払うべきである。同社の航空機は、国内初の国内線旅客機の原型でもある。タングステンを入手できるかどうかが、関心事である。

●各国のメディアからデータ収集をする

　ここでのシナリオは、この本におけるすでに紹介した二つの事例と同じ形式をとっている。一つの重要な側面として、人口統計と他の統計データを収集していることである。これは、ウクライナ危機の結果、利害関係がありうる国（人）を明確にするためだけでなく、情勢を理解するための基本となるからである。

　データ収集に付け加えて、各国のメディアからの情報を検証することも関連しており、その目的も危機に対して異なる視点を理解して説明するためである。言い換えれば、さまざまなメディアからの情報を用いる必要があり、そうすることで対立する視点を明らかにするために、異なる度数の眼鏡のレンズを作って眺めるのである。

　今回の研究調査では、データ・マイニング（Data Mining／訳注：大規模なデータベースから発見されたパターンやルールを知識ベースとして蓄積・学習し、新しい知識を発見・学習するプロセス）手法、並びに、データ可視化（Data visualization）技術を活用しており、それによって重要な知識を見出している。

その知識となる言葉・用語を見つけるための使用言語は、英語にした。なぜなら、大抵のメディアは英語で情報を発信しているからである。しかし、ウクライナやロシアの地元のニュースのいくつかは、ウクライナ語やロシア語で紹介されている。その場合、グーグルの自動翻訳機を用いて重要単語を見つけ出し、それらと関連する英語によるニュースを見つけるのである。データ収集の作業は、このテーマにおける参考文献の検索や学術文献の使用によって、さらに補強されることになる。

　最後に、可能な限り今回の研究調査ではその分野の専門家を紹介して彼らの見解を提示し、将来の研究のために他も紹介する。データ収集のプロセスは、バケット法（Bucket approach）を活用し、シナリオ要因によって区別するようにラベルを貼った。

●シナリオ要因から物語の進行と情報を見定める

　シナリオを理解するために、定量的方法よりもその要因を理解することが肝心である。今回の研究調査では、研究課題における可変要因の因果関係を断定することではない。むしろ今回は、物語の進行を手助けするための重要なシナリオ要因、もしくは統合された情報の重要な要素を見分けることに重きが置かれている。

　そういった重要な要素は、ある結末か、別の結末に到達するように、押したり引いたりして操作するレバーのようなものである。どうか、話がそのシナリオの結末で終わるものでないことに注意していただきたい。

　劇や映画での物語と同じように、続きがあるのである。ウクライナは、シナリオの最後で終わることはない。むしろ、話はある道筋の方向か、別の方法へ展開していくのである。シナリオ要因の目的は、道筋に点在していてよく見かける道標を人が確認できるようにするためである。それによって、人は、状況がどのように展開しているのか、また、最も起こりうる未来はどのようなものなのかについて推測できるのである。それぞれのシナリオにおいて、要因は命名されており、それらに関連する重要な評価基準も同様に名付けられている。

　ウクライナ危機のシナリオには、四つの要因がある。

(1) 勢力圏——ウクライナの支配をめぐって争う。
(2) 2013 年までの国境線——冷戦後、国境線がどのように扱われてきたか。
(3) 経済成長率——危機によって、関係国がどのように経済的に影響を受けたか。
(4) 紛争——内戦の規模や、関係国間の軍事的緊張がどれだけ治まってきたか。

次ページの図 20 は、四つの要因が提示されており、それぞれのシナリオの展開を誘導するものである。シナリオのそれぞれには四つのシナリオ要因に基づいてまとめられた要約文があり、それらはシナリオの可視化に役立つものである。

●シナリオ要因 1——覇権争いと勢力圏

このシナリオが最も適切に意味することとは、一つの領土をめぐって、隣国とその敵国との古典的な意味での覇権争いのことである。資源をめぐって争い、貿易の主導権を握ろうとし、権力を行使しようとするのである。

この要因を説明する上で最良の方法とは、「フランクフルター・アルゲマイネ・ツァイトゥング」(Frankfurter Allgemeine Zeitung) 紙がどのようにしてウクライナ危機を報道しているのかを考察してみることである。記事の表題とその言葉選びが、"Russland gegen die EU: Matchkampf um die Ukraine" とあり、これを訳すと「ロシア対 EU：ウクライナをめぐる覇権争い（英訳：Russia versus EU: Power struggle for the Ukraine）」となる。

同様にして、オーストリアの新聞「ディ・プレセ」(Die Presse、2013 年 11 月 21 日付) の表紙にある記事の表題は、"EU verliert Kampf um die Ukraine" とあり、これは「EU は、ウクライナの覇権争いに敗れつつある（EU loses battle for the Ukraine）」と訳される。

ロシアのメディア (Moscow Times、2013 年 4 月 30 日付) は、「主権争い

図20：ウクライナ危機における「四つのシナリオ要因」

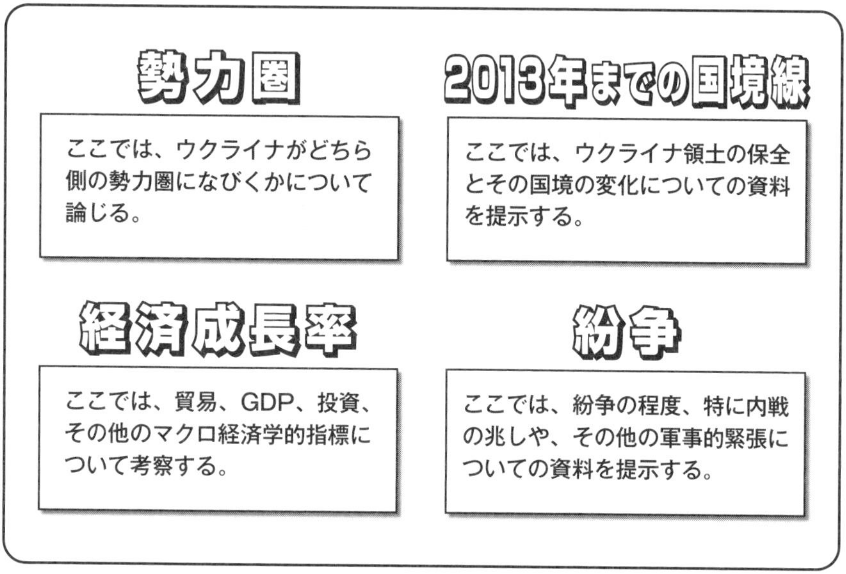

勢力圏
ここでは、ウクライナがどちら側の勢力圏になびくかについて論じる。

2013年までの国境線
ここでは、ウクライナ領土の保全とその国境の変化についての資料を提示する。

経済成長率
ここでは、貿易、GDP、投資、その他のマクロ経済学的指標について考察する。

紛争
ここでは、紛争の程度、特に内戦の兆しや、その他の軍事的緊張についての資料を提示する。

（著者作成）

（tug of war）」という言葉を用いており、また「ロシア・トゥデイ」（RT、2014年3月11日号）紙も、ケリー国務長官の述べた「覇権争い（tug of war）」という言葉を実際に引用している。

　米国のメディア（Businessweek、2014年1月30日号）でもウクライナ危機については同じように報道しており、また、「ワシントン・ポスト」（Washington Post、2014年3月11日付）紙も同様に報道している。これ以外のメディアも多くの情報を発信しており、そのタイトルも危機の現状を的確に読者に伝えるものである。

　ヨーロッパ側もロシア側、すなわち東西両陣営も共に、「軍靴を履いて戦地で実際に闘う」というやり方を否定しているが、そういうやり方は第二次世界大戦まで当然の手段だったのである。それら二大経済圏が求めていることは、ウクライナの経済圏を自分たちの陣営に併合したいということである。今回の

ウクライナの経済圏をめぐる争いは、その双方にとって、ゼロ＝サム・ゲーム（取るか、取られるか）の争いのようにも思われる。

しかし、今回の研究調査の目的からして、このことが明確になっているとも思われない。一つ考えられることとして、短期的な視点から見て、ウクライナがロシア経済圏から抜け出すことは災いの元になると思われるし、また、ウクライナがEUとの合意を拒めば、これも同じく災難が降りかかってくることになるだろう。そこでウクライナの政治家たちは、両方の経済圏にとって最良となりうるだろう選択肢を選択するためにも、右往左往することになる。おそらくウクライナが東西陣営の覇権争いに巻き込まれたのも、その危機の原因として、同国が片方との経済協力関係を締結することを決定したことに起因するのだろう。

もはや、この状況において何も新しいことはない。最近の歴史において、どの場所においても、同じ主体が同じ役目を果たしているのである。モルドバの場合、同国政府の主流派はEUとの緊密な関係を求め、政府内の反対派はロシア主導のユーラシア連合との強固な関係を求めた（Dilema Veche、2013年8月号）。同様に、沿ドニエストル共和国、モルドバから独立した国は、EUよりもモスクワとの緊密な関係を望んでいた（EU observer、2011年12月4日付）。

アルメニアも同じような状況になっていて、やはりEUとの協定よりもロシアとの関係を求めた（BBC、2013年9月5日付）。これは、アルメニア大統領のサルグシャン氏がEUと二年以上にわたって交渉したのにもかかわらず、彼はロシアとの関係を結ぶことを決定したのである。以前、ユーゴスラビアの一部だった諸国は、西ヨーロッパ側との関係を選んだ。例えば、クロアチアはEUの28番目の加盟国になったし、セルビアとマケドニアもその後に続いた。

EU（European Union External Action Service 2014：2014年度欧州対外行動庁）の、「2014―2017年：東方における多国間パートナーシップのための政綱（Eastern Partnership Multilateral Platforms 2014 – 2017）」という表題が付けられている文書で、2009年までに遡るEUの政策要綱について解説されている。

それが詳細に記してあることは、EU はアルメニア、アゼルバイジャン、ベラルーシ、グルジア、モルドバ、ウクライナと緊密な協力関係を締結したいとのことである。

EU によると、その協力関係における主な目的とは、民主主義と健全な行政運営を推進させることである。エネルギー保全を強化させ、部門改革と環境保護を促進させ、民間交流を促進させ、経済的社会的な発展を支持し、社会的不平等を抑制させて安定性をもたらすことにある。これは間違いなく、EU が他の諸国に対して打ち出した政策要綱と相違点がない。その明らかな相違点とは、EU とすでに締結を結んだ諸国とは異なり、先のすべての国々が旧ソ連に属していたという点である。

また、モスクワの視点からすると、EU がロシアを取り囲もうとするように見えることである。事実、「ロサンゼルス・タイムズ」（LA Times、2014 年 4 月 3 日付）紙にはうってつけの記事があり、それはロシアの心理状態を描写している。つまり、EU の規模拡大とは、NATO も含めた西側陣営機関に東側諸国を組み込むための第一ステップとなるということである。それ故、ロシアはウクライナの西側との協力関係に神経を尖らせているのだというのである。

明らかに、それぞれの陣営が相手に対する恐怖心を持っている。西ヨーロッパ側は、ブルガリアがロシアとの緊密な関係を結び、ロシアのエネルギーが同国に輸送され、同盟国の一国となり、モスクワと近い関係になることを恐れている（Der Spiegel、2014 年 5 月号）。ブルガリア大統領のプレヴネリエフ氏には、「ロシアに対する厳しい姿勢」が求められている。しかし、現実問題として同国のエネルギーのうちの三分の一はロシアから供給されているということ、また、国内における大部分の社会主義者や親ロシア派の人々から強い反対意見を受けている。

勢力圏の問題というのは非常に複雑なものであり、これはウクライナを構成する民族だけでなく、その周辺国についても考慮しなくてはならない。ウクライナ国内においては、タタール民族、ロシア民族、のみならず、ポーランド民族も共に在住しており、同国の未来について不安に感じている。そういった民

族の人たちは、ウクライナが自分たちの望む将来の方向へ進まないと感じるのならば、自分たち自身が強迫的に行動を取らなくてはならないかもしれないとも考えている。

　例えば、あるメディアが報道したこととして、ジトーミル地方にいる人たちは総選挙を自分たちで行い、キエフからの自治区域の境界線を確保したのである（Voice of Russia、2014 年 4 月付）。ポーランド政府（2014 年 5 月）はキエフ暫定政権と協議したことで、ウクライナ人はポーランド政府からの要望を好意的に受け止めたようである。さらに考慮すべき重要なこととして、その他の少数民族も今後の成り行きについて懸念しているということである。

　イスラエルのメディア（Jewish Telegraphic Agency、2014 年 5 月 12 日付）によると、反ユダヤの暴動がキエフと東ウクライナの二カ所の都市部で勃発し、「誰かがシナゴークに放火しようとした」のである。その報道では、ユダヤ機関からの情報によると、2014 年の上四半期だけで 762 人ものウクライナ系ユダヤ人がイスラエルに移住したとのことである。それは四半期ごとに移民する人数が平均 500 人以上で、その増加率も 52％になる。

　ルーマニア当局は、ルーマニア民族への対応についてウクライナ政府と交渉を続けており、ルーマニア欧州政策研究センター（Romanian Center for European Policies）が発刊した調査報告書によると、ルーマニア少数民族が保護される必要性については、他のロシア系民族に対する保護の必要性と同等などではなく、むしろ、ウクライナにおける少数民族問題は「依然として一層の注意を払わなくてはならない」、と記している。

　ハンガリーの報道（Politics.hu、2014 年 3 月 10 日付）では、トランスカルパチアに住む 20 万人程度のハンガリー系民族の安全について懸念する情報が発信されている。ハンガリーにまつわる記念碑に対する冒瀆や、「ハンガリー人は、ウクライナ人の敵である」というヘイト・スピーチも含めた反ハンガリー運動にも、ハンガリー人は直面しているのである。別の時期に、ハンガリーの首相であるヴィクトル・オルバーンは同国の国会演説で、ウクライナ国内にいるハンガリー少数民族は、「二重国籍」を与えられるべきであり、その共同体と自治権を保障されるべきであると主張した。

同様に、2013年度スロバキア＝ウクライナの政府間における国家内少数民族（ナショナル・マイノリティ）に関する委員会の第12会期では、スロバキア共和国とウクライナの共同声明が発表された。そして、その最終的な条約とは、「スロバキアとウクライナの両国が頻繁に協議することで、両国内の国家内少数民族に対する教育的、文化的、情報上の要求に応じるように関心を寄せ続ける」と記されてある。言い換えれば、相当数の少数民族がウクライナ政府によって国民と同等の待遇を受けることになるのである。
　少数民族が抱いている心配事の多くは、ウクライナにおける少数民族の言語の地位に関するものと思われる。なぜならば、2012年に施行された法律（Law on the Principles of State Language policy、国民国家の言語に関する基本法）では、元来、そういった少数民族の言語は特別にその地位が認められていたが、2014年2月23日をもって無効とされたからである。なおかつ、現在の政府がどのような立場を取るのか、依然として不明瞭である。言い換えれば、少数民族に対する状況は苦悩に満ちているものであり、他国の政府もそういう状況に対して懸念しているのである。
　現在、事実上、ヨーロッパの至る所に数えきれないほどの少数民族が点在している。一国の政府が大陸のあちらこちらに在住する自国民に対して何も懸念することなく一元的に対処することは事実上、無意味である。

　現時点における不確実性は高いものではあるが、この政治的な関心事を見逃さないでいることも肝心である。おそらく、ウクライナの民主的に樹立された政府は、国際的に承認された一つの国家としてあり続けることを望むであろうし、多分、少数民族に対しても尊厳と敬意をもって扱うことを希望するであろう。
「キエフ・ポスト」（Kiev Post、2014年5月付）はすでにスウェーデンの外相であるカール・ビルト氏の陳述をすでに引用しており、彼は、ウクライナ国内で強制退去させられた人々、特にクリミアや東ウクライナからの困窮した難民を名指して、彼らのことを懸念していると述べていた。よって、ウクライナ

は、同国内部で発生した紛争の結果として、そのような難民が出てきたことに注意を払うべきなのである。

　大事なことを一つ言い残していたが、プーチン大統領はモスクワにて、タタール民族の長の人物と会談している。その会談にて大統領が発言したことは、1944年5月の国外追放は「非人道的な行為」であり、さらに述べたこととして、タタール民族は「スターリンの圧政が行われていた時期に、それ以外のことで」苦悩を経験してきたということであった。

　また、プーチン大統領は、「ロシアは、過去何十年もの間に蓄積されてきた問題のすべてを解決するように全力を尽くす」、との意思も伝えた。このことはトルコのメディア（2014年5月付）に報じられており、その論調も大方、好ましい感じで報道されていた。しかし、同じ事柄に対して、国連のレポートによると、「東ウクライナで人権侵害の問題が発生しており、クリミアでも深刻な問題が起きている」、と報告していたのである。

●シナリオ要因2──経済成長率

　この要因では、さらに四つの重要な構成要素がある。それらは、(1) GDPによって計測される経済成長率、(2) 貿易高、(3) 失業率、(4) 経済の安定性のことである。

　一国の国内総生産（GDP）による成長率は、万能な社会福祉度を示す指数ではない。なぜならば、国連のミレニアム開発計画の目的とは異なり、それ以外の重要な要素となる、犯罪率、女性の人権、国民1000人当たりの医師の数、浄水の利用度については、加味されていないからである。それでもやはり、GDPはその社会の幸福度を計る上で、最良のマクロ経済学的指標となる。

　GDPの内訳を見てみると、消費額、投資額、財政支出、貿易収支（＝輸出額－輸入額）に関する情報を見出すことができる。例えば、貯蓄と出費の比率は、注目すべき非常に重要な指標となる。ここで、国民が将来について不安を抱いているような状況を想定してみよう。これは、国民がすぐにでも消費したいと思っても、貯蓄が全くないような場合である。

　これと同じ状況とは、国民が高いインフレ率を予想するような場合である。

投資が重要になるのも、もしそれが実際に行われるのならば、民間部門がその投資された財源を短期的な売買に利用するのでなく、生産活動に運用することについての最高の指標になるからである。ウクライナ政府の財政支出は緊縮され、そうすることで最近の財政赤字を解消するか、緩和させることになるだろう。

　貿易高も今回の場合において重要なものであり、それはウクライナ経済がロシアに大きく依存しているからである。それ故に、両国間の成り行きについて注意を払うことは重要である。このことに付け加えて、ウクライナはより多くの米ドル（もしくはユーロや円）――強い通貨――を稼がなくてはならず、これは自国の通貨の価値が暴落しているからである。国際上での取引は通常、先に挙げたうちのどれかの通貨で決済が行われ、商品やサービスを輸出することは、同国の外貨準備をより保証してくれるものである。
　失業率も重要である。これが低いのであれば、社会的な安定への第一歩となるからである。失業率が高い時というのはいつでも、社会的動乱が起こる一歩手前の段階にまできているということである。ウクライナの場合、そのような社会的な抑圧によって状況がますます悪化することになり、それは望ましいことではない。

　最後に考えなくてはならないこととは、経済情勢がどれほど安定しているのかということである。確かに分かることは、IMF、さらにはロシア、EU、米国から迅速に融資を受けることを要求する国家にとって、現在の経済モデルでは財政を維持させられないということである。
　IMF の良い点とは、その財政援助に財政への助言も含まれるということである。すなわち IMF は、ウクライナが財政再建できるような戦略プログラムを提供するのである。仮に IMF の処方箋が緊縮政策の一つであったとしても、ウクライナがそれに従う限りにおいて融資をして、財政破綻という最悪の事態を避けるようにするだろう。
　2013 年末から 2014 年 4 月末の間の短期間においても、ウクライナの通貨の価値は 35％も下落しているのである！　これは極めて突発的で急激な貨幣価値の

暴落であり、ウクライナは通貨投機においてその脆弱さをさらけ出している。

　これは、アジア通貨危機における東南アジア諸国の場合と同様である。実際問題として、IMFが提言の一つとして、ウクライナは自国通貨の保護を止めることであり、柔軟性のある為替レート戦略を採用することであった。そうすることによって、市場の力によって、通貨価値が安定するよう操作されるというのである。

　もしエネルギー価格の設定に対する解決策が見出せないのであれば、財政事情はさらに悪化することになる。仮に、ヨーロッパがその年の夏季期間に入るのならば、暖房のためのガスはそれほど重要にならないだろう。それでも、エネルギーのための予算はウクライナだけでなく、他の地域においても重要な政策要綱である。ウクライナ政府がエネルギーの助成金を削除しようとするのならば、すぐさま、消費者である国民に多大なる影響を受けると感じられることだろう。

　また、経済的要因の関連性を考慮することも重要である。その理由は、もしエネルギーのための多額の予算を一番多く確保しなくてはならないとすると、他の商品の消費量が低下することになる。つまり、この急激な高いエネルギー・コストは税金と同じような役目を果たし、さらに、ウクライナ国民が他の商品やサービスを消費する力が低下することになる。

　また、ウクライナ経済に関して考えなくてはならない重要なことは、同国の経済力が強い立場に置かれていないということである。実際、IMF（2014年4月）の報告によると、ウクライナ経済は2012年中頃から景気後退の傾向にあるということだ。そればかりでなく、IMFが予測していることとしては2015年に中程度の成長率になり、2016年は4%程度の成長率となるまで、今年（2014年）の経済は5%ほど収縮するとのことだ。

　少なくとも、国民選挙のすぐ後の時期において、経済の崩壊そして財政破綻を国家の責務として回避することは、ウクライナの第一の政策にしなくてはならない。

●シナリオ要因３——2013年までの国境線

　このシナリオ要因は、経済発展において提示される豊富な情報として魅力的に見えるだけでなく、非常に重要なものである。この要因に関する概念は、ウクライナという国家が物理的に他国に統合されることを意味する。これは、この本の初めに紹介した「場」の概念に最も深く関連するものである。

　シナリオ要因の大部分は、主体、その行為、その行為に関連して起こる結末、もしくは結果についてである。勢力圏というシナリオ要因は、場という概念に関与するものであるが、国境線のように不明瞭な関わり方ではない。世界中どこにおいても、国境というのは神経質にならざるを得ない問題であり、ヨーロッパにおいてはなおさらである。

　「キエフ・ルーシ（Rus of Kiev）」、または公国というのは、しばしばロシア民族のアイデンティティーの誕生と関連する。今日、ウクライナと呼ばれる広大な土地は、過去にあった多くの特有な自治的集合体の一部であった。それに加えて、第一次世界大戦、第二次世界大戦によって、国家体制の物理的な性質も変質したのである。それ故に、国境線に関する議論はより一層複雑になったのである。

　すでに指摘したように、ウクライナ国内には少数民族が存在し、彼らはポーランド、ルーマニア、モルドバ、そして、もちろんロシアにも文化的な結び付きがある。ウクライナの少数民族は、現行のキエフ中央政権に対して絶妙なバランスをとりながら交渉し続けなくてはならない。それは、周辺国と深い対立が生じるようなやり方でなく、かつ、少数民族の権利を侵害するようなやり方も許されない。そうすることは不可能でないが、それでも実行するより言うほうが容易い。

　少数民族の権利が尊守されている一つの事例として——彼らの独自の文化や言語教育を提供することも点も踏まえて——は、フィンランドであろう。本書において、すでにスイスをモデルとして、連合型政策について言及している。スイスには二つではなく、四つの公用語がある。公用語が一つ以上あること

は、空想的な考えではなく、どこにでもある現実的な考え方である。

　歴史的な出来事によって、ヨーロッパの国境線が四回ほど変遷したことは刮目に値する。その事件とは、第二次世界大戦後、1975年のヘルシンキ宣言、1990年のドイツの東西統一、ブダペスト覚書である。国境線が引かれることに関して、第二次世界大戦後に引かれた線は妥当ではないのではないかと思われるかもしれない。なぜなら、それは戦勝国が都合の良いように線を引いたのである。ケーニヒスベルクの土地は、今となってはロシアのカリーニングラードの飛び領土になっており、また、ドイツとポーランド間（オーデル川、ダンツィヒ/グダニスクの土地）、それ以外の場所についても、ある日、再び議論の対象となることもありうるだろう。

　1975年のヘルシンキ宣言は、十戒、もしく十の要綱からなるもので、ここで紹介する価値はあるだろう。それらは、(1) 主権平等、(2) 武力不行使、(3) 国境の不可侵、(4) 領土保全、(5) 紛争の平和的解決、(6) 内政不干渉、(7) 人権尊重、(8) 民族自決、(9) 国家間の協調、(10) 国際法への順守である。

　10の要綱のうち、八つは国家安全保障を維持することに言及されている。これは、レオニード・ブレジネフ、後に旧ソ連の共産党書記長になった人物で、彼によって調印されたものである。それ故に、二つの重要な含蓄が込められている。

　それは、(1) この宣言は、ロシア・ソビエト連邦共和国とウクライナ・ソビエト社会主義共和国（共に法的根拠のある組織体として、今日のロシア連邦とウクライナ共和国の前身となる）、(2) レオニード・ブレジネフは、ニキータ・フルシチョフの後継者であるから、この文書が調印されたのは、フルシチョフがクリミア半島をウクライナに譲渡した「後」のことである。つまり、1975年の宣言に忠実であるためには、ウクライナの領土保全とは分離した地域だけでなくクリミアも国家の一部のままとなるだろう。

　1990年11月14日、ドイツとポーランドは、ドイツ・ポーランド国境条約に調印した。これは、オーデル川に沿って国境が新しく引かれたものである。

それに付け加えて、ドイツは、シレジア、東ブランデンブルク、ポペラニアの一部、東プロシアの一部の自治権を放棄したので、紛争が平和的に解決したのである。

本書において、国際法におけるウクライナの物理的な意味での領土保全を保障するための手段として、ブダペスト覚書の重要性についてはすでに述べている。再度繰り返すが、外国軍がウクライナ領域内に侵入し、クリミアがすぐさま併合されたというのは安全保障に関するブダペスト覚書に違反することになった 2014 年初頭の展開に注意を払うことが肝心である。

要するに、このシナリオ要因とは、2013 年までの国境と、東ウクライナにおいて独立した地域が出てきたことで新しく出来た国境との相違点について、検証するものである。

●シナリオ要因 4——情勢不安における紛争の可能性

この要因の目的は、暴動の広がり具合、社会秩序の乱れ、または、ウクライナでの他の情勢不安について可能な限り考察することである。何よりもまず重要なことは、対象となる地域の歴史的な流れを認識することである。

つまり、歴史上、ドイツ（一カ国であれ、東西二カ国であったとしても）、ポーランド、バルト諸国、ウクライナ、ロシアは紛争に巻き込まれてきた。先の二つの世界大戦によって、国境が押されたり引かれたりすることになったのである。それぞれの大戦後の平和な時期になって、ある少数民族が他の国に留まるようになり、その逆に、他の民族がその少数民族の祖国に移住したりしたのである。この本においては、ウクライナにおけるいくつかの少数民族の状況について、すでに詳述している。彼らの運命は、依然として不明である。

ヨーロッパ政策研究センター（2009 年）の発表によると、ロシアと EU 加盟国との間でいくつかの対立があったとされる。それは政治上や経済上の対立であった。例えば、ロシアは 2006 年に収穫されたポーランド産の農作物の輸入を禁じ、またロシアの戦闘機がカリーニングラードに着陸する必要があったのでフィンランドの領空を侵し、エストニアともいくつかの対立があった。こ

れらは、2005年の国境に関する条約をめぐっての対立であり、2006年のタリン解放者の記念碑の事件についてでもある。これは、2007年のトラック交通路の妨害を含めた事件も関係する。

2013年は、特にポーランド＝ロシアの二国間外交において複雑化した年であり、多くの確認された事件があった（Vox Europe、2013年11月13日付）。例えば、2013年11月には、ワルシャワにあるロシア大使館が襲撃された。また、欧州刑事警察機構のガス開発共同事業における管理チームを選ぶ際、ロシアの役割について対立があった。その上、ポーランド産の肉の輸入が禁じられ、ポーランドにおいてSM-3型のミサイル発射台が配置されそうになったのである。

ウクライナもロシアとの対立の火種を持っている。2005年に親西ヨーロッパ派の候補者が選挙で当選すると、両国間でガスの価格をめぐって対立が生じたのである。その結果、一時的にガスの輸入が差し止められた。2010年には、セバストポリ港の借地の再契約をめぐって衝突があった。これによって、クリミアにあるロシア海軍の基地が、ロシア当局の監視において2042年まで設置できるようになったのである。

最後に、二国間の対立についての記録は、1991年1月まで遡ることができる。それは、ロシア系民族が一般投票によって自治的なクリミア・ソビエト社会主義共和国を——ウクライナから独立させて——旧ソ連の中で設立したことである。このことは決して起こり得ないことで、それは同年、ウクライナ・ソビエト共和国がクリミア自治地区を指定したからである。

よって、その自治地区がウクライナ・ソビエト共和国から離脱することを効果的に抑止したはずである。後々になって、1995年3月に、ウクライナはクリミア国憲法を廃止した（Turkish Press、2014年3月8日付）。どのような出来事についても、注意すべき重要なこととして、2014年のクリミアにおける国民投票は歴史的前例となるもので、また、クリミアのロシア系民族とキエフの中央政権との間に相互不信が存在しているということである。

●ウクライナ危機のシナリオ１Ａ
——「現代西洋帝国主義権力」

　起こりうる未来の話として、プーチン大統領は世界に西側陣営におけるギャングは誰なのかを明確にしたのである。それは、「現代西洋帝国主義権力」のことである！　彼のそういう攻撃的な態度から、ウクライナの少数民族を擁護しようというロシアの優勢な状況を暗示している。コーカサス地方の人々は、そういうロシアに対して西側陣営が弱々しい反応を示していると見なしている。

　ロシアは、ブダペスト覚書を何事もなかったかのように破棄した。そこで、ロシア周辺の国々や独立国家共同体の国々はロシアに恐る恐る引き付けられることになった。これは、自分たちの領土をロシアに守ってもらい、属国になることを選んだのである。それは、「新しい支配運営」によるソ連の再来のようなものである。

　ところで、エドワード・スノーデンがプーチン大統領に、米国と西ヨーロッパの外交上の意見の食い違いの深刻さは、ロシア周辺国の首脳陣が認めている以上のものだ、という情報を漏らしている。また、彼がプーチン氏にリークした情報として、米国はこれ以外のヨーロッパ大陸における紛争に介入することをせず、関与しないままでいるということである。

　さらに、ロシアに対する経済制裁は裏目に出ることになった。これは、ロシアが貿易上の「東西の掛橋」的存在になったからである。まず、ロシアは中国を利用してアジア市場に入ってきた。そこから、ブラジル、インド、南アフリカとの経済関係を結び、さらなるBRICS諸国との関係が何重にも強化されることになったのである。

　ロシアは、制裁による経済的敗北を塗り替えただけでない。むしろ、弱体化した西ヨーロッパこそがロシアのエネルギー資源に高く依存しているのである。要するに、ロシアは自国の経済を強くする活路を見出したのである。こうしてロシアの名声が高まり、世界における強大国としての地位を再び取り戻し

たのである。

第1ブロック──勢力圏

　ウクライナは完全にロシアの勢力圏に飲み込まれることになる。ウクライナは外交関係を独立国家共同体や、他のBRICSの国々にまで拡大させる。また、ロシアの要望のもと、ブラジル、中国、南アフリカとウクライナとの貿易が頻繁に行われるようになる。ウクライナ国内の権力構造は弱体化し、脱中央集権化され、他の地域や州に対して強固な支配関係が取れていない独裁者によって構築されている。

第2ブロック──国境線

　このシナリオでは、ウクライナの国境線は尊重されず、クリミアがロシアに併合されるだけでなく、東ウクライナ地方、すなわちドネックやルハーシンクも併合される。ロシア系民族も国民の中で圧倒的多数派であるのにもかかわらず、独立主義者たちを抑圧することができず、地元の独裁者はそういった人たちからの圧力に耐えながらも共存することになる。ウクライナは、そのうちの大部分が自治的な地域の緩やかな連邦制をとる政治体制を敷いていることになる。キエフの中央政権は一人の独裁者によって支配されているが、キエフ当局はその統括する地域において道義的に権限があり、政治的意思や法令を下すのではない。

第3ブロック──経済成長率

　このシナリオでは、ウクライナはロシア通貨のルーブルに切り替え、同時に、その他のBRICSの国々の通貨を組み合わせて国際市場における決済を行うようになる。しかし、BRICSが最大限の努力をしても、ウクライナの貿易高が初めは安定して後、減少に転じる。

　これは、ウクライナがEUから距離をとるようになったからである。仮に貿易高が減少に転じ、EUとの関係が回復してきたとしても、貿易高の安定には時間がかかる。ウクライナは独自の為替相場を維持することになり、ロシアと

の強い関係によって、エネルギー価格が低いまま安定し、2015年において、ウクライナは1%から2%ほどの実質GDP成長率で緩やかな経済成長を見せるだろう。それでもやはり、EUとの脆弱な関係のツケを、ウクライナは支払わなくてはならない。ウクライナが責務不履行に陥ってから、IMFは融資を止めることになる。ウクライナ経済は2015年に回復する以前に破綻することになる。IMFの代わりにBRICSが融資をするようになるが、その融資額はIMFほど高くはない。

第4ブロック——紛争

　ロシアとの緊密な関係を取り、独裁制が弱体化されることによって、ウクライナはその西部において情勢が不安定になり、政治に失望した人々が武力行使をして反抗するようになるだろう。西部地域における強制退去させられた人々の数が徐々に増加し、ハンガリー、ルーマニア、モルドバ、ポーランド、スロバキアとの外交関係において、不満の種になるのである。これらの国々は、ウクライナの少数民族に対する待遇について次第に警戒心を強めることになる。したがって、「攻撃的な隣国」になるのである。

　すなわち、ウクライナ国内にいる少数民族に対して二重国籍を与え、そういった人々の自治権を認めるように要求し、ロシアの脅威に対抗するためにウクライナの内政に干渉しようとするのである。先のような「攻撃的な隣国」は、弱小でもそれなりに国力があるウクライナが、西側陣営へ影響力を拡大しようとするロシアに対して、緩衝材としての役割を果たすことを期待しているのである。

◉ウクライナ危機のシナリオ2A
——「わが道を高速道路で行く」

　このシナリオでは、強い権力を持つ独裁者が猛威を振るい、ウクライナの国家としてのアイデンティティーを強化することになる。このシナリオを私は、「わが道を高速道路で行く」と名付けてみた。

　ウクライナには強い独裁者、実際に有能な人物がいるために、ロシアのウク

ライナへの態度は徐々に緩やかなものになる。この独裁的な指導者は有能なビジネスパーソンでもあり、プーチン大統領に、「ロシア人、ベラルーシ人、ウクライナ人は同胞だ」、と思わせるほどの手腕を発揮する。この強力なリーダーはモスクワに対して友好的な態度を取るが、ウクライナの国益のために立ち上がりたいとも考えている。よって、ロシアと西側諸国からも、ヤヌコーヴィチ元大統領の時と同様に、交流を求められるのである。

　つまり、東西の覇権争いは振り出しに戻るのである。コーカサス地方や東ヨーロッパにあるその他の諸国は、独立国家共同体を実行可能な代替案と見なしており、また、そのことも検討している。ロシアに対する経済制裁はそれなりの影響があり、ロシアは米国の怒りをなだめたいと思っている。これに付け加えて、米国における大統領選が近づいていることで、同国内のエスタブリッシュメントも強気な態度を示している。ロシアのEUや米国との関係は、危機が起こる以前のレベルまでに回復しているが、貿易上で大きな損失があって緩やかな経済成長を見せている。

第1ブロック——勢力圏

　ウクライナは大方、ロシアの勢力圏に属しているが、EUからその勢力圏に入るように強く勧誘されている。強力な独裁権力は、抜け目のない政治家の手中にあり、EUから「特権的地位」を譲渡されるように働きかけることもできる。ウクライナはEUの東方パートナーシップに加盟しているが、一人前のメンバーとしてではない。また、ウクライナは依然として、独立国家共同体の一つでもある。

第2ブロック——国境線

　このシナリオでは、ウクライナの国境は尊重される。クリミアがウクライナに再び併合されるだけでなく、東ウクライナ地方も然りであるが、それはドネツク州やルハーンシク州だけに限定されない。キエフ政権は、各地域に存在する独裁権力をキエフに一極集中させる。そこで各地域の権力を利用することで、強力なキエフ中央集権政治体制を築いて全土を統一支配する。さらに、ウ

クライナという国のアイデンティティを強化しようとするのである。

ロシアはこの独裁者を同等なパートナーと見なしており、政治的駆け引きをすることを決めている。要するに、ウクライナはEUの正式な加盟国になることを求めていないが、NATOの参加国の一つになることを望んでいる。同国は、クリミアにロシア海軍基地が設置されることを恒久的に認めず、その意思表示として条約に調印することもないのである。その代わり、ロシアはブダペスト覚書と1975年のヘルシンキ宣言を守ることになる。ニキータ・フルシチョフが、クリミアをウクライナ領域内に留めるという彼の決定も尊重するのである。ロシア軍はクリミアから撤退し、1991年の国民投票によって制定されたときと同様に、クリミアはウクライナにおける自治地区として再編成するのである。

第3ブロック——経済成長率

このシナリオにおいて、ウクライナの通貨であるフリヴニャを維持したままであるが、変動為替相場制度によって取引を行っている。つまり、フリヴニャの価格が自由に変動できることになる。キエフは、ロシア側から同情の目で見られる。それ故に、両国の友好関係によって安定した平均的なエネルギー価格となる。

これは、ヤヌコーヴィチ元大統領が、ロシア海軍を2042年までクリミアに留めてもよいという、交換条件によってもたらされた経済的価値と同水準である。EUは強固な協力関係を要請する。ウクライナがEUとの新しい条約のもとで恩恵を受けることにより、総貿易高が上昇し、ウクライナ通貨が強くなる。これにより、EUとロシアの覇権争いが生じ、財政上の責務が解消して財政破綻も起こらない。事実、ウクライナは2014年に景気が収縮したが、2015年において、2%から2.5%の範囲で経済成長が見られることになる。

第4ブロック——紛争

東西陣営の影響によって、キエフに強固な中央集権政治体制が生じたならば、当局は国内全土にその権力を振りかざすことができるようになるだろう。

各地域の独裁者たちと協力して、独立運動を封じるであろう。その結果、東部における社会情勢が不安定になり、ロシアは、「キエフは過剰ともいえる武力行使をしている」、という散発的で、反発的な態度を示すことになる。それでも、ウクライナ軍の動きによって、同国におけるキエフの中央集権体制は事実上、その権力を回復させることになる。

　ロシアは、「対等」と思われる人物に危害を加えることよりも、キエフにいる剛腕な人物と付き合うほうが良いと考えている。ウクライナの国境周辺国は、「良い隣国」としての振る舞いを示している。すなわち、ウクライナは国家言語政策の原則（Principles of State Language Policy、2012年）を復活させ、EUのガイドラインに一貫して従っている、とその周辺国は判断している。よって、少数民族の権利のためにキエフ当局にさらに圧力をかける必要もなくなるのである。

●ウクライナ危機のシナリオ 3A ——「どうぞ、わが道を高速道路で行かせて下さい」

　このシナリオでは、強力な独裁制が武力行使だけでなく、民主主義的な理想に向けての強固な公約を通して、その権力が振るわれることになる。したがって、ウクライナの国家的なアイデンティティーと信用が国際社会において強化されることになる。この場合も、「わが道を高速道路で行かせて下さい」ということになるが、これには「どうぞ」が付加されている。

　このことが意味するのは、四つのすべての主体（ウクライナ、ロシア、EU、米国）が強い立場にあるということである。ウクライナの政治指導者は、すべての政党に支持されていて、規制改革を行うが、現実主義者であり、必要に応じて実行することを恐れない。その指導者は、東西陣営に対して建設的なやり方で従事する。悲しいかな、モスクワはその人物のことをパートナーとして十分に務まるとは考えていない。

　ブリュッセルもその人物がヨーロッパ陣営に十分に従事しているとは考えていない。オバマ大統領とケリー国務長官は、その人物と付き合うことができると考えている。数回程度の外交上の交流にもかかわらず、米国はウクライナに

物資を提供し、IMFに圧力をかけることで融資をさせようとする。東西陣営における覇権争いは再開されることになる。しかし、今回においては、ウクライナの指導者は控えめに見積もっても、よりリベラルである。

第1ブロック——勢力圏

　ウクライナは大方、EUの勢力に組み込まれているが、ロシアにその陣営に加わるように要請されている。強固な独裁権力が抜け目のない政治家にあり、また、EUから「特権的地位」を譲渡されるように働きかけることもできる。よって、ウクライナは東方パートナーシップに加盟しているが、正式なメンバーでもない。依然として、独立国家共同体の加盟国でもある。

　このシナリオにおいて、経済援助と引き換えにEUはウクライナに対して、日時の進行がはっきりとしたプログラム計画書に忠実に従うようにさせる。そのような政策を取るようにさせ、さらには、そのための規則と条件もウクライナと交渉するのである。ウクライナが独立国家共同体に加盟し続けているのも経済的な理由からであるのは明らかであるが、EUの東方パートナーシップ・プログラムに参加することは、同国の市民にとってより良い将来になるとも思われる。

第2ブロック——国境線

　このシナリオにおいて、ウクライナの国境は尊重されない。現実として、ロシア軍人のブーツが、ウクライナの土地を踏みつけることになる。事実上、クリミアは分離することになる。それでも、西側陣営と新ウクライナ政府との関係を正常化するために、ロシアはクリミアの併合を公認したことを発表しなくてはならない。そうすることの代償は高くつくことになるだろう。ロシアはクリミア半島と、そこのどうしても手放したくない水利権を堅持することであろう。しかし、そうすることでロシアは、国際社会から継続的に疎外されることになる。ウクライナは連邦制で、強固な形態の政治体制が妥当と考えている。むしろ、同国はウクライナの国益のために戦い、武力とプロパガンダを用いても権力を行使する。

第3ブロック──経済成長率

　このシナリオでは、ウクライナは依然としてフリヴニャを通貨として活用しているが、変動為替相場制度において取引されている。つまり、フリヴニャはその価値が自由に変動するのである。キエフの指導者はモスクワの目から見て現実的に考える人物のように思われ、独立国家共同体に十分に従事するわけでもない。クリミアの併合が認可されるのを保障するために頻繁に押し問答が行われる。故に、このことが高いエネルギー価格設定に結び付くのである。貿易は行き詰まることになり、これはキエフの現実的な態度から西側陣営では「貿易停滞戦略」などと揶揄される。

　ところが、東西陣営は、もし一方の陣営が優勢になった場合、ウクライナ国内で強大な商業的存在感を示す必要があると認識している。ついには、ウクライナの、独立国家共同体とEUに対する貿易も活発になっていくだろうが、それはあくまでも2015年か、2016年までのことである。高いエネルギー価格や難しい貿易状況であるのにもかかわらず、安定したビジネス環境によってウクライナへ外国の直接投資が還流してくることになる。米国の継続的な援助と、IMFからの援助も手伝って、ウクライナは経済破綻をすることがないと推測される。つまり、ウクライナのデフォルトはないであろう。

第4ブロック──対立

　新しい政治指導者は、現実主義的で、実践的で、異議に対して時には武力で、時には外交的手段を用いて対処する。確かにクリミアは分離することになる。しかし、中央政府は、他の地域の独裁者と協力して東部における独立運動者たちを抑圧し、彼らを「テロリスト」扱いするのである。キエフの中央政府は短気であり、非常に独裁的である。その政府は、まず行動第一で、許しは後で請うような性格である。キエフの中央政府は地方の法律までも制定し、これによって少数民族の人々が激怒して、助けを求めて近隣の国々に逃亡することになる。

　このことによって、「攻撃的な隣国」が生じる状態になり、それは、ハンガ

リー、ルーマニア、モルドバ、スロバキア、ポーランドがウクライナの少数民族に二重国籍を認めることになるのである。ロシアもまた、ウクライナ東部にいるロシア系少数民族の扱いについて、過剰な武力行使を用いていると不満をこぼすことになる。ところが、ロシアは常にアメリカからの圧力がかけられており、「テロ支援国家」と指差しされている。

●ウクライナ危機のシナリオ4A ——「ポロネーズ」

　このシナリオでは、弱体化した一国の独裁者がその権力を振るったとしても、武力行使をするまでの力はもはやない。つまり、その独裁者は他の地域の独裁者たちや地元の利益集団の意向に屈することになる。要するに、中央政府における意思決定において、地元の独裁者たちや少数民族のほうが力があるのである。

　この場合の「ポロネーズ（Polonaise）」という言葉は、ポーランド生まれの作曲家、フレデリック・ショパンにちなんで名付けられた。すなわち、歌の旋律が西洋とロシアの舞踊に従って作曲されているのである。多大なる経済制裁の抑圧の中、ロシアはそれに屈するのである。

　ルーブルは、米ドル、ユーロ、円に対してその価値を落とすことになる。ロシアは、武力行使と隣国に対する排斥政策を通じて、旧ソ連の再来という帝国としての圧倒的な存在感を示すのである。他のBRICSの国々は、ロシアがそういった国々を利用することで西側陣営と対立しようとしていることに気付き、そこで、米国やEUと協力関係を結んだ方が利益になると考えるようになる。そうすることで、ロシアは国際社会で孤立するというのである。

　米国はブダペスト覚書を十分に尊重するとし、またロシアにもそうするように強いる。米国は、ミサイルや防衛設備をポーランドやバルト諸国内に移動させることで、そこでのロシアの軍備に対抗する。他の国々もロシアの動きを注視し、経済協力関係と、このような「いじめっ子」から守られるように西側陣営に助けを求めることになる。

第1ブロック――勢力圏

　ウクライナは、完全にEUの勢力圏に入ることになる。同国は東方パートナーシップの正式加盟国になり、続いてEUにも加盟し、できるだけ早くロシアの侵略に対応できるようにNATOに加盟することも交渉することになる。ウクライナは、独立国家共同体から離脱するだけでなく、ベラルーシやグルジアにも同じように東方パートナーシップにできるだけ早く加盟するように働きかけた経過がある。

　要するに、ウクライナは西側陣営のエージェントの役割を果たしたのである。政治的指導力は弱く、権力がある独裁者といっても傀儡にすぎない。その独裁者が支配できるのも、地方の独裁者との浅い関係や人脈によるものである。中央政府は、ただ利益集団に従うだけのイエスマン、力のない組織として扱われている。

第2ブロック――国境線

　このシナリオでは、ウクライナの国境は尊重されていない。現実には、ロシア軍人のブーツが、ウクライナの土地に踏み入られることになる。クリミアは事実上、分離する。ロシアは、ドネツクやルハーンシクといった州をロシア連邦に併合したいと考えている。しかし、キエフに擁護され、西側陣営に資金援助を受けている地元の独裁者たちは、東部における独立主義者らに反対している。こうして、その地域は「厄介な問題」となる。

　ロシアは、その地域に他の少数民族がいることで、本当はその地域を欲しいわけではない。ウクライナは、その地域を分離するだけの財力もないが、モスクワから資金援助を受けている地元の部族軍長らに対応しなくてはならない。脆弱な連邦制というのは、西部の州が西側陣営になびいており、東部の州がロシアになびいており、そのほかの州が不安定な状態になっているのである――事実上、地元の独裁者らがその場を何とかしのいでいるのである。

ブロック3――経済成長率

　このシナリオでは、ウクライナは依然としてフリヴニャを通貨として活用し

ているが、変動為替相場制度によって取引されている。つまり、フリヴニャはその貨幣価値が変動するのである。ウクライナはIMFからの提言のすべてを受け入れ、その要求を満たすように忠実に実行するのである。

　この独裁者は、ロシアから友人と見なされていないので、ウクライナは、かつてないほどの最高値のエネルギーを輸入しなくてはならない。またウクライナは、他の独立国家共同体の国々から追放される憂き目に遭う。この場合、ロシアとベラルーシは、ウクライナからの輸出の割合が大きく占めているので、両国の経済はその関係性から2015年まで不況が続くであろう。

　ウクライナの2016年の実質GDP成長率は、1%から2%の範囲の成長率となる。自国の努力と西側陣営からの援助があったのにもかかわらず、ウクライナはIMFへの財政上の責務を果たすことができず、責務不履行から経済破綻をすることになる。独立国家共同体との関係がなくなったことで、貿易高はまず急激に減少する。しかし、EUの国々とウクライナとの関係が深まり、同国が財政破綻をしているのにもかかわらず、米国がIMFに圧力をかけ続けることで、貿易高も安定して再び上昇することになる。

ブロック４――紛争

　新しい政治指導者は実践的な考えをするが、脆さがある。実際、その指導者は一人で国を統治することができない。議会では大声でなじられる目に遭う。ウクライナ最高議会であるヴェルホーヴナ・ラーダは、権力の均衡をとり、議長には強い権限がある。よって、同国には一つではなく、二つの権力中枢があることになる。キエフの中央政権は独自の権力を振るうことができず、ウクライナの保全を維持するにしても、地元の独裁者に彼らの利権のために動いてもらうように頼らざるを得ない。キエフは、西部の少数民族をなだめるようなことをするが、東部のロシア系民族に対しては強硬な態度に出る。

　この場合、隣国とはハイブリッド関係を結ぶことになる。西側の隣国に対しては、「良い隣国」として振る舞い、東側の隣国に対しては「悪い隣国」として振る舞うのである。言い換えれば、ウクライナの西側の隣国は、少数民族に二重国籍を与え、彼らの自治権をさらに要求することは、キエフの中央政権を

弱体化させることになることを認識している。

　逆に、ロシアが東部のロシア系少数民族に積極的に資金を援助するような場合、そういった西側の隣国は要求を撤回するのである。ウクライナの中央政権が独立運動家たちを制圧しようとするならば、東部における情勢が不安定になるだろう。それによって、ルーマニア、スロバキア、ポーランドへ立ち退かされた多くの人々が流動することになり、それだけでなく、ベラルーシやロシアも多くのロシア系民族の難民を受け入れることになる。

第5ブロックとして——その他のシナリオ

　これまでのところ、本書では、四つのシナリオにおける話の流れを紹介してきた。つまり、どのように状況が展開されていくのか、また、将来どの方向に国が進んでいくのかについて、いくつかの代わりとなる未来を考えていくのである。また、注意しなくてはならないことは、シナリオにおける二つの要因には、さらにそのバリエーションがありうるということである。それらは歴史の流れを実際に変えることができるほど、極めて重要なものである。

　それは、リーダーシップのスタイルと行政システムのことである。リーダーシップのスタイルが重要であるのも、強い意志を持つ指導者は国家を一つに団結させることができるからである。逆に、自分の意志が弱い指導者に対して誰もその人物のことを尊敬せず、その指導者は国家を滅茶苦茶にしてしまい、他の為政者らがその国家指導者のことを、どの程度ごまかすことができるのかを常々探っているのである。

　このシナリオにおいて、行政システム——連邦共和制のこと——も重要である。このシステムがうまく機能していれば、その政治制度を通して、ウクライナはあらゆる少数民族を尊重し、民主的な価値観を真に保持していることを世界にアピールすることができるからである。逆に脆弱な連邦制だと、地方における独裁者や特定の営利集団の手によって翻弄されることになる。

　そういった二つの要因における脆さによって、別の二つのシナリオが生じることになる。それは、国を破滅な方向に向かわせるような強烈な政治的意思をもった集団によってクーデターが起きるという不幸な事件である。一つの状況に

おいては、重大な事件を引き起こす出来事を知ることになるだろう。もう一つの状況においては、好ましくない事柄がお互いに連動して展開していくのである。

万事において、部分の総和は、一つのパイよりも大きくなるものである。その一つの話として、オーストリアのフランツ・フェルディナント皇太子夫妻が暗殺されたサラエボ事件のように展開していき、もう一つは、昔の古傷で、まだ解決していない事件によって、より陰惨なシナリオが展開されることになる。では、それぞれについて検証してみよう。

●ウクライナ危機のシナリオ1B
──「現代西洋帝国主義権力」

別のシナリオにおいては、プーチン大統領がすでに西洋陣営に対して、ロシアはウクライナまでその勢力圏を広げることを表明している。実際には、ウクライナはすでにロシアの勢力圏に取り込まれているが、重大な出来事を引き起こす出来事によって、そのシナリオの話の流れも変わっていくことになる。

結局のところ、新しく選出された大統領が東ウクライナへ旅立ち、自国の団結を示すことになり、その旅は大成功を収めることになる──一人の暗殺者が大統領をその場で射殺するまでは……。

犯人は、狂信的な少数民族の人間で、復讐の機会を狙っていたか、もしくは、政権奪取を狙っている独裁的為政者からの資金を目当てで犯行に及んだ。犯人は、警備員がその場で彼を射殺するまで、よく知られた人物ではなかった。つまり、ケネディー大統領暗殺に及んだリー・ハーヴェイ・オズワルドのウクライナ版のような人物と判明するのである。

こうしてウクライナは、ヴェルホーヴナ・ラーダの議長、副大統領、地方の独裁者たちの間で権力抗争の渦に飲み込まれることになる。その他の政治的な関係者たちは弱みがあるので、自分たちに権威付けをし、援助をしてくれる独裁者を見つけてすり寄ることになる。これは少数民族、中央政府、誰かに権力を持たせようとする外国のエージェントとの間における、ほとんど戦争のようなものである。

このことから派生した話として、ロシア外相であるセルゲイ・ラヴロフ氏がキエフに行き、状況を丸く収めようと、モスクワと独立国家共同体がウクライナに援助する意思があることを告げて安心させようとする。しかし、ロシアが同国を乗っ取ったことの「報復」として、地元の独裁者に雇われた殺し屋によって、ラヴロフ氏は狙撃されるのである。混沌とした状況の中で、ロシア系少数民族の一部は、モスクワがこの状況を抑圧するために直接介入して、事態がさらに悪化しないように要請するのである。

この暗殺事件ですでに激怒したロシアの敵意に恐れをなして、弱々しい権力しかないウクライナ大統領は、ロシア軍はクリミアを越えたところまで駐在することに合意するのである。ロシア軍が非ロシア支配の領土まで介入してきたことで、そこにいる少数民族は助けを求め、ポーランド、ルーマニア、クリミアをはじめとする、すべてのEU加盟国と、NATOがそういった少数民族を救助しに来るのである。

要するに、弱体化した独裁制、弱体化した政府、ならびに重大な事件を引き起こす出来事の組み合わせによって、収拾のつかない状況になるのである。東西地域にいる少数民族は、独立するための投票を行うことになる。中央政府に強い権限がないがために、新しい統一政府が誕生する以前に、ウクライナはいくつもの地域に分断されることになるのである。このシナリオでは、新生ウクライナが誕生することになるが、それでも、それは混沌と紛争によって、または、いくつかの地域が独立することによって、はるかに弱体化した形で出現するのである。

●ウクライナ危機のシナリオ4B ——「ポロネーズではなく、マヨネーズ」

また別のシナリオとして、NATOの正式加盟国になる足掛かりとして、ウクライナの未来はEUの中にあるということである。ロシアはすでに国際的地位をなくしており、経済制裁によって同国の経済も破滅的状態になっている。しかし、ロシアという熊は、まだ生きているのである。こうした状況において、国際社会から多大なる憤慨がロシアに寄せられている。そこでロシアは、自国

のエネルギー資源を利用して EU との譲歩に踏みきるか、もしくは小国を威圧するくらいしか道はない。

　至る所に昔の古傷がある。例えば、第二次世界大戦後にポーランドの一部が失われてウクライナに併合されたし、フィンランドの一部はカレリアが失われてロシアに併合されたし、バルト諸国は常にロシアにいじめられている。そこで EU の戦略家たちは、ロシアに大きな一撃を食らわすのに、これは絶好のチャンスと見ている。これはとても大きな一撃であるから、今後、他の諸国が東方パートナーシップに加盟する上で、ロシアがもう障害にならないだろうとも考えている。

　このシナリオでは、弱い権限を持つ独裁者が地方の独裁者に協力を求め、EU からの物的支援も受けている。そこで、彼らは、政府機関を支配してウクライナから独立しようと企んでいる反対勢力を追放する時期だと決めている。
　彼らは東部ウクライナに侵攻することで、武力行使をしてでも反対勢力を追放しようとするだろう。ロシア系少数民族はモスクワに助けを求めることになるが、ロシアはこれ以上失うものはないので、援助を送ることになる。ロシア系民族は、ロシアから物的援助を受けることで、その地域の独裁者や中央政府からの軍から防衛できるだけなく、攻撃に転ずることも可能になる。各都市で勝ったり負けたりしていく中で、人権が無視されるような状況が至る所ではびこっていることが明らかになる。
　それが原因で、ウクライナ内外の多くの人々が隣国へ亡命することになる。ヨーロッパ諸国は、十分な経済成長がないために疲弊し、また経済的に困窮した難民の受け入れに失敗していることから、ウクライナ国内だけでこの問題を解決するように援助することを決め、ロシアも同様なことをする。地元の指導者や独裁者たちが加担することで、ウクライナはさらに混沌とした状況に陥る。弱い権限しかない独裁者に忠誠心などないのだから、中央政府やウクライナ軍からして、誰が敵なのか見分けがつかないだろう。混乱した情勢の中で、右だろうが左だろうが、少数民族は殺されることになる。

不安な状況の中、少数民族の中で最大規模の集団の一つであるポーランド系は（これは、それ以外の民族についても同じである。他の民族も他のシナリオのために選んでみてほしい）は、ワルシャワに助けを求めることになる。ポーランドは、その国境付近の町に軍の小部隊を送るが、ロシア系民族軍によって追い返されることになる。そこで、ワルシャワはさらに小部隊を送る。ポーランド部隊と民族軍との交戦中、その民族軍の中には、戦場を見ているだけの単なる「傍観者」として振る舞っている通常のロシア軍人もいる。

　ロシアは、さらに軍を派遣して強化するが、ポーランドは多くの死傷者が出ることになる。この状況に拍車がかかることで、ポーランド政府は自国の部隊がロシア軍から攻撃を受けていることを確認し、集団的自衛権第5条からNATOにこの状況に介入してもらうように要請する。ところが、ウクライナ国内のポーランド兵も攻撃をしているので、米国は原子力発電所があるところに自国の軍を送りたいとは思わない。その代わりに、米国は援助物資を送ることを選ぶのである。

　ウクライナ国内で内乱が起こり、モスクワから援助を受けているロシア軍は、独裁者たち、中央政府軍、ポーランド軍という複数の前線で戦うことになる。要するに、これは勢力圏間の代理戦争というものであり、ウクライナは「分割統治」されるのである。これは時期が来れば、内乱が生じるようになるのである。米国はロシアを攻撃したくはないが、ポーランドにミサイルを輸送し、バルト諸国とフィンランドにも補強することで、ロシアの侵攻を抑止するのである。この状況がさらに複雑になることで、カリーニングラードの人々は自分たちの土地がもともとケーニヒスベルクであったことを思い出すのである。ロシアが分断することを恐れてか、彼らは国民投票によってドイツに再び併合されることを選ぶのである。

　ロシアは、第二次世界大戦後に締結された条約である、1975年のヘルシンキ宣言、1994年のブダペスト覚書を尊重しないので、フランス、英国、イタリアは、ドイツがケーニヒスベルクを統合することを支持するのである。また、冷戦が始まるのである。

●物語の「道標」が適切かどうか判断する

今までのところ、シナリオ・プランニングの理論とそのプロセスについて考察してきた。起こりうる未来を実際に築くためには、実際に物語のプロセスに命を吹き込むのである——それには、舞台、役者、そして物語が必要となる。それらは、場所、主体、そして策略にもなる。しかし、それらは良いシナリオのための必要条件にすぎず、物語を展開するのに、十分な情報が含まれているわけではない。

物語がスムーズに進むためにも、その物語の中でいくつかの節目を見つけなくてはならない。その節目とは、道路上の「道標」になるのである。仮にどの道標が適切なものかを判断できるのならば、車を運転している人は、道中、次の目的地がどこなのかがよく分かる。

このような道標のような機能をする物語の節目は、物語の展開に関する情報を伝達するためにも、非常に重要な役割を果たしているのである。また、さらに注意を払うのであれば、どのような未来が起こりうるのかについて、確率論を展開し始めることもできるのである。言い換えると、物語を考える限り、物語という道路の標識を付け加えることで、将来起こりそうなことを予測しやすくなるのである。ここに、注目すべき話の道標を列挙しておく。

第 1 ブロック道標──勢力圏

このブロックでは、その国が将来進む方向と、リーダーシップのスタイルについて示す指針のどのような情報も収集しなくてはならない。どの情報をよく注意して見るかが必要である。

- 大統領、ヴェルホーヴナ・ラーダ、国家機関のウェブサイト
 ウクライナにおけるニュース、キエフ・ポスト（Kiev Post）
- ロシアのメディアの論調：RIANovosti, Pravda, St. Petersburg Times, Moscow Times, Interfax。それらは批判的か、それとも友好的な論調か？
- 西側陣営のメディアの論調：BBC, DW-World, Die Spiegel, Le Monde, the

Guardian, Die Presse, Frankfurter Allgemeine Zeitung。それらは批判的か、それとも友好的な論調か？
- 国別、世界的リーダーたちの論調：大統領、首相
- 国際機関の論調：国連、世界銀行、IMF

第2ブロックの道標──2013年までの国境線
- ウクライナから独立することを暗示する、どのような新しい国民投票または選挙
- 国際裁判所での手続き
- 公式声明、覚書、外交上における公式な抗議
- クリミア合併について、ウクライナが承認するか、否認するか
- ヴェルホーヴナ・ラーダにおける、政治システムを変革するというなんらかの意思表示

第3ブロックの道標──経済成長率
- 世界銀行、IMF、国際開発銀行、ヨーロッパ中央銀行、米国連邦準備制度、ウクライナ統計局。実質GDP、失業率、インフレ、貿易状況の各種レポート
- エネルギー価格についての、ウクライナのニュース
- ウクライナ国立銀行から為替相場制度の変化、IMFの財政再建リポート、および財政の健全度指標、財務省から発表されるマクロ経済に関するあらゆる資料

第4ブロックの道標──紛争
- 難民救済、アムネスティ・インターナショナルに関する国連高等委員会
- ポーランド、ハンガリー、ルーマニア、モルドバ、スロバキア、ロシアからの公式な抗議、または人権侵害に関する申し立て
- 世界ユダヤ人会議によって、もしくは宗教的な迫害を申し立てているトルコによって編纂された報告書

- メディアにおける外国人排斥、民族排斥、脅迫、冒涜についての報告書
- 独立した第三的立場にある、国際的な監視機関からの報告書

●どのようにして「道標」を解釈し、編集するか

　思い出していただきたいのは、道標というのは、道路上でよく見かける走行距離を示すものであるということ。それ故、そういった道標は進行方向を示している。もし運転手が進行を知れば、その先のことを予測することができる。ウクライナ国立銀行のホームページの初めのページをよく見ていただきたい（http://bank.gov.ua/control/en/）。毎週、そのページにて三つの最新情報が発表される。

- 「ウクライナの代表団が、ポーランド＝ウクライナ商工会議所の上級管理チームと会議を開いた」
- 「ウクライナ国立銀行議長のステファン・クビヴ（Stepan Kubiv）氏：ポーランドの資産家たちやその他の投資家たちがウクライナの市場操作に関与していることを確認した」
- 「欧州投資銀行は、ウクライナの金融支援を二倍に引き上げている」

　これら、同時に実際に発表された三事項は、EUからの財政支援と、キエフの中央政権からのエージェントとの会議で決定した財政支援の額が増加したことによる。この三つのそれぞれの報道内容からして、ウクライナにおけるEUの存在感が高まったことが要約される。この情報は、第一ブロック（勢力圏）と第二ブロック（経済成長率）に属するものである。これらは組み合わせることで、この二つの情報から、ウクライナが西側陣営により傾倒する二つのシナリオを作り出すことができる。
　また、ウクライナがロシアにそれほど傾倒しないであろう二つのシナリオを作ることもできるのである。これは実際の資料であり、「西側陣営になびく」というブロックに三ツ星が付けられ、「ロシアになびく」というブロックには何も付かないことになる。これは程度の差こそはあれ、点取りゲームのような

ものである。仮に片方のチームが点を取ることができないのであれば、それはウクライナがそのチームよりも多くの経済支援をするほうに傾倒していくことを示している。

●ウクライナ危機における提言

　ここは、シナリオ・プランニングにおける最も重要な段階である。それはステップ5に相当し、価値を付加することである。このシナリオにおいて、各々の重要な主体（国、人物）が検証された。そして、特定の実行可能な、そして時期にふさわしい提言をここで述べたい。その主体がここでの提言に従う度に、好ましい結果が生じる可能性が高くなり、割に合うものである。

　ここでの提言は、個別に与えられるものである。つまり、それは特定の主体にとって意味があるものであり、その主体だけに向けられた内容である。例えば、ウクライナに対する一連の提言は、ウクライナの国益を最大限にするためのものであって、ロシアやEUのためではない。同じような考え方で、ウクライナ人はウクライナにとって最良なことをするのである。他の主体も同じように振る舞うのである。経済学では、「得をしない立場の人」がいることはあり得ないのである。

ウクライナへの提言

　大統領を選出した後にすべての独裁的為政者たちを集結させ、団結させるのである。ヴェルホーヴナ・ラーダの議長は、大統領と全面的な協力者とならなくてはならない。意見の対立は国内だけで解決するようにすべきで、外国からのエージェントの前では国が団結しているように見せなくてはならない。

　リーダーシップのスタイルは、断行的で、実践的に振る舞わなくてはならないが、その脆さを見せることは許されない。ウクライナはロシアを転覆させるだけの力もないし、独立国家共同体との貿易高でも負けるわけにはいかないし、東方パートナーシップに加盟するだけ力もない。

　ウクライナは、EUの政策から得することができるように、その「特権的な地位」をEUから勝ち取らなくてはならない。それと同時に、独立国家共同体

との関係も維持していかなくてはならないのである。ウクライナの政治指導者はできるだけ早くロシアとの関係を回復させるようにし、「ウクライナはロシアと相互的利益を追求するような関係を持ちたい」と請け合う必要がある。

しかし、ウクライナはクリミアの国民投票の有効性を承認するべきではない。その代わりに、国際裁判所で法的手続きを取るのである。そして、国連安全保障委員会に直訴して解決策を求め、この問題を解決するように求めるのである。

ウクライナは、大きな貿易相手となるその他のBRICSの国々との強い経済関係を締結できるようにする必要もある。ウクライナは、将来、自国の貿易高を増加するためにも、最大の貿易上の利益をもたらしてくれる国々と二国間貿易協定を締結するべきである。

例えば、スペイン、イタリア、イスラエル、グルジア、ハンガリー、イラク、イラン、ヨルダン、アラブ首長国連邦、トルコ、サウジアラビア、エジプト、ケニア、リビア、モロッコ、ナイジェリア、ベネズエラである。ウクライナはまた、フランス、ドイツ、英国、米国とも貿易高を増加させる必要がある。

ロシアへの提言

ロシアは、ウクライナに多くの人々を送り込まなくてはならない。それは軍人ではなく、ビジネス戦士たちである。例えば、銀行家、金融専門家、商工会議所の代表者である。ロシアのするべき目標は、ウクライナに対してロシアとの関係はメリットがあることを示すことである。

そこでロシアは、ウクライナとの間に強固な商業文化的な関係を築くべきである。ロシアは、他の独立国家共同体やBRICS諸国に接近し、ウクライナへの商業関係を築くように呼びかけることである。ロシアはBRICSが創設した開発銀行におけるその立場を利用して、ウクライナの負債処理を救済するようにするべきである。

ロシアは、同国のドゥーマ下院のメンバーをウクライナに送り込んで、ヴェルホーヴナ・ラーダ、最高議会のメンバーと状況を分かち合えるように会談を

取り計らうべきである。そこで、ウクライナの大統領選を合憲性のあるものと承認し、大統領をモスクワに招待するべきである。ロシアはセルゲイ・ラヴロフ外相を派遣して、キエフ中央政府と交渉させて信用を勝ち取らせることである。

また、経済制裁を終わらせるためにも、米国や EU との対立を緩和する策を見出す必要がある。ロシアは、最大のエネルギー消費国で大きな貿易相手国でもあるドイツとの間の緊張を緩和させ、自由に行き来できるようにするべきである。

ロシアは、クリミアでの国民投票を何らかの形で承認するようにキエフの中央政権と交渉する必要もある。そして、ロシアは、「東へ（Go East）」および「南へ（Go South）」という政策を続行させる必要がある——すなわち、他の BRICS 諸国との貿易関係を強化するべきである。最後に、ロシアは日本とより緊密な関係を持つべきである。日本は、ロシアの石油や天然ガスのより重要な市場になりうるからである。

BRICS（ロシアは除く）への提言

ロシアを除く BRICS は、ロシアとの協力関係を強化するべきである。BRICS 諸国が、関係国のうちで貿易関係を強化することは良いチャンスである。BRICS 諸国は、BRICS 開発銀行の創設を促進させ、それによって貿易活動を活発にするべきである。BRICS 諸国はロシアに接近し、米国や EU との対立関係を収拾するように諭すべきである。

結局、米国も EU も大きな貿易相手だからである。米国と EU と対立することは貿易上のメリットがなく、また、対立を緩和させることに成功すればそのメリットも大きい。BRICS の開発目標に向けて、BRICS 諸国は世界最大の経済力である米国との経済関係を強化するべきである。

EU への提言

EU は一致団結して、できるだけ積極的にアクションを取らなくてはならず、加盟国が同じ方向で進むように誘導しなくてはならない。多くのヨーロッ

パ人がウクライナ国内に在留する必要があり、それは軍人ではなくビジネス関係者たちである。EU諸国はその政治的指導者を派遣して、ウクライナを援助する意思を見せなくてはならない。そういった指導者たちだけでなく、EU参加国は、両国間の商工会議所の代表者たちも派遣し、最も早い時期において商業上で必要なことを実践し、ウクライナへ優先的に金融支援を増大させなくてはならない。

　ここで最も重要な考え方とは、ウクライナ経済におけるロシアの存在にとって代わることであり、EUとの貿易高の水準を高めることである。こうすることで、ウクライナ人の目には、EUとの経済関係が確かなものであると映ることであろう。ウクライナ人の将来は、現代的な制度・設備が整ったEUに完全に属することになる。

　いくつかのEU加盟国は、ウクライナとの歴史的関係において、有利な位置にいる。例えば、ポーランド、ハンガリー、ルーマニア、エストニア、ラトビア、そして、リトアニアである。イタリアはすでにウクライナと良好な関係を結んでおり、フランス、ドイツ、英国などの最大規模の経済大国もウクライナにおいて十分、大きな存在感を示さなくてはならない。

日本への提言

　日本は、特に福島震災の以来、原子力エネルギー供給源が失われた分を補うために、代わりとなるエネルギー供給源を探し求める必要がある。日本は、ロシアと天然ガスの輸入をめぐる交渉を行ってきているが、理想としてはロシアにエネルギーの供給国になってほしいと考えている。

　よって、日本は外交を通して、ロシアに今回の危機を解決してもらって西側陣営との回復を修復してもらうように促すことは、日本の国益になるのである。仮に日本がロシアを誘導することによって、外交上の緊張が解けて経済制裁が撤廃されるようになれば、日本はロシアとの貿易の機会の扉を開けることができ、大変な好機になるのである。

　ウクライナは、日本に投資のチャンスを提供するので、日本のビジネスパーソンはまずキエフを目指すべきである。結局、日本製品は高品質であることで

大変によく知られているのである。日本企業は、ウクライナ国内にその存在感を広げることで大きな恩恵を受けることになるだろう。日本貿易振興機構（JETRO）は、モスクワ、サンクトペテルブルク、タシケントにオフィスを構えているが、そろそろキエフにもオフィスを開く時期だ。

韓国への提言

2013年、ウクライナの韓国との貿易は赤字であった。実際、韓国は単独で、総額4億2400万米ドルの黒字であった。言い換えれば、韓国にとってウクライナは儲かる市場なのである。よって、韓国がいち早く商品を輸出することに意味がある。

韓国は、ウクライナに対して優先的に貿易協定を拡大させるべきである。また、韓国はウクライナに生産ラインを移動させるためにも、交渉してみることを検討するべきである。今は、韓国製の車が東ヨーロッパやEUにまで輸出されうる絶好の好機である。

アメリカへの提言

ウクライナの危機は、もう一つ別の国が民主主義国の仲間入りする機会を、米国に提供するものである。政治的価値観や制度を共有するだけでなく、米国はウクライナに対して優先的な待遇を与え、自由貿易協定を締結することでウクライナが世界最大の経済市場に参入できるようにし、これによって同国がロシア市場を失ったことへの補償としなくてはならない。

米国は、ウクライナが経済破綻をすることで、同国の金融上の信用を失墜させないように誘導し続ける必要がある。また、経済破綻の際は、米国はウクライナの不良債権が軽減されるように協力し、同国の国債の格付けを高めるように不良債権処理の手段を拡充することを検討するべきである。

米国は、ブダペスト覚書の規則に準じて、ウクライナの領土保全が尊重されるように国際世論を誘導し続ける必要がある。同時に、米国は、その国際機関における発言力を駆使して、ウクライナの領土保全の侵害に対しては非難するべきである。さらに、米国はロシアのすべての貿易相手に対して外交的圧力を

かけるべきで、そうすることは、ロシアの行動を変えるに十分で確かな外交的メッセージとなる。

●ウクライナ危機におけるまとめ

この項では、ウクライナ危機における状況について検証をしてみた。関係の可能性のある主体（国・者）、また、この危機のある結末、または別の結末によって得をする主体を明確にするために資料を利用した。各々の主体の異なる視点を提示するために、今回の研究調査では資料やメディアからのニュースを引用してみた。

今回の調査では、「バケット法（Buckets method）」を活用することで情報処理を行い、シナリオを構成するために四つの重要なシナリオ要因を明確にした。その後、四つのシナリオ要因と、それらが六つの異なるシナリオにおいてどのような意義が出てくるのか、について議論してみた。議論の対象となったシナリオにおいて、ウクライナの領土と共に国境をめぐっての勢力圏、経済成長率、紛争の程度が含まれる。

すべてのシナリオが提示された後、いくつかの「道標」または指針について紹介し、そのシナリオにおいて起こりうる出来事について考察した。最後に、今回の研究調査から、この危機における重要な主体に対して、また、ウクライナに関係することで、その関係国がどうやって多くの利益を得られるのかについて、いくつかの提言と助言を行った。

重要なメッセージ

より良い未来を築くためにも、すべての関係国、関係者ができるだけウクライナの危機に関与することが必要である。ウクライナの安定と繁栄は、近隣諸国だけに恩恵があるのでない。それによって世界がより良いものになるのである。

最終的な結論

おそらくウクライナ危機によって、多くの出来事が起こりうるはずである。多くの関係国や人物が関与しているために、一つの話の道筋が、他の関係国や

人物によって脱線することになる。したがって、今後の結果は不明瞭である。注意すべき重要なことは、ウクライナはどのような危機に瀕しても生き残るだろうということである。

　同国は、発展してより良い未来を求め続けるために、異なる環境に順応することになるだろう。ウクライナ経済は、すべてのシナリオでは苦難の時期について指摘していないが、短期間、不況に苦しむことになるだろう。それでも確かに、ウクライナ人は困難から立ち直る力を持つ国民であるから、この苦難を勝利という形で乗り越えるであろう。

　おそらく、ウクライナは、EUとの交流によって、同国の制度や社会に多大なる恩恵をもたらすことになるだろう。なぜならば、他の国々もそうやって発展と繁栄を享受しているからである。選択肢は明らかである。独裁主義、腐敗、縁故関係か。それとも、民主主義、繁栄か。ウクライナはどちらに進むだろうか。

【注釈付き参考資料】

①危機が勃発した
『デア・シュピーゲル』(Der Spiegel) 誌は、この状況について分かりやすい記事を書いている。
http://www.spiegel.de/international/europe/ukraine-protests-kiev-makes-u-turn-on-eu-association-deal-a-938933.html

②ヤヌコーヴィチ元大統領がキエフから亡命
ヒンドゥー(Hindu)誌に、大統領がロシアに再び出現したことに関する、いい記事があった。
http://www.thehindu.com/news/international/yanukovych-flees-ukraine-takes-refuge-in-russia/article5732623.ece

③キエフの暫定政権
「ニューヨーク・タイムズ」(New York Times) 紙は世界のニュースについて、素晴らしい視点を常に提供している。
http://www.nytimes.com/2014/02/27/world/europe/ukraine.html? r=0

④クリミアがロシア連邦に加入
「ファイナンシャル・タイムズ」(Financial Times) 紙に、民族自決権について記した良い記事を載せていた。

⑤独立した地域
PBS のニュース・アワーは、良質なニュースのジャーナリズムを提供している。
http://www.pbs.org/newshour/bb/voters-eastern-ukraine-cast-ballots-contested-referendum/

⑥ウクライナの経済
アメリカ中央情報局（CIA）の公開資料より。
http://www.cia.gov/library/publications/the-world-factbook/geos/up.html

⑦ウクライナの経済
ウクライナ政府統計局の資料より。
http://www.ukstat.go.ua/

⑧ロシアはウクライナを必要としている
ポーランドのメディアであるフプロスト（WProst）による視点。
http://www.presseurop.eu/en/content/article/4335541-toying-market-60-million-consumers

⑨プーチンのウクライナ観
作家であるジル・ドゥハティ（Jill Dougherty）は、ロシアの専門家である。
http://www.cnn.com/2014/02/21/opinion/dougherty-putin-headache-ukraine/

⑩クリミアの資源には価値が十分にある
この「ニューヨーク・タイムズ」（New York Times）紙の記事には、ロシアにとって、ウクライナの経済的価値について書かれてある。
http://www.nytimes.com/2014/05/18/world/europe/in-taking-crimea-putin-gains-a-sea-of-fuel-reserves.html?rref=world/europe&module=Ribbon&version=context&region=Header&action=click&contentCollection=Europe&pgtype=article

⑪ウクライナの独裁政治
事業家は、自分がいる地域が紛争に巻き込まれないように独自の警備体制を敷いた。
http://www.voanews.com/content/eastern-ukraine-oligarchs-seek-to-avoid-economic-disaster/1916873.html

⑫東ヨーロッパ研究所
このポーランドの研究所は、ウクライナの経済力についての分かりやすいレポートを提供している。詳細で、一読の価値がある。
http://www.osw.waw.pl/sites/default/files/prace 42 en.pdf

⑬ヤヌコーヴィチ大統領の振る舞い
ウクライナの新聞「プラウダ」（Pravda）紙で報道されていた。
http://www.presseurop.eu/en/content/press-review/4344161-europe-loses-battle-ukraine

⑭非同盟運動
ここに関連するサイトがある。
http://csstc.org/

⑮**三菱国産飛行機**
まだその原型を開発している段階だが、いずれ航空機市場においてヒットするだろう。
http://www.japantimes.co.jp/news/2014/05/14/business/corporate-business/japan-built-jet-touted-u-s-show/#.U3rmdRBdVZg

⑯**権力紛争**
オリジナルの記事は、「フランクフルター・アルゲマイネ・ツァイトゥング」(Frankfurter Allgemeine Zeitung)に掲載されており、EUとロシアとの間の権力紛争、もしくは覇権争いについて記されてある。
http://www.faz.net/aktuell/politik/russland-gegen-die-eu-machtkampf-um-die-ukraine-12675296.html

⑰**EUはウクライナをめぐる戦いで負ける**
「ディ・プレセ」(Die Presse)紙の記事にある言葉選びに注目。
http://diepresse.com/home/politik/aussenpolitik/1485225/EU-verliert-Kampf-um-die-Ukraine

⑱**覇権争い**
「モスクワ・タイムズ」(Moscow Times)紙における言葉選びについて。
http://www.themoscowtimes.com/news/article/russia-eu-tug-of-war-over-ukraine-escalates/491401.html

⑲**覇権争い2**
「ロシア・トゥデイ」(RT)は、ジョン・ケリー国務長官の発言を引用している。
http://rt.com/news/article/russia-eu-tug-of-war-over-ukraine-escalates/491401.html

⑳**覇権争い3**
『ビジネスウィーク(Businessweek)』誌でも「覇権争い」と報道している。
http://www.businessweek.com/articles/2014-01-30/ukraines-economy-europe-russia-tug-of-war-hampers-solutions

㉑**覇権争い4**
「ワシントン・ポスト」(Washington Post)紙の記事では、ウクライナの2つの都市を比較して、どちらの陣営に傾倒するのか報じている。
http://www.washingtonpost.com/world/europe/in-ukraines-tug-of-war-a-tale-of-two-cities/2014/03/11/4b7ae62c-a6e6-11e3-b865-38b254d92063_story.html

㉒**モルドバ**
ここもEUかロシアにつくかの選択に迫られている。
http://dilemaveche.ro/sectiune/tema-saptamanii/articol/mielul-blind-suge-doua-oi-dar-nu-termen-lung

㉓**沿ドニエストル共和国はモスクワにつくことを選んだ**
同じ危機、同じ関係国、異なる場所であるが。
http://euobserver.com/foreign/31684

㉔アルメニア
EUと緊密な関係を結ぶことを拒んだ。セルジ・サルグシャン大統領は、ロシアとの関係を選択した。
http://www.bbc.com/news/world-europe-26713975

㉕東方パートナーシップ
EUが東側に進出するための政策要綱。
http://eeas.europa.eu/eastern/platforms/2014 2017/index en.htm

㉖ブルガリア
西ヨーロッパは、ブルガリアがモスクワに引き付けられることを恐れている。
http://www.spiegel.de/international/europe/fear-grow-in-europe-that-russia-will-influence-bulgaria-968955.html

㉗EUの規模拡大
これはNATO拡大のための第一段階となる。
http://articles.latimes.com/2014/mar/04/opinion/la-oe-walker-ukraine-nato-expansion-20140304

㉘ポーランド民族
キエフからのさらなる自治権を求めている。
http://voiceofrussia.com/20140424/Ukrainian-territories-used-to-belong-toPoland-turned-into-base-for-the-nationalistic-movement-7324/

㉙ウクライナのユダヤ系少数民族
ユダヤ系電信機関（Jewish Telegraphic Agency, JTA）による。
http://www.jta.org/2014/05/12/news-opinion/world/odessas-jews-lay-low-as-violence-engulfs-their-oasis-of-calm?gclid=CNvs45-tvL4CFU5lfgodkEUAPA

㉚ポーランド＝ウクライナ首脳会談
ウクライナにおけるポーランド系少数民族についての問題を大臣級レベルの会談で討議する。
http://www.msz.gov.pl/en/news/consultations_between_polish_and_ukrainian_foreign_ministry_senior_officials_in_kyiv

㉛ルーマニア系民族
ルーマニア・ヨーロッパ政策研究所（Romanian Center for European Policies）は、特定の少数民族問題を「懸念する」としている。
http://www.crpe.ro/en/wp-content/uploads/2014/03/Policy-Brief-38-Romania-Ukraine-Cooperation-on-minority-issue-post-Euromaidan.pdf

㉜ハンガリー系民族
独立広場での暴動の後、自分たちの状況を心配している。
http://www.politics.hu/20140310/on-the-plight-of-the-hungarian-minority-in-ukraine

㉝ヴィクトル・オルバーン氏の陳述
ハンガリーの首相は、ウクライナに在住するハンガリー系民族の自治権を要求した。
http://www.politics.hu/20140517/orbam-on-autonomy-forex-borrows-new-govt/

㉞ウクライナにいるスロバキア系少数民族
ナショナル・マイノリティ、教育、文化に関するスロバキア＝ウクライナ両政府間の委員会、12会期における合同声明。
https//www.mzv.sk/servlet/content?MT=/App/WCM/main.nsf/vwByID/IDCACD708CB9D56CF2C1257635 00336AEFEN&TV=Y&OpenDocument=Y&LANG=EN&PAGE-NEWSVIEW-MINISTERSTVOJDRK-7XHUD9=3&TG=BlankMaster&URL=/App/WCM/Aktualit.nsf/(vw ByID)ID8A101C07093F7F44C1257C120027390B

㉟プーチン大統領がタタール人と会談
トルコのメディアで報道された。
http://www.turkishpress.com/news/406657/

㊱ウクライナに関するIMFレポート
2014年の第1四半期後に発表された。
http://www.imf.org/external/pubs/ft/scr/2014/cr14106.pdf

㊲ヘルシンキ宣言
ミネソタ大学人権図書館に電子公文書のコピーがある。
http://www1.umn.edu/humanrts/osce/basics/finact75.htm

㊳「キエフ・ポスト」（Kief Post）紙で報道された国内難民について。
http://www.kyivpost.com/content/ukraine/swedish-foreign-minister-concerned-over-displaced-people-in-ukraine-348745.html

㊴ポーランドとロシアの仲違いについてのヴォックス・ヨーロッパ（Vox Europ）の報道。
http://www.voxeurop.eu/en/content/news-brief/4315171-blaaaazing

㊵1995年、ウクライナはクリミア憲法を破棄した
www.turkishpress.com/news/393801/

㊶ウクライナのヴェルホーヴナ・ラーダ、ウクライナ最高議会
http://iportal.rada.gov.ua/en

㊷ICJ（International Court of Justice、国際司法裁判所）
http://www.icj-cij.org/court/index.php?p1=1

㊸ウクライナ国立銀行
http://bank.gov.ua/control/en

第3部

シナリオ・プラニングで、日本が勝ち残るための戦略を考える

第7章 日本が考えるべきシナリオ・プランニング

●国際社会において、日本は「主体」となりうるか？

　この第7章は、日本の読者に向けて原書に加筆したオリジナルの章である。シナリオ・プランニングを企業の意思決定、もしくは国際社会において勝ち残る方法論の一つとして、より理解を深めていただきたい。

　さて、しばしば、私が出会った日本人は、国際社会における日本の重要性を認識せず、人によっては、自国の成功と繁栄を謙遜して卑下する人もいる。ここで、国際社会における日本の取り巻く環境について論じることは妥当であり、シナリオ・プランニングについて論じる前に、重要な点を明らかにしておくことは必須であろう。

　日本という国は、自国のためだけでなく、世界と文明に多大なる貢献をしてきた。多くの異なる価値観が対立し合い、私たちの社会が非常に多くの困難な挑戦に直面している激動の国際情勢の中で、日本の存在意義について検証してみることは有意義なことである。なぜなら日本は、進化し続けなくてはならないものと、守り続けなくてはならない根本的・伝統的価値観の調和を見いだしてきたからである。

　よくあることだが、多くの社会が非常に速いペースで進歩するが、その結果、加速化する技術進歩の陰で、人々の精神にさまざまな問題点が生じ、「進歩」ということが自分たちの魂を売ることになる。しかし、人々はすぐに、急速な発展の代償は大きいことに気が付かされるものである。

　一例として、東南アジア、アマゾン、中米などの熱帯雨林について考えてみるといい。実際、多くの国々が最善を尽くし、京都議定書の合意に従って努力はしているが、森林伐採のペースは落ちることがない。そればかりか、もう熱帯雨林が残されていないので、地球全体に与えるその損害は大きいものであ

る。

　近代化された機械によって、想像を絶するほどの速さで何エーカーもの土地を開墾することが可能になったが、それによって生態系は崩れ、原住民の伝統的な住処が失われたのである。要するに、現代社会は良質な木材の需要度が依然高く、それによって未開の土地が次々と開墾されていき、そうした人間の欲求に強力な機械類が追従して、土地が荒らされてしまうのである。

　事実、アマゾンの熱帯雨林の伐採はかなり進んでおり、ナショナルジオグラフィック協会はこうした現状に、「森林ホロコースト」という言葉を用いて説明している。この言葉は、少し強烈な表現に思われるかもしれないが、NASAが1973年から現在にかけて撮った、ボリビアの熱帯雨林の森林伐採による土地の変化の写真をご覧になっていただききたい（HPアドレスは、参考文献日本語訳版にて）。

　動植物の生態が乱されるだけでなく、自然の中で生きてきた人々は、こうした「現代化」と調和をとる方法も見いだせず、先進国の発展から学ぶこともできないでいる。もちろん、これは一例にすぎないが、実際には、近代化への欲求、あらゆるコストをつぎ込んでも経済的発展を常に追求しようとする欲望、これに迅速な技術進歩が相まって、深刻な社会問題になっている。こうした問題に直面している諸国において、日本的な対処方法から多くのことを学ぶことで、多大な恩恵を受けることができる。

　それは、「和」という概念、または、心の調和というものである。この「和」の概念と並んで、もう一つ重要な日本的価値観がある。それが、「共生（共に助け合って生きる）」という概念である。この二つの概念は、非常に人の心を惹きつけるものがある。日本は、国際社会のシナリオにおいて、この上なく重要な主体として演じることができる。

　日本の生命に対する調和のとれた見方やアプローチの仕方は、「どのように物事を正しく行うか」について、素晴らしい一例となるのである。そして、世界は日本から学び、問題解決への調和のとれた解決策を見いだす上で、多大なる恩恵を受けるのである。要するに、この章の目的は、最も心に打つような日本文化のいくつかを厳密に検証し、今私たちが直面している世界の問題に対処

する上で、日本のユニークで豊かな文化遺産がどのように貢献できるその役割について確証することである。

●「能」という視点から、シナリオ・プランニングを再検討する

この本の「主体」についての一節ですでに詳述しているが、伝統芸能である能は、主体の役割だけでなく、シナリオ・プランニングのそのプロセス全体を理解する上で有益である。ここで、さらに詳しく考えてみよう。

まず、能という言葉は、漢字で「能楽」とも書かれ、これは「技能」、「才能」という言葉から由来されるとする。つまり、これはシナリオ・プランニングの重要な要素そのものである。そのプロセスの段階を明確にしていく上で、シナリオの知的基盤となるものは、人材とその能力の蓄えにある。

何故なら、チーム・メンバーの技能、経験、視点によってのみ、そのシナリオの内容を豊かにする。その能力の蓄えが豊富なほど、シナリオもより良質になるのである。もちろん、あらゆる言葉のいい意味での含蓄は、否定的な意味や印象にも通じることもある。

「技能」や「才能」という言葉、逆に「偏見」や「先入観」という意味も含まれるだろう。偏見という言葉の概念は、私たちが何かに接触する以前に何かの考えを持つことを意味する。偏見とは、私たちが心に描く印象ということもある。また、他人がその印象について何も語っていないのに、私たちが対象物に感じる雰囲気に偏見を持つこともある。

シナリオ作成において、偏見とは好ましいものではない。確かに偏見によって私たちは対象の目的と意味を理解できることもあるが、それによって現実に対する私たちの解釈が歪められるからである。同様に、能で能役者たちは能面をかぶっている。その能面によって物語の話の意味を観客に伝達するのである。しかし、能面をかぶっている能役者たちは、舞台で自分の位置を把握するのが難しいものである。

つまり、能面それ自体に意味があるのだが、能役者の視界を遮るのである。この視界の遮りやそれによって外界が明確に見えないことが、人の持つ偏見を意味する。実際のところ、人の視点には何らかの偏見が入っているものであ

る。偏見によって、私たちは理解しようとする物事の本質を見誤り、かなりの程度、歪められて見ることになるのである。だから、私は、この偏見について多大な関心を寄せているのである。

　能は、特別な形の演劇である。それはいくつかのカテゴリーに分類され、そうすることによって、観客が鑑賞することになる物語の種類を知ることができるのである。武勇伝を鑑賞したいのならば「修羅物」を、人・神様の話なら「神物」を、鬼畜物の話なら「切能」を、女性が主人公の話なら「鬘物(かつらもの)」を、そしてこれ以外にも多種多様な話がある。
　同様にしてシナリオ・プランニングでは、そのような物語の分類は、観客が能劇場に来場する以前に、観客、能役者、そして脚本家が物語のテーマを理解する上で重要な役割を果たすのである。例えば、対立、対決が含まれる物語ならば、修羅物や切能ということになり、苦難や戦いという重要なテーマが含まれている。
　これは、ウクライナの現状とも当てはまることである。つまり、東ヨーロッパをめぐる勢力圏において、ロシア連邦とEUとの対立というのが主なテーマである。物語のテーマによって、脚本家が情報を伝達するだけでなく、情報の流れを早めることができるのである。シナリオ・プランニングにおいて、多くの情報がかなり早いペースで収集され、処理され、分析され、編集されなくてはならない。また、物語のテーマについて、シナリオは、情報伝達の速度を速めるための万全な手段とならなくてはならない。

　学術用語の「情報加速」という言葉は、物事の特徴や問題点について相手を理解させるプロセスのことを指す。これは、研究に関する多くの情報を体系的に提示するための手段である。ここで能について思い出してみると、もし修羅物についての話なら、能役者たちは兵の能面をかぶっていることに観客は気が付く。こうしたことから、その話のテーマというのは、物語を伝達する上での重要な手段となるのである。
　この「テーマ」と同じような考え方で、日本の有名な物語のいくつかは、こ

の能の演出方法に従っている。例えば、『源氏物語』は——豊富な内容の短編を綴った長編物語であるが——能を演じるための物語の宝庫なだけでなく、物語の語り手にとっても同じである。実際、古来伝わってきた物語のいくつかは、能において大変に親しまれてきただけでなく、(『源氏物語』のように) 短編集という形をとっている。

例えば、葵上(あおいのうえ)は人気のある物語である。これは、光源氏の北の方 (正妻) である葵上が物の怪に悩まされるが、源氏の愛人であった六条ノ御息所(ろくじょうのみやすどころ)の生霊(りょう)が現れ、愛を失った恨みから鬼女となって姿を現して行者と戦う物語である。これは恋愛物語ではあるが、失恋した側室が鬼女となって葵上に襲いかかるという陰惨な話の展開がある。しかし、霊能者が戦うことで葵上が救われるというのである (Noh、2014 年)。

これは『源氏物語』の有名な一節であるから、観客も能役者たちがどのように演じるのか、どのように台詞(せりふ)を言うのかもすでに知っている。このように、物語のテーマやあらすじをすでに知っていることは非常に意味がある。なぜなら観衆はすでに、物語の展開、能役者の美しい能面や衣装、演技力についての細部にこだわって鑑賞できるからである。これは「能」が「(演技の) 技」から生まれてくるからこそできることである。

同様に、シナリオ・プランニングにおいて、もし私たちが事態の中心となる話題や話の流れを把握しているのならば、私たちは主体それ自身、彼らの振る舞い、彼らの役割における働きぶりについて注視することができる。

ウクライナ危機におけるシナリオでは、ロシアの外務大臣——ロシア連邦の国益のための代表者——は、明らかに演じなくてはならない役割がある。しかし、まぎれもなく、セルゲイ・ラヴロフ氏はかなり経験を積んできた政治家であり、威圧的でなく印象深い陳述をしている。言い換えれば、彼の発言から誠実さが感じられ、また実際に説得力がある。彼の政治家としての振る舞い、洗練された演説、表舞台における存在感から、彼は国際舞台における有力な演技者である。

能の物語から、私たちがシナリオ・プランニングをよく理解できることは、これによって観客が物語の複雑な急展開についていけるようにしてくれることである。同時に、それは観客の注意を引きつけ、想像をかき立ててくれる。一つの有名な物語に、嵐が近づきそうな夜、ある老婆が三人の旅人を家に招き入れたが、その老婆は実は悪霊であり、観客の前で化け物の姿を現すという話がある。しかし激闘の末、その三人の旅人たちが退治して話が終わる。

　この話が興味深いのは、西洋の劇のように照明器具を使ったトリックや背景を変えるようなことはせず、音楽、ナレーション、能面、そして能役者の演技そのもので物語を観客に伝えて楽しませる点にある。物語は一方的に観客に伝えられるが、その老婆は、シナリオ・プランニングの場合と同様に——実生活でもそうだが——羊の皮をかぶった狼のようなものである。

　その物語の「老婆」は、シナリオが展開していくうちに本性を現していくのである。要するに、人間の隠されている本性が最後に現れてくるということから、シナリオの書き手は舞台に立つ役者たちのことを考え、また、そういう役者たちが本当に彼らの性格を表現しきれているのかを考えることもできるのである。

　同じく先の葵上の物語では、物語の背景に隠されているあるテーマとは、人の本性が次第に現れてくることにある。シナリオ・プランナーは、主人公が葵上の性格を物語の進行中に醸し出しているかに注意を払っており、物語が進むにつれて、彼女が悪霊に憑依（ひょうい）されて物語の初めの段階とは異なった姿を次第に見せることになる。どのような場面においても、能の物語が進むにつれて、観客は魅了されて想像力を働かすことになる。

　例えば、老婆と三人の旅人の物語なら、「夜」、「風」、「寒さ」、「嵐」などは観客の想像力の産物である。能の設定において、照明量は一定であり、それ以外の舞台効果はない——能役者、そして地謡という斉唱団やナレーション役だけである。実際に、照明を点滅させたり、扇風機を回したり、部屋の温度を調節したりする人はいない。観客は演技者たちからの物語の進行にただまかせ、その後のことは観客の想像力によって話が膨らみ、そして話が終わるのであ

る。

　同様に、シナリオ・プランニングでは、話の流れは、そのシナリオを書く人と、シナリオに実際に登場してくる人たちの想像力にかかっているのである。要するに、シナリオ・プランニングは想像力なくしては実現不可能である。

　シナリオ・プランニングでは、ちょうど能と同じように、私たちは登場人物の役柄を主役にするか、悪役にするか、チョイ役にするかを決めるのに制限がない。能の演劇を成立させるために、他の役柄の役者を舞台におく必要がある。そういう彼らにも明確な役割がある。ある役者は、主人公である能楽師に何かあったらサポートする役割を与えられており、後見と呼ばれている。他の役割のある者としては、地謡（じうたい）と呼ばれる謡を歌う役目の人もいる。さらには、囃子（はやし）と呼ばれる楽器を演奏する役割の人たちもいる。部分和は総和よりも大きくなるもので、こうして完全なる能楽となるのである。

　同様に、シナリオ・プランニングでは一人だけでなく、二人、三人の主役がいる。むしろ、状況は非常に複雑になるもので、利益をめぐる争いもある。背景には、主役となる予備軍も控えていたりすることもめずらしくない。ある人は朗誦し、他の人は鼓舞する言葉を発する人もいれば、和太鼓を叩く人もいる。

　もし私たちがちょっとウクライナ危機について考えてみるのならば、リトアニア、ラトビア、エストニアが演じる役割についても考えてみよう。そういった国々は問題を起こすこともないだろうが、自分たちで解決することも難しいだろう。そういう意味で、主役ではないかもしれない。しかし、そういった諸国はポーランドと同様に、ウクライナに迅速に外交官を派遣しており、激励の言葉を送っている。

　今回のウクライナ危機において、そういった周辺の国々は「地謡」の役を果たしているのである。同じく、他の国々も東西陣営のそれぞれに激励の言葉を送っている。しかし、主役となる国々が国際舞台の上で演じていても、そういった国々から東西陣営の双方に何かの物資が送り込まれたような形跡はない。

ところで、自分の能力を発揮する限りにおいて、地謡の役割を果たすことは悪いことではない。それぞれの人が、それぞれの役割を最大限に果たせばよいのである。例えば、主役はシテと呼ばれているが、誰が和太鼓を叩き、演劇の進行に合わせて演奏させるのかはシテが決めることになっている。そして、霊である田村麻呂を演じさせるように囃子という演奏家が決めるのである。西洋の演劇とコメディー（喜劇）は異なるように、コメディーでは結末が災難で、人を笑わす内容である。日本では能の喜劇のことは「狂言」とも呼ばれており、それ独自のルールがあり、それを演じるのにある一定のレベルの演技力を要するとされる。

　同じように西洋のコメディーにも独自のパターンがあり、役者は自分の性格とは大きく異なるような役柄を果たさなくてはならないように努力することになる。自分の独自の演技ができる以前にそのような努力をしないと、役者自身、または観客も演技がうまくいかないことで不愉快な思いをすることになる。

　このことについて、その考えるヒントとして、ある時、クリントン元米大統領が舞台に上がってサクソフォーンを演奏することがあった（Zurawik、1992年）。明らかに、彼はスタン・ゲッツではない。それでもクリントン元大統領は自分が何をしているか、よく分かっていた。大統領は、自分が舞台に立って公の場で演奏するつもりはなかったが、うまく演奏して自分自身を貶（おと）めることはなかった。

　シナリオ・プランニングでは、その人物に特定の役割を与えるだけではなく、物語全体がきちんと進行するのかチェックすることが大切である。そして、その人物は自分の役をちゃんと演じているのか、もしくは他の役にするべきなのかを考えるのである。

　役柄と物語のテーマについて考える別の方法として、この本の一番目に挙げた事例——幹細胞研究——について考えられる。明らかに一般世論は、生物医学界の「英雄」が出現することを期待していて、純粋に科学的な発見に導いた後、この英雄が幹細胞を応用して治療法を確立し、医療産業にそれを売り込む

ことになる。

　日本と韓国の場合は、その幹細胞研究とそれにまつわる倫理上の問題は、葵上のような話の流れになった。研究は本来行われるべき方法で行われず、その結果についても信憑性が問われることになった。そして、研究上の不正でさえも糾弾されることになったのである。日本や韓国で行われる予定だった研究そのものに悪意があったとは思えない。しかし、能楽師が演じる役の本来の隠された素性を観客が知る以前に、つまり一般人が気付く以前に、不正研究が行われていたのである。葵上の物語の展開が幹細胞研究の事件に当てはめて考えられるのとまったく同様に、この物語が二番目のシナリオ事例である再生可能エネルギー問題にも当てはめて考えられるのである。

　例えば、政府が電気を購入するという公約をし、最小価格を保障し、再生可能エネルギー開発の研究助成金を援助することを考えてみよう。その一例として、スペインの風力発電が挙げられる。しかし、世界で経済危機が起こってヨーロッパに多大なる悪影響があった。スペインもその影響を受けた国の一つであったが、結局、先の公約を破棄し、助成金が与えられることもなく風力発電のプロジェクトだけが残って頓挫し、葵上のような話の展開になったのである。政府は「執念深い恋人」のような存在となり、直接的影響（助成金カット）と間接的影響（公約を守るという信用を失った）によって、その政治的指導力を失うことになったのである。

　ところが、能の能楽師の役割と、シナリオ・プランニングの主体の役割の両者に際立った相違点がある。能において、すべてが明け透けになるように仕組まれている。能楽師は観客と非常に近い位置で演じており、カーテンや柵のような物理的な間仕切りもない。まさに、能楽師は観衆の目の前で自分の演技をさらすことになる。

　シナリオ・プランニングの場合、主体がよく見えないようにする舞台セットが仕掛けられており、一般大衆の目から隠されて何かを行うような仕組みになっている。このことについて考えてみるのならば、日本の伝統芸能でもある文楽について考えてみるといいだろう（JAC、2004年）。この人形浄瑠璃では、

観客は操られている人形と人形遣いしか見えないことになっている。しかし、それ以外にも多くの演技者たちが関わっており、彼らは黒装束を着て、黒い覆面をかぶっていて、人形が安全な動きで動くように仕向けている。なぜ彼らがそのような恰好をしているかと言えば、彼らは観客の目に映らないことが前提となっているからである。

例えば、ジョージ・ソロスは、ウクライナに多額の資金を投資している（New American、2014年）。しかし、そのことが判明したのは事後のことである。事実、彼がインタビューにそのように答えたから判明し、彼は自分から黒い覆面を取ったのである。その一方で、他の投資家たちはまだ危機が解決する以前か、危機以前に、東西陣営の一方に資金提供をしていたのである。

能とシナリオ・プランニングの相関性を理解する他の方法として、能舞台についてよく見てみるといい。能舞台は基本的に四つの区分された舞台で構成されている。それぞれの舞台にそれぞれの役割がある。

例えば、能舞台の端から正面へつながる細い廊下は「橋掛かり」といって、能楽師たちが出入りする通路である。後方の舞台（訳注：後座とも言われる）は「後見座」「囃子座」と呼ばれ、後見や囃子がいるべき場所となる。正面の舞台の横側には「地謡座」と呼ばれる地謡のための場所がある。そして、正面の広い舞台が「本舞台」で能楽師たちが演じる場所である。こうした舞台の配慮によって、能楽が演じられるのである。

同様に、シナリオ・プランニングでも中心となる主体が演じる場所が存在する。しかし、それ以外にも多くの出来事がさまざまな場所で起こるのである。能の場合、本舞台以外の舞台での演技は補足的なものである。そういう能とは違って、シナリオ・プランニングでは、事件が起きている場所の背景からの雑音だったり、中心となる場所でさらに複雑になった活動であったり、事の成り行きが悪化したり、もしくは中心人物が激怒したりすることもある。

これについてのウクライナ危機との関連性について言えば、この危機についての事件のすぐ近くでロシアとポーランドがりんごの輸出入をめぐって商業上のもめ事を起こしていたり、ウクライナとリトアニアとの間を走行するトラッ

ク用道路が悪化して問題になったり、ロシアが諸外国からの圧力が強くなったことで、逆にロシア連邦のウクライナに対しての姿勢がより強硬になったりするようなものである。

再生可能エネルギー、特に風力発電産業に注目してみると、同様なことが見受けられる。金融危機によってエネルギー開発政策に対する助成金がカットされ続け、政策案が修正され、政府は再度、助成金を出すようなことを公約する。しかし、長引く経済不況がさらに悪化し、風力発電の設備のための企業も大ダメージを受けることになる。金融危機だけでなく、中国とコスト面での競争にさらされている。こうして、EUと中国は、風力発電の設備と太陽光発電のパネルの貿易をめぐって何度も対立することになった（Bloomberg、2014年）。

能舞台には四本の柱が立っており、その柱にも重要な役割がある。それは、能楽師が演じる上での向きや位置を把握するために役立つのである。能面をかぶると視界が狭くなるので、そういった柱が位置確認の参考となるのである。こうした能の特徴をさらにシナリオ・プランニングに当てはめてみると、能楽師の能面は人の偏見や世界を見る視点に譬えられ、柱というのは――能楽師に位置や方向を教えるのだから――物事の価値に譬えられる。要するに、人が持つ価値というのは、その人が見つけるべき方向性を示すことになる。しかし、能楽師は実際の舞台上で能面を外すことは許されない。

最後に、観客が能舞台の周辺で座るべき場所についても考える必要がある。席によっては能舞台の真正面というのもあれば、能舞台の横側、または正面から見て中後方というのもある。他の芸術やスポーツ鑑賞と同じく、人によって「最高」の位置とは、あくまでも相対的なものである。それは実に、人の好みによるのである。

例えばアメリカン・フットボールでは、人によっては観客席の真ん中くらいの位置を好み、それはゲーム全体の動きや流れが把握できるからである。その一方で、人によっては最も高額のチケットを買ってまでしてゴールポストの後方の座席を求める。ゴールという興奮の瞬間を満喫したいからである。

能劇場において、能楽師の出入りをよく見たいのならば、橋掛かりの近くが最高の座席となる。これに対して、能楽師を中央正面から鑑賞したいのならば、能舞台正面の位置が最高ということになる。重要なことは、その人が何を望むのかによって「最高」の席の位置も変わるということである。

同様に、能劇場でどの位置から能を鑑賞するのかという概念を、シナリオ・プランニングにおける人の視点に当てはめて考えることができる。現実には、一般的に、主体も傍観者も異なる視点を持っており、また私たちの政治的イデオロギーが自分たちの世界観を決める。例えば、幹細胞研究の事例を見てみよう。老齢で、中枢神経変性疾患に病んでいる人は、幹細胞を収集することは必要と考えるだろうが、若い人にとっては不必要で、正当化されるものでないと考える。

●日本が導き出すシナリオ事例1——幹細胞研究

幹細胞研究において何が起ころうとも、どこで研究が行われようとも、誰が最終的に商業的に研究成果を応用させて特許を取得しようとも、この分野において日本がリーダーシップを取ることができ、またそうするべきである。この場合、日本がその分野の主役という役以上のことまでも考えなくてはならない。

笹井芳樹博士が自殺した後、しばらくの間、事態が複雑になった。それは、彼と研究論文を共同執筆した小保方晴子研究員が不正実験を行ったのではないか、そして、虚偽の研究発表をしたのではないか、という異議申し立てがあった後のことである（Washington Post、2014年）。

明らかに、STAP（Stimulus-Triggered Acquisition of Pluripotency cells）細胞、刺激惹起性多能性獲得細胞の略だが、彼らは、リンパ球などのマウスの体細胞に酸性の刺激を与えるだけでSTAP幹細胞ができるという研究発表を行った。しかし、後々に、それは虚偽な実験結果であったことが判明した。今となっては、その実験手法が本当に有効だったのか検証するのは難しい。それでも仮にその発表が真実であったのならば、パーキンソン病やその他の病気などを克服できただろう。それは小さな発見ではなかった。

現在、理化学研究所は困難に直面しているが、それでも生物医学研究を継続しており、それは小さな投資額ではない。重要なこととして、日本だけが世界の生物医学研究の最先端を走り、リーダーシップを発揮しているわけではないということである。よって、今後もさらなる努力を継続しなくてはならない。この分野における日本の貢献の一つとして、今年（2014年）に発表されたものとして、川崎市のバイオ・ベンチャー企業のオンコセラピー・サイエンス社の中村祐輔教授がマウスから肺がん細胞を消去できる抗がん剤OTS964を開発したことが挙げられる（Japan Times、2014年）。

　幹細胞研究におけるスキャンダルは、別に新しいことではない。実際、韓国の黄禹錫元教授はヒト胚性幹細胞のクローン化に成功し、犬のクローニングを手掛けたという虚偽の発表をした（New York Times、2014年）。重要なのは、BBC（2011年）が報道したこととして、スキャンダルが騒がれ出した後になって、韓国大統領が8900万米ドルを投じて国家の威信を復活させ、幹細胞研究は「経済復興のための新しい原動力」となる分野とみなしたことである。言い換えれば、抜け目のない韓国の政治家たちはこの分野の研究は付加価値のありうる分野と見なし、多額の研究費を投じたのである。

　韓国の場合、実験結果の捏造だけでなく、倫理的な問題——賄賂や脅迫も含めて——も米国コロンビア大学生命倫理研究センター（2014年）によって報告されている。つまり、韓国は自分たちの失敗から学んだだけでなく、失敗によって遅れをとったというよりも、むしろ世界の研究水準に遅れまいと闘志を燃やしたのである。日本とて、そういった研究競争に後れをとることは許されまい。

　その他の国においても例えばヨーロッパでは、『ネイチャー』誌（2011年）で、欧州不正対策局（European Anti-Fraud Office）がどのようにして7000万米ドルを横領されたのか、について大々的な調査を行ったのかについて報じている。デイビッド・ボウビル——課税部門の代表者であるが——によれば、不正行為は「極めて巧妙な手口で行われ、まるでマネー・ロンダリングのようだ」、と述べている。

例えば、米国のノバルティス製薬会社は、日本で行われた臨床試験から高血圧治療薬ディオバンの効果について虚偽のデータを報告したことで、当局から立ち入り検査が入った（Wall Street Journal、2013年）。もちろん、こういった生物医学研究の事件におけるスキャンダルは限られているだろうが、それでも過去にこのようなことが起こっているのである。

　幹細胞に関するスキャンダルは主として二つの主因が挙げられる。一つは「願望/倫理上の問題」と、もう一つは「研究費をめぐる問題」である。この「願望/倫理上の問題」の箱では、そのスキャンダルが非常に深刻なものであるから、幹細胞研究はもう行うべきでないという分類に入るのかということを考えなくてはならない。
　韓国の状況を検討してみていただきたい。著名な教授による捏造があったのにもかかわらず、韓国政府はさらに巨額の研究費を投じている。当初、批判の声もあり、研究費は削減されることになった。つまり、シナリオが、「プラス」から「マイナス」の領域にその針が動いたことになる。それでも、「願望」そして「さらなる研究資金」をというほうへ針が戻ったのである。
　日本としては、スキャンダルの影響で依然として幹細胞研究に助成金を投じることに抵抗があることだろう。しかし、もし今回の研究プロジェクトの目的が新しい発見をし、治療法を確立し、バイオ産業部門での利益を考えるのならば、今回のスキャンダル問題を乗り越えて、再び巨額の投資を考えるべきである。
　日本の場合、バイオ産業部門の発展を追求するのならば、さらに投資を続けることが日本の国益になることだろう。日本は、こんなところでスキャンダルによって麻痺し、研究のペースを落としていられるだけの余裕がないのである。実際、他の国々と同様に、発見のために投資し続けなくてはならない。そうすることで、日本はこの問題を解決し、人類の進歩をもたらすことができるのである。今、日本は、研究の最先端を走るか、もしくは、失敗を恐れて競争から脱落するのか、二者択一の時期にある。

●日本が導き出すシナリオ事例2──再生可能エネルギー

　一般的に、エネルギー問題というのは日本にとって非常に重要なトピックであり、それは自国のエネルギー供給に関して、他の手段を探し求めなくてはならないからである。米国エネルギー情報局（EIA、2014年）によると、日本は米国とフランスに次いで、世界3位の原子力による発電量であったという。

　しかし、福島震災の後、その発電の方法を液化天然ガス（LNG）や石油に切り替えた。事実、今では日本は世界最大の液化天然ガスの輸入国であり、石油の輸入額は世界三番目の高さである。つまり、日本はエネルギーの供給に関しては、かなりの割合で海外に依存していることになる。徐々に、原子力発電もその地位を取り戻すことになるであろうが、再生可能エネルギーの割合も約2％程度からもっと高い比率にまで上げる必要がある。

　再生可能エネルギーの比率を高めるためにも、日本はさらに投資をし続けなくてはならないだろう。例えば2014年3月に、今後20年間、太陽発電産業に対して減税し、風力発電産業に対しても同様に減税する方向の政策を政府は打ち出している（Watanabe、2014年）。

　自然エネルギー財団（Japan Renewable Energy Foundation）事業局長の大林ミカ氏は、それ以外にもさらなる投資の必要性や、地熱エネルギーの固定価格買取制度といった総合的な対策の必要性を呼びかけている。実際には、日本政府は大林氏が言及しなかったことまで努力して新しい解決策を見いだそうとしている。

　経済産業省は資源エネルギー庁（Agency of Natural Energy and Resources, ANER）を通して、複数のエネルギーの供給源を混合させるという課題に取り組むため、再生可能エネルギー供給源と他のエネルギー供給源とを合体させることをすでに検討して取り掛かっている（経済産業省：METI、2014年）。

　資源エネルギー庁（ANRE、2014年）は2014年4月末に、固定価格買取制度の効果を解説した報告書を発表している。その企画されているプロジェクトによると、新しい再生可能エネルギーによって978万キロワットもの電力が

見込まれるとのことだ。新しい電力供給源は、家庭用の太陽光発電（221万キロワット）、業務用の太陽光発電（736万キロワット）、風力発電（11万キロワット）、バイオマス発電（9万キロワット）、中小規模の水力発電（1万キロワット）という内訳になる。

この報告書では、新しい地熱エネルギーによる電気供給量については加算されていなかった。しかし、地熱エネルギーの寿命は長く、太陽光発電よりも商業的規模も大きく、即戦力となるものである（ANRE、2014年）。

今となっては、日本政府は再生可能エネルギーに力を入れているが、公的施設では大規模の太陽光発電の設備を取り付けることが難しく、送電線の接続なくしてはできないとのことだ。九州電力と東北電力という二大電力会社にとって、こうした状況はかなり厳しいものであり、少なくとも送電線の接続のシステムが明確になるまで、両社は接続部部分に他の装備を取り付けることはしない予定とのことである（Financial Times、2014年）。

困難に瀕しているとはいえ、再生可能エネルギーの導入に関しては、日本は世界トップランナーである。実際、国際エネルギー機関（IEA）と、国際再生可能エネルギー機関（IRENA）は、多くの国々における公共政策の枠組みについて統計にして発表している

それによると、再生可能エネルギーを国内に導入するための経済政策の手法、政策援助、財政的および政策的誘導策、固定価格買取制度、研究資金や助成金という点で、日本はランキングの上位に位置している（IRENA、2014年）。要するに、国際基準からして、日本は再生可能エネルギーの導入に関しては最高水準だと言えるだろう。確かにまだ課題もあるが、日本は克服すべきである。

再生可能エネルギー導入を推進しているのは、政府の政策だけによらない。それは民間部門のプロジェクトでもある。例えば、Juwi自然電力株式会社という共同ベンチャー企業について考えてみよう。その企業のモットーは、「再生可能エネルギー100%にすることこそが、日本の独立、平和、持続可能の未

来への鍵となる」、というものである（juwi-shizen、2014年）。場合によっては、創造性というのは民間企業と公的機関の共同によって生まれるものであり、これは官民一体の事業によって再生可能エネルギー産業を興すのである。

例えば、宮崎ソーラーウェイ株式会社のように、宮崎県及び都農町と共同事業によってリニアモーターカー実験施設ガイドウェイ上に太陽光パネルを配置して発電所を建設した例もある（Japan Asia Group Energy、2010年）。

日本全体の取り組みにもかかわらず、おそらくは再生可能エネルギー供給源だけで、この国の需要を満たすことは難しいだろう。そこで、環境を守りながらエネルギー需要を満たせるような他の手段を見つける必要がある。比較的に安価とはいえ、石炭やその他の非再生可能エネルギー供給源は環境へのダメージが大きい。日本の水力発電の供給率はかなり高いとは言えないので、代用となるエネルギー供給源を検討する必要がある。

その供給源に関して、最も二酸化炭素の排出量が少なく、安定していて、コストが低いものはどれか——そう、福島震災があったとはいえ、日本は依然として近いうちに原子力発電を拡充しなくてはならないだろう。これはそれほど恐れる必要がない話である。

例えば、フランスは原子力エネルギー開発の長い歴史があるが、それに伴う事故の数は記録的に低い。これは一つの実例であり、したがって、日本も化石燃料の代わりとして、原子力エネルギー開発と他のエネルギー供給源と併用した、安全で、環境に優しく、コスト面でも効率のいいエネルギー開発が可能な将来像を描けるはずである。

また、重要なこととして、バイオ産業と同じく、再生可能エネルギー産業も次世代の主力技術となる分野ということである。それ故に、日本はこの二つの分野で世界のリーダーシップを取ることが、日本の国益になるということである。現実問題として、風力発電の設備は、単なる金属製の塔ではない。それにはコンピュータの頭脳を持ち、精巧な機械が組み込まれ、メンテナンスも必要となる。

同様に太陽光パネルにしても、大部分は太陽光電池か半導体製品であり、それらはハイテクである。バイオ科学にしても、ほとんどの国がつぎ込むことができないだけの莫大な費用の研究資金と長期にわたる政策が必要となる。よって、本当に、日本はそういった分野で成功を収めることができるのである。

●日本が導き出すシナリオ事例３──ウクライナ危機

　まず何と言っても第一に頭に入れておいてほしいことは、本書においてシナリオが展開される際に、主体に偏見と固定観念が働くことによって、その国または個人は、合理的な考え方で行動するということである。つまり、各主体が行動するのも自分の利益を最大化し、損失を最小限にするためである。

　こうした考え方に従って、この節では日本が他の主体である外国諸国とウィン＝ウィン関係を築くための方法を検証してみる。それは単に経済理論だけに基づくものではなく、日本の伝統文化と価値観に基づくものである。言い換えると、私たちは「和」と「共生」という概念も踏まえて検討する必要があるだろう。

　日本はこうした危機的状況において、リーダーシップを取る役割がある。なぜなら日本は、国際情勢の中で調和をとることを重視する国であるからだ。このことは国家間の関係においても同様である。日本は諸外国間の緊張状態をなだめ、彼らを国際舞台のテーブルにつかせることができる。世界最大の経済大国の一つとして日本は国際支援をすることができ、日本との関係は世界のあらゆる国にとって──経済力がある国も含めて──恩恵をもたらすことになるだろう。

　ウクライナの状況のように、経済が疲弊していて強い通貨を要するような時、そのような日本との関係から受ける経済的恩恵は大きいだろう。つまり、日本との貿易関係は、ウクライナにとってもロシア連邦にとっても経済的利潤が大きくなる。日本は、ロシア連邦に対して非常に重要な貿易相手国であり、また、ロシアのエネルギー資源を輸入する国としての役割も果たしている。それ故に、ロシアからして、日本との友好関係はロシアの国益にもなるのである。

「和」という概念は、日本の本質的な価値観である。故に、日本は紛争に対して平和的解決を提唱することができる特権的な地位に属する。それは、双方が継続的に争い続けることで地域住民が被害を受けることになり、生命を失い、インフラが破壊されるような方法と正反対である。紛争の結果に生じるおびただしい数の死傷者だけでなく、民間人もまた犠牲となるのである——その中には子供たちもいる。明らかにこうした状況は即座に止めさせなくてはならない。

中国も、儒教文化に根付く価値観を持つアジア文明の一つであるが、国際関係においては調和の重要性を説く。事実、王毅（おうき）氏は中国外交部長で前日本大使でもあったが、紛争の平和的解決に向けて外交上での交渉と努力が必要であると繰り返し、両当事国に呼びかけている。

他国との協調性を重視する他の国として韓国があり、ウクライナでの紛争については、より平和的解決を求めている。事実、パク・チア（Paik Ji-ah）氏は韓国代表として国連で二つの声明をしている。

(1)「緊張状態が高まる中で、私たちが要求することは、すべての関係国が対話を通じて、危機を最大限に抑制することである」
(2)「大韓民国が希望することは、ウクライナにおける状況が、平和的な方法で解決することである」（Voltairenet、2014 年）。

つまり、ウクライナでの紛争に対する平和的解決を提唱する際、日本は何も孤立することもないのである。

「和」の概念と並んで、私たちが考えなくてはならないことは「共生」という概念、つまり、相手と共に生きるという能力についてである。この価値観は、調和と同じくらい、こうした状況において重要なものである。なぜなら、この二つの価値観を組み合わせることで、日本は対立における調停役を務めることができるからである。しかし、今回の危機において、追求するべき多くの好機

もある。

　重要なことは、日本がロシア連邦から輸入する石油の比率は、その全体の4％ほど、また液化天然ガスについては10％ほどを占めていることである。液化天然ガス市場において、日本はロシアからの需要を抑えることが可能で、オーストラリア、カタール、マレーシア、ブルネイ、インドネシアから輸入してロシアからのプレッシャーを抑えることができる。

　同様に、日本はサウジアラビア、アラブ首長国連邦、カタール、クウェートから石油を輸入することができる。ここでのポイントは、日本は世界のエネルギー市場における「人質」ではないのである。また、自国のエネルギー需要を他の国から満たすことができるのである。つまり、日本は外交的抑圧に屈する必要はない。

　このように考えるのであれば、ここで私たちはもう一度、「共生」という概念を振り返ってみることができる。日本とロシア連邦は隣国同士であり、日露関係を親密にすることは良い考えである。それは、ロシアが中国に天然ガスの輸出という貿易協定を締結し（BBC、2014年）、ロシアがこの協定を結んだのも自国のエネルギー資源を輸出するための新しい市場を探し求めているからといっても、なおさらである。こうした意図があって、ロシアは東アジアにガスを輸出できる巨大なインフラを建設しており、そうすることで、アジアとの新しい貿易関係を模索している。

　これは、日本にとっても大きなチャンスとなる。ロシアはアジアにエネルギー資源をもっと輸出することで、西側陣営との貿易による損失を穴埋めし、貿易相手国の多様化に努めようとしているのである。このことは、日本が天然ガスの輸入についてロシアと交渉する上で追い風になるような話である。ロシアは資源を売りたいのであり、日本はそのロシアと適切な価格での長期的なガス貿易協定を締結することで多大な利潤を得ることができる。要するに、「良き隣国」という政策は、ロシアにとっても日本にとっても双方の国益になるだろう。

日本は、ロシアから欧米のビジネスパーソンたちが撤退し、ロシア人も欧米企業の商品をボイコットすることで、その隙を突いて、日本貿易振興機構（JETRO）の主導によりロシアとの大規模な貿易交渉をすることができる。日本企業は、欧米企業が撤退することでできた市場のスペースに割り込むべきであり、さもないと他国の企業が先に割り込んできてロシア市場を独占することになる。

　しかし、国際政治において日本は強い追い風を受けており、今、日本は貿易で利益を上げるビッグ・チャンスを手にしている。同様に、日本は東ヨーロッパ、特にウクライナに対して貿易の規模を拡大するべきであり、その理由は先のロシアの場合と全く同じである。

　JETROによる日本製品の輸出を推進する力と、国際協力銀行（Japan Bank for International Cooperation, JBIC）の「日本の外交を推進する（JBIC、2014年）」役割とが合わさることで、日本は貿易上、有利な立場に置かれる。つまり、日本製品の販売促進と金融力の協力のことである。実際、国際協力銀行は貿易金融プロジェクトについて独自に行う必要もなく、日本の国内外の民間企業と提携を結ぶこともできる。

　また、ビジネスの機会を作り、リスクを抑えるために、金融の大企業と提携を結ぶこともできる。2102年に、国際協力銀行が米国輸出入銀行と実際に提携したように、である（Ex-Im Bank、2012年）。2012年の協定では、米国輸出入銀行と国際協力銀行が合同で、「第三国の購買者が、米国と日本の金融商品やサービスをワン・ステップで購入できる」システムを作り出したのである。

　刮目すべきこととして、この2012年の協定は、2004年の米国輸出入銀行と独立行政法人日本貿易保険（Nippon Export and Investment Insurance, NEXI）との合同事業の延長線上にあるということである。言い換えれば、国際協力銀行は最近になって第三国との貿易を促進するために他の機関と提携を結んだことになる。よって、国際貿易銀行が同じような目的で、東ヨーロッパにある地元の機関と提携を結ぶことを想像するのは、まったく突飛なことではない。

　実に、日本が貿易のための商圏を拡大する上で不足はない。しかし、今回の

危機に伴って、状況がいくつかの点において複雑化していることに言及する必要がある。最も重要なこととして、ロシアが国際上で認可されてきた国境を武力行使で侵入してきたことは、ヨーロッパやアジアにとって極めて脅威的なことである。このことは、軽く受け止められるべきではないし、寛大に取り扱うこともできない。ウクライナの分裂は深刻な危険な要因でもあり、その理由として、第二次世界大戦の終結後、国際政治において引かれた国境線は未だに多くの不確かな点があり、疑問が残っているからである。

クリミアはその長い歴史においてウクライナから分離することを望んでいたが、事実、1991年の国民投票で独立の意思表示をしていて、他の国に属していはいない。ウクライナとロシア連邦のそれぞれが2014年に国民投票を行っており、これによりクリミアは政治的にウクライナから分離してロシア連邦に併合されることになった。それに加えて、ドネックやルハーンシクなどの地域においても、そういった政治的な分裂の危機にさらされているのである。

国境問題に関して言えば、日本は国際社会の一員としてウクライナの分裂を阻止するほうに働きかけなくてはならない。なぜなら分裂したところで、その地域において誰もが得をしないからである。

さらに言うと、日本とロシア連邦は、北方領土、または南千島をめぐって、その領有権を依然として争っている。日本側は、南千島を北海道の根室の一部と主張しており、ロシア側は、サハリン諸島の南クリルだと主張している。これは未だに係争中であり、日本とロシア連邦は、交渉を通して解決策を見つけられるように協力し合う必要があるだろう。確かに、東南アジアの他の諸島をめぐる領有権の争いもあるが、そういった係争中の相手国でもお互いに協調した外交上の努力をする必要がある。同じく、日本も隣国と建設的なやり方で交流を続けるべきである。

同じ方向性で、日本はロシアに対して、ウクライナの紛争を交渉による解決をするように促すべきである。もしクリミアはロシア連邦の一部であるのならば、この現実をひっくり返すことはこの上なく難しいだろうが、不可能ではない。

また、思い出していただきたい重要なこととして、調和と共生の概念は暴力と同列にあるものではない。武力により外国の土地を取り上げることは許されるものではない。言い換えれば、これらの二つの日本的な価値観は、ウクライナの国境が侵攻されるという事実に真っ向から反対するものである。日本はこうした事態に、正しい路線を歩かなくてはならないだろう。しかし、対話による好ましい方向へ導く戦略を取ることができるはずである。

　この手に負えないように思われる紛争を考察するための他の方法として、アプレシエイティブ・インクワイアリー（Appreciative Inquiry, AI）という、デビット・クーパーライダーが1986年に開発したビジネス研究手法で、翌年から文献上でもよく知られるようになった。その理論上、彼が提唱したことは、物事の対立した状況において何が問題となっているのか、または何がその原因となっているのかに集中するのではなく、むしろそれが将来どうならなくてはならないのかということに集中すべきというのである。

　アプレシエイティブ・インクワイアリーは非常に強力な手法であり、これによって人々がお互いに協力してより良い未来を築くことができる。または、お互いが交流することで恩恵を受けることができるような状況を見つけることもできる。お互いに価値を共有して協力し合うことで、皆が恩恵を受けられるという状況において、建設的な方向に取り組むとしよう。そうすれば、日本は諸外国と交流し続けて、目的に向かって前に進むことができる。その一方で、外国や外国人にも日本のことをよく理解してもらえるだろう。

　どうか理解していただきたいこととして、日本が調和と共生という目的に前進するのであれば、このことは日本だけでなく、日本と貿易関係にある国々にも恩恵を受けることになるのである。マケティワ（Maketiwa、2011年）によると、貿易において最も利得があるというのは、ある国が、もうその商品の需要がない国から余分に余っている分量を輸入することという。また、日本との貿易は、東ヨーロッパ、ウクライナ、ロシアが相互依存する比率を軽減できる。輸出することで、日本は諸外国の需要を満たすことに貢献できる。さらに、日本は外国から商品やサービスを輸入することで、外国で過剰となってい

る商品の購入国を見つけることができるのである。

　どのような形であれ、こういった貿易に関わる当事国にとって、双方にメリットがあることになる。政治的な理由で近隣諸国への経済的依存度が低くなり、または国家安全保障が望ましい場合、日本は他の安全な手段を選ぶことになる。言い換えれば、日本は自国と他の国のために経済活動をするだけでなく、紛争なくして諸外国の政治的・経済的目的を果たすためにその貿易システムがある。

　また、アプレシエイティブ・インクワイアリーは省察するための優れた手段であり、調和と共生という目的から大きくかけ離れたものでもない。それ故に、このような状況に十分応用が利くのである。

　日本は、不確実性を緩和させ、建設的な対話を促進させ、もしくは、少なくとも緊張がさらに高まるような状態を防ぐ役割を果たすことができる。紛争中の双方に経済制裁をするのではなく、日本は――武装することもなく、また貿易の機会も提供することから――双方がお互いに傷つけ合うようなことを求めるよりも、当事国が協力してより価値あることを見出せるように助長することができる。

　以上に述べた方法を実践し、日本貿易振興機構と国際協力銀行の両方の組織を利用することで、具体的で手中にある商業的なチャンスを提示し、それを国際関係において望ましい方向へ導くためのインセンティブにするのである。

　本書で読者に提唱しているのは、単なる言葉ではなく行動である。外交上の条約について、脅威について、ボイコットによる経済制裁について論じている人や国もあるが、日本は当事国を交渉のテーブルにつかせて、事態が好転に向かうように系統立ったやり方で導くことである。

　1972年にニクソン大統領の訪中予定に先駆けて、1971年に当時のキッシンジャー国務長官の任務について思い出していただきたい。当時、朝鮮戦争の影響で米中互いに険悪な仲であったが、両国は和解の道筋を模索しており、台湾問題にも平和的に解決したことで、米国は中国との協力関係を開始したのである。キッシンジャー氏が一人で訪中したことは非常に重要であり、ニクソン

大統領は後々になって彼の一人旅を「世界を変えた一週間」(US-China Institute、2012年)と言っている。

　要するに国家間が対立状態にあって、敵意がむき出しになっていても、政治家の優れた手腕によって両国が合意できる解決策を見いだせるように導くことができるのである。現状を打破するためにキッシンジャー氏を中国に送り込むというのは、ニクソン大統領の大胆ではあるが、極秘の外交指令であった。

　もっと最近のこととして、アジア諸国が世界に見せ示したことは、アジア諸国はお互いに共有できる利潤を生みだすために協力関係を築いてきているということである。もちろん、多くのアジア諸国はビジネスにおいて競争関係にあるが、それでもASEAN経済共同体は、もしアジア諸国が協力すれば、どのようなことが実現できるかについての好例である。

　ASEANが打ち出した政策のいくつかについて、ASEANハイウェイ・ネットワークを思い浮かべる人もいるだろう——これは、参加国の間で人の交流や物品の流通を促進させるために建設中である。また、ASEAN電力構想もある——これは、アジアの各地域に送電するために建設中である。さらに、もっと重要なことは、ASEANガスパイプ網構想もある——これはパイプラインによって、液化天然ガスを輸送するというものである(ASEAN、2014年)。

　最後の構想は日本にとっても大きな恩恵をもたらすものである。というのは、さらに大規模な液化天然ガス市場を東南アジアに生み出すことになるからである——もちろん、さらに別の貿易機会を生む可能性がある。東南アジアは偉大なる成功例と言えるものであり、それは、そう遠くない過去において、厳密に言うと1987年に、アジア通貨危機が生じて各国間の通貨が競うような形で価値が暴落したことがあった。それから30年という短い期間で、そういったお互いの足を引っ張るような競争相手から、お互いの利益をもたらすような協力者に変容した。

●日本が世界で果たすべき役割

　私がこの章を記したのも、本書で提示した三つのシナリオ事例において、日本は世界で果たすべき非常に重要な役割がある、と信じているからである。日

本は特権的な立場にあり、それは自国の「和」と「共生」という伝統的価値観をもっと大規模に活用することができ、国際関係に多大なる好影響を及ぼすことができる。

　幹細胞研究については、日本は研究を推進させ、さらに研究費を投じることで、同国にバイオ産業におけるリーダー的地位を約束するのである。再生可能エネルギー開発について言えば、日本は近い将来、原子力エネルギー開発をさらに行うのは困難が伴うことだろう。しかし、日本は再生可能エネルギー開発にその可能性を秘めている。なぜなら、そのようなエネルギー開発は実現性のある技術であるからである。ウクライナ危機については、日本はその当事国をなだめ、紛争を抑制することができる。その一方で、ビジネス・チャンスをもたらし、日本も含めて、当事国もメリットがあるような解決策を生み出せる。

　むろん、今から2020年までの間、日本がどの方向に向かうのか、同国の資源・資金をどのように投資するのかは、日本の2050年から2100年という時代の枠組みの決定的要素となるだろう。重要なことは、日本が多くの分野において、そのリーダー的地位を保持し、いくつかの分野を統合し、そして、他国にそのリーダーとしての地位を認めさせることである。

　その一方で、日本の国際社会での振る舞いは自国の強さと弱さのイメージを投影するものである。国民の経済的繁栄という印象を国際社会で与えるのか、それとも、国際舞台の端っこに座り込み、何か事が起きるのをただ待っているのか。つまり、国際社会をより良くしようとする独自のユニークさを持った行動的な存在になるのか、弱々しいイメージを与えるだけの存在になるのか。

　日本は、美しい物語のシテを務めることができる。ならば、どうして国際社会の端っこで座って待っているのか。日本は自分で自国の運命を切り拓く必要がある。

謝　辞

　私の感謝の言葉を伝えたい人たちがあまりにも多すぎるので、たった一ページの内に全員を列挙することはできないだろう。それでも、そのうちの数人を挙げることはせめての礼儀であろう。
　まず、私の両親である、レイノドとメアリーに感謝したい。二人は、本を読むことと発見することの情熱を私に注ぎ込んでくれたのだから。私の考えの大部分は、母方の祖父にあたるオスワルド・ネリーとの交流に影響を受けている。彼は第二次世界大戦、朝鮮戦争、ベトナム戦争以前からその期間までジャーナリストとして働いていた。私たちの会話は、彼が亡くなった第一次湾岸戦争の最中で最後となってしまった。彼の役割は、母のメアリー・ネリーに受け継がれ、彼女は哲学の世界における素敵なガイドになってくれている。
　父方の祖母であるロザリナ・ラサルダはフランス史の熱烈な読者で、私が幼少の頃、その面白さを分かち合ってくれた。私は、いつも彼女のお話を聞くことを楽しみにしていたものだ。
　妻のラクエル、息子のオスワルド、娘のデシリーにも感謝したい。彼らは寛大にも、私が彼らのためではなく自分の本を書くために時間を割くことに協力してくれた。
　リチャード・オヤルボ氏にも感謝をしたい。彼は、ビジネスにおける創造性やストーリーテリング（Storytelling）の作り方を私に教え、実際に見せ示してくれた。私は、それらを仕事からも学んできた。
　シャイナ・シュナイダー氏にも感謝を申し上げたい。彼女は非常に才能に富んだグラフィック・デザイナーで、本書の表紙のデザインを担当してくださった。
　アレジャンドロ・ペレス氏にも感謝する。彼は、私と何時間にも及んで、現代の諸問題についての見通しや議論のために時間を割いてくださった。

世界未来学会（World Future Society）や競合情報分析専門家協会（Society of Competitive Intelligence Professionals）の会員の皆様にも、情報提供に協力して下さったことに感謝したい。

私のブログの読者の皆さんにもご自身の考えや意見を提供して下さったことに、心から感謝申し上げたい。

本書は、フォレスト出版の太田宏社長、稲川智士編集長、そして他の社員の皆様の多大なるご協力とご厚意なくして出版の機会はあり得なかった。皆様のおかげで、読者の皆様に自信を持ってご提供できる日本語版を仕上げることができた。フォレスト出版社の皆様、本当にありがとう。

原書を翻訳するにあたり、スカイビジネスの奈良潤博士のご協力に感謝の言葉を言い尽くせない。また、奈良順子氏がその校正を担当された。日本語は表現豊かな言語であり、今回の翻訳は時間のかかる大きなプロジェクトだったと思う。しかし、優秀なスカイビジネスの2人のおかげで、素晴らしい翻訳本となった。心からお礼申し上げたい。

最後に、近畿大学のリリアン・テルミ・ハタノ准教授にも感謝の気持ちを伝えたい。彼女の日本文化への愛情から、私も日本について学ぼうという意欲が湧いてきた。彼女から有名な歌舞伎の本を紹介していただき、また、歌舞伎、能、文楽に連れて行ってくださった。その上、彼女は私の人生で重要な思い出となる場所にも連れて行ってくださった。それが金閣寺であり、芦ノ湖であり、富士山の麓でもある。ハタノ博士に感謝申し上げて、筆を擱きたい。

翻訳者あとがき＆解説

　私が、ロムロ・ガイオソ博士こと、ロムと初めて出会ったのは、今から6、7年前だったと記憶している。ある日、私はアメリカの大学院のカフェテリアで、教育学科の同級生たちと昼食をとっていた。すると、一人の白人男性が近寄ってきて、
「君は、どこから来たの？　日本人？」
と話しかけてきた。そこで、
「ええ、僕は日本人で東京から来ました。あなたは？」
と応えると、彼は自分の名刺を取り出し、
「やあ、初めまして。僕はロムといいます。僕はブラジル系アメリカ人で、ビジネス学科に在籍しているんだ。何回か、東京や京都に行ったことがあるけど、日本っていい国だよね。ちょっと一緒にいいかな？」
などと言い、会話が弾んだ。彼曰く、大学には大部分の白人と黒人、少々のヒスパニック系の教員と学生しかおらず、アジア人留学生の私が非常に新鮮に見えたそうである。

　その日の夜、大学の近くのレストランで、奇遇にもまた一緒になり、彼はビールをおごってくれた。お互いの身の上話をし、彼はインテル社の金融部門長だけれども、企業よりも大学で教員として働きたい夢があることを告げた。私も、将来は教育学者および教育実業家として日本国内外で活躍したい夢を語った。その後、何回かカフェテリアで一緒になり、メール交換を数回したが、深い交流をすることもなかった。私たちは共に2010年に卒業したが、広い卒業式場でお互いに顔を合わすこともなかった。卒業後、私たちはそれぞれ違う道を歩くことになる。

　私は学生時代から、母親が経営していた外資系企業人材育成学校「スカイビジネス」で、主任講師として社会人にビジネス英語を教えていた。米国でポス

ドクや助教授として大学に勤務する機会もいただいたのだが、迷った末、親の組織を継承し、新生「スカイビジネス」として、教育研究と教育コンサル事業を興すことにした。

ロムはインテルを辞め、以前からの夢であったビジネススクールおよび経済学部の教員として、ビジネス、経済学、統計学などを教えることになった。私と同じく、駆け出しの学者として、キャリアを積んでいくことになる。

大学院卒業後、もちろん彼のことを忘れてはいなかったが、それでも連絡することもなく4年の年月が過ぎ去っていった。しかし、2014年8月、私は自宅で学生時代のアルバムを整理していると、偶然にも彼の名刺が出てきたのである。それで私は、LinkedInで彼を探し出し、連絡を取ってみた。すると、彼からすぐに返事をもらい、彼も私のことを気にしてくれていて、覚えてくれていたのだ。

彼は、ちょうど同年8月にシナリオ・プランニングの本を米国で出版し、将来的にはポルトガル語やスペイン語にも翻訳して、ブラジルやメキシコでも発売する意思があることを話した。また、日本の出版事情や翻訳についても私に相談してきたのである。そこで、私が日本語訳を引き受けたのである。

もともとロムは、インテル時代からビジネス戦略家として、米国内外の産業界でその名が知られていた。しかし、そんな彼も最近は、学者としての頭角を現してきている。2014年10月には、祖国ブラジルで開催された「第6回ラテンアメリカ競合情報サミット（The 6th SCIP Latin America Competitive Intelligence Summit）」の基調講演者として参加した。そこで、原著"How to Win in Every Scenario"を紹介して大好評だったとのことだ。11月には、アムステルダムで開催された「第19回ヨーロッパ戦略競合情報サミット（The 19th SCIP Annual Strategic and Competitive Intelligence Professionals European Summit）」のパネリストとして参加した。ここでも、彼のシナリオ・プランニング理論は大好評だったそうだ。

今回、このような形で、日本の皆様に私の親友と著作をご紹介できることは、この上ない喜びである。さて、友人関係という私情をひとまずおいて、同

じ意思決定学者として、この本に関する私なりの書評を述べさせていただく。

　この本は、数あるシナリオ・プランニングの著作の中で、非常に具体的で実践的なアプローチの仕方により、理論と応用例を読者に紹介している。まず、シナリオ・プランニングの歴史的背景および理論の解説から始まり、最近、世界的に話題となっている幹細胞研究、再生可能エネルギー、ウクライナ危機の三つの出来事について、その活用例を紹介している。著者が記しているように、これら三つの事例は、すべて今の日本に深く関係しているものである。
　iPS細胞研究でノーベル生理医学賞を受賞された山中伸弥教授、理化学研究所でのSTAP細胞事件、福島震災による原子力発電所の惨事、そして、ウクライナ危機を通して日本は、ロシアと欧米の外交の溝にはまっているような状態である。よって、日本人の読者にも事例そのものについては、ある程度の関心を持って読むことができると思われる。また、彼の日本に対する見方は極めて好意的であり、多くの読者も本書に親しみを感じられることであろう。

　シナリオ・プランニングとは将来、起こりうる問題や出来事を想定し、多角的なものの見方を持って、可能な限り偏見を排し、かつ柔軟に問題に対応するための意思決定理論および戦略的思考である。本書でも、彼は再三、そのことを力説しており、理解に難しいことはない。多角的な視点の重要性を強調するためなのか、ありとあらゆる学問分野、芸術、さまざまな国の伝統文化、名所などが本文の至る所にちりばめられている。その知識についても鋭く分析されていて、質と量という点で優れている。シナリオ・プランニングという理論を背骨として、そういった多様な知識、経済統計・指標、個人的体験談まで肉付けしている本の構成は秀逸と言ってよい。
　その譬えとして、日本の伝統芸能である能楽に注目した点は非常に独創的で興味深い。この理論と能とがどのような類似性があるかについては、最終章に詳しく書かれてある。著者はよく能の仕組みを調べており、両者の相関性についての解説は適切だと思われる。確かに、シナリオ・プランニングと能は多くの点で共通点があるといえるだろう。ところで、シナリオ・プランニングをよ

く知る日本のビジネス戦略家、経済学者、企業経営者、さらには、国会議員や官僚で、能との類似性に以前から気付かれていた方はいるだろうか。

　経済学者である著者は、経済学は社会現象を冷徹な目で捉えて未来を予測する学問であるとし、なおかつ、経済学における主体は最大の利潤を追求する存在であると言い切る。それ故に、経済学は非倫理的な学問ではないが、経済理論それ自体が倫理となるものではないとする。こうした基本原則に従って、各シナリオ事例の主体となる個人、組織、産業、国家等の最大限の利得のためのシナリオを本書では実例として考案している。それはビジネス戦略家の仕事であり、任務である。

　しかし刮目すべき重要な点は、彼の主張は終始、非暴力と相互理解という点で一貫しており、異文化・他文明の伝統文化、視点、価値観を理解しようとする姿勢である。また、相手の立場や視点を顧みることなく、一方的に利潤を追求しようとする主体に対しては皮肉な見方をする。つまり、外交、経済活動、ビジネスとして利益を追求はするが、人と環境との調和を考えた上での行動を強調している。

　最終章は、日本語版を出版するにあたり、著者が原著の内容に追記したものである。そこに彼が本書を通して最も主張したかったことが記されている。それこそが、日本人が伝統的に大切に育んできた「和」と「共生」の概念のことである。すなわち、彼のビジネス戦略家としての、経済学者としての哲学は、こうした日本の伝統的価値観に相通じるものと解釈してもさしつかえないだろう。

　見方を変えれば、著者のビジネス観とは、利益追求に対して現実主義者であるが、その公共性（政治学でいう「公共善」、common good）も追求しなくてはならないという意味で理想主義者であるもと言える。その絶妙なバランス感覚に、世界中の読者が本書を支持している最大の理由があると推察される。

　ただ、本作品を読んでいて気になったことを、二点ほど指摘したい。一点目は、特にウクライナ危機についての情報収集について、英語（圏）のメディア

に頼りすぎていないかということである。例えば、日本の四大新聞などの大手メディアは毎日、国内の主要ニュースを英語で報道している。よって、日本語を読まない外国人でも、事件の大意を把握することはできる。しかし、その情報の質と量という点でも限界がある。英語圏にとって好都合な情報が報道されやすくなる。

　また、メディアは場合によって、プロパガンダや世論操作の役目も果たしうることも忘れてはいけない。最新情報を随時入手するため、また、一般向けの書物であるからといっても、本書が学術書であるのならば、メディアの利用法を検討する必要がある。なお、英語圏の教育学の書物は、メディア、雑誌からの引用を一切禁じている。論文、教育著作、公式インタビュー、学術機関からのネット情報のみが認められている。

　二点目は、政治観の中立性についてである。もちろん、世界の学界においても個人の政治観、宗教観、思想の自由は認められている。しかし、特定の政治家を表だって支持したり、また、ロシアがブダペスト覚書に違反した事実を繰り返し指摘し続けるのは如何なものかと懸念される。政治家の評価は後世の政治学者、歴史学者、批評家によって大きく分かれるだろう。いつの時代も、どの国でも、多くの政治家というのは詭弁家が多いものだ（そうでなければ職務を全うできないだろう）。言動を字義通り受け取り、表の顔のみを信じるのは危険ではなかろうか。

　ロシアのウクライナ侵攻についても同様である。確かに、今回のウクライナ紛争の直接的な原因は、ロシアが国際条約を破棄して武力行使に出たことによるだろう。では、アメリカやEUは、近現代史において常に国際法を守り、世界の民主主義を促進してきたのだろうか。9.11後のイラク戦争を振り返っていただきたい。イラクに大量破壊兵器があり、サダム・フセインの独裁政治を終わらせて民主主義を根付かせる。それが欧米の参戦国の大義名分であったはずである。しかし、実際には大量破壊兵器は見つからなかったし、9.11の事件とイラクとの関連性はなかったし、民主主義どころかイラク国内で民族対立とテロの連鎖が始まったのである。

　私は、著者の政治観や特定の国家を擁護したり、もしくは批判したりしたい

のではない。そうではなくて、政治家にせよ、外交にせよ、その評価は時間、場所、人間関係や国際関係において総合的に判断することの重要性を指摘したいのである。人間の善悪の判断は、しばしば相対的なものであり、絶対的ではない場合が多い。ケチをつけるわけではないが、著者の最大限の努力と姿勢は評価できるにせよ、もう少しだけ慎重に国内・国際政治を考察することができたのでは、と個人的に思う。

　以上のような気になる点もあるとはいえ、本書はシナリオ・プランニングの優れた参考書であると自信を持って皆様に推薦できる。また、外交を含めた政治、経済、産業、教育などの各界で行き詰まりが感じられる日本と日本人を励まし、勇気づけ、そして現状を打破するための指南書となることだろう。

　ロムがお手本を見せてくれたように、皆さん一人一人がなるべく偏見を持たず、自由な心で、国際情勢、日本の国政、ご自身が所属している組織などを対象にシナリオ・プランニングを是非ともやってみてほしい。これから、私たち日本人はどのように時代を乗り越えていかなくてはならないかが、自ずと見えてくるだろう。あとは彼が指摘するように、行動するだけである。

　最後に、ロムのご家族、友人・同僚などの関係者の協力があって、原著が出来上がったと思うが、日本語版を出版するにしても多くの方々の協力で本書を出版できる運びとなった。特に、太田宏社長、稲川智士編集長をはじめ、フォレスト出版社の社員皆様全員のご協力なくして、本書の出版はあり得なかった。この場を借りて、皆様に心から感謝申し上げたい。

2015年4月
奈良 潤

【参考文献（原著版）】

Ahn, J. (2002). Managing risk in a new telecommunications service development process through a scenario planning approach. *Journal of Information Technology (17)*, 103-118.

Akhter, S. (2003). Strategic planning, hyper competition, and knowledge management. *Business Horizons (1)*, 19-25.

Altman, M. (2004). The Nobel Prize in behavioral and experimental economics: A contextual and critical appraisal of the contributions of Daniel Kahneman and Vernon Smith. *Review of Political Economy 16(1)*, 3-41.

American Petroleum Institute. (2001). *Energizing American: Facts for Addressing Energy Policy.* Washington, D.C.: API communications 2010-12.

American Wind Energy Association. (2007). *Wind Power Outlook 2007.* American Wind Energy Association (AWEA), Washington, D.C.

American Wind Energy Association. (2008). *Wind Power Outlook 2008.* American Wind Energy Association (AWEA), Washington, D.C.

Armstrong, J. &Reibstein, D. (1985). *Strategic planning in marketing.* New York, NY: John Wiley & Sons.

Attenweiler, W. & Kardes, F. (2003). Kahneman's contributions and their continuing impact. *Kentucky Journal of Economics & Busines, 22*, 61-69.

Begwell, L. (1996). Veblen effects in a theory of conspicuous consumption. *American Economic Review, 86*, 349-373.

Balfe, B. & Tretheway, B. (2010, February). Scenario planning – power for unsettled times. *Association Now* February 2010, 31-35.

Bang, G. (2009). Energy security and climate concerns: Triggers for energy policy change in the United States? *Energy Policy, 10.*

Bayani, O. (2010, August). Scotland bids for world's first floating off shore wind farm. *EcoSeed News.* August, 18th, 2010.

Bergeron, L. (2010, August). Solar energy conversion process could revamp solar power. *Research & Development Magazine.* August, 2010.

Biloslavo, R. & Dolinsek, S. (2008). Scenario planning for climate strategies development by integrating group Delphi, ahp and dynamic fuzzy cognitive maps. In proceedings of the *IEEE Portland International Conference on Management of Engineering & Technology.*

Brown, M. (2010). Proliferation of old-style coal plants increases despite public outcry. *The Washington Post, August 23, 2010, A03.*

Burt, G. 2006. "Pre-determined Elements in the Business Environment: Reflecting on the Legacy of Pierre Wack." Futures 38: 830-840.

Galdart, A. (2006). A formal evaluation of the performance of different corporation styles in stable and turbulent environments. Unpublished working paper. Navarra, Spain: Business School, University of Navarra.

Cepeda, G. & Martin, D. (2005). A review of case studies publishing in Management Decision 2003-2004. *Management Decision, 43,* 851-876.

Cooper, D. & Schindler, P. (2006). Business research methods. New York, NY: McGraw-Hill.

Courtney, H. (2003). Decision-driven scenarios for assessing four levels of uncertainty. *Strategy and Leadership 31(1),* 14-22.

Courtney, H. & Kirkland, J. (1997). Strategy under uncertainty. *Harvard Business Review* (1997, November) 67-79.

Craven, M. & & Cohen, M. (1997). Mental health practices of Ontario family physicians. *Canadian Journal of Psychiatry, 42,* 943-949.

Crawford, M. & Ghosh, P. (2003). Use of qualitative research methods in general medicine and psychiatry: Publication trends in medical journals 1990-2000. *International Journal Social Psychiatry, 49,* 308-311.

De Geus, A. (1988). Planning as learning. *Harvard Business Review 66,* 70-74.

Deffree, S. (2010, July). $5M industry-university partnership targets smart grid, photovoltaics. *Electronic Design News,* July, 2010.

Department of Energy (1997). Solar and renewable resources technologies program. RCED-97-188. Washington: D.C.

Department of Energy (2005). Policies to promote non-hydro renewable energy in the United States and selected countries. Energy Information Administration – Office of Coal, Nuclear, Electric and Alternative Fuels. Washington: D.C.

Department of Energy (2007). Key challenges remain for developing and deploying advanced energy technologies to meet future needs: GAO-07-106. (2007, January 19). GAO Reports.

Der Spiegel (2010, June). Offshore embarrassment: Shoddy parts trip up major North Sea wind farm. *Der Spiegel.* June, 2000.

Der Spiegel (2010, September). New biotopoes in the North Sea: Wind turbines create artificial reef. *Der Spiegel. September, 2010.*

Drejer, A. (2004). Strategic scanning and learning the new competitive landscape – a learning approach. *Strategic Decision (1),* 3-32.

Dreyer, B. (2004). Uncertainty, flexibility, and sustained competitive advantage. *Journal of Business Research (57),* 484-494.

Drucker, P. (1995). Managing in a time of great change. New York, NY: Truman-Talley Books.

Dye, R. (2006). Improving strategies planning. The McKinsey Quarterly (4)

Energy Information Administration. (2008). *International energy outlook 2008.* Energy Information Administration (EIA) report# DOE/EIA-0484(2008). United States Department of Energy. Washington, D.C.

Fischlin, A. (2007). *Climate change 2007: Impacts, adaption and vulnerability.* Cambridge, UK: Cambridge University Press.

Fletcher, W. (2006). The splintered society. *Journal of Market Research 48* (4).

Froggatt. A. & Lahn, G. (2010). *Sustainable energy security: Strategic risks and opportunities for business.* London, UK: The Chartham House

Gayoso, R. (2008). The failure of strategic planning and corporate performance. In *Seeing Future New Eyes*, ed. T. Mack. Bethesda, MD: World Future Society.

Ghosh, A. (2010). Climate trade and global governance in the midst of an economic crisis. Special Committee on the Financial, Economic and Social Crisis. Brussels, Belgium: The European Parliament.

Godet, M. (1987). *Scenario strategic management.* London, UK: Butterworth Publishers.

Godet, M. (1990). Integration of scenarios and strategic management: Using relevant, consistent and likely scenarios. *Futures, The Journal of Forecasting, Planning and Policy 22* (7), 730-739.

Grant, R.(2003). Strategic planning in a turbulent environment: Evidence from oil majors. *Strategic Management Journal (24)*, 491-517.

Grantham, L. (1997). The validity of the product life cycle in the high-tech industry. *Journal of Marketing Intelligence & Planning, 15*, 1.

Greenstone, M. (2010). The importance of research and development for US competitiveness and a clean energy future. Statement of Dr. Michael Greenstone to U House of Representatives.Washington, DC: The Brookings Institution.

Grimston, M. (2010). Electricity – social service or market commodity? The importance of clarity for decision-making on nuclear build. London, UK: The Chatham House.

Gummesson, E. (2005). Qualitative research in marketing: Road-map for a wilderness of complexity and unpredictability. *European Journal of Marketing, 39*, 309-327.

Gummesson, E. (2006). Qualitative research in management: Addressing complexity, content and persona. *Management Decision, 44*, 167-179.

Gupta, M. (2004). To better maps: A TOC primer for strategic planning. *Business Horizon, 47 (2)*, 15-26.

Happich, J. (2010, September). Semiconductor could turn heat into computing power. *Electronic Engineering Times*, September, 2010.

Heicks, H. (2010). Scenario planning: China's airline industry in 2019. *Tourism and Hospitality Research 10 (1)*, 71-77.

Hughes, S. (2005). Competitive intelligence as competitive advantage. *Journal of Competitive Intelligence and Management (3)*, 3-18.

Humphreys, M. (2006). Teaching qualitative research methods: I'm beginning to see the light. *Qualitative Research in Organizations and Management, 1*, 173-188.

Huntley, W. & Weingartner, M. (2010). Planning the unplannable: Scenarios on the future of space. *Space Policy 26 (1)*, 25-38.

International Energy Agency (2008). *World energy outlook 2008*. Paris, France. Download electronically from http://www.worldenergyoutlook.org/2008.asp

International Energy Agency (2009). *The impact of the financial and economic crisis on global energy investment – IEA background paper for the G8energy minister's meeting*. Paris. France.

International Energy Agency (2010). *World energy outlook*. Paris, France.

International Labor Organization (2009). *ILO summit on the global jobs crisis*. Geneva, Switzerland: International Labor Organization.

International Labor Organization (2009). *Global employment trends for youths*. Geneva, Switzerland: International Labor Organization.

Ireland, B. (2010, January). Renewable energy distributed generation. *Electric Construction & Maintenance*. January, 2010.

Kahn, H. & Wiener, A. (1967). *The year 2000 a framework for speculation on the next thirty-three years*. New York, NY: Collier-Macmillan Publisher.

Kahneman, D. & Tversky, A. (1973). On the psychology of prediction. *Psychological Review, 80*, 237-251.

Kahneman, D. & Tversky, A. (1979). Prospect theory: An analysis of decision making under risk. *Econometrica 47*, 263-291.

Kahneman, D. & Klein, G. (2010). When can you trust your gut? *McKinsey Quarterly 2010 (2)*, 58-67.

Kotsialos, A. (2005). Long term sales forecasting using holt-winters and neural network methods. Journal of Forecasting 25 (5). 353-368.

Kuhn, T. (1970). *The structure of Scientific Revolution*. Chicago, IL: University of Chicago Press.

Kumar, J. & Chebiyam, R. (2009). Public attitudes toward climate change: Finding from a multi-country poll. Washington, DC: The World Bank.

Ladislaw, S. & Zyla, K. (2008). Managing the transition to a secure, low carbon energy future. *Issue Brief.* Washington, DC: Center for Strategic and International Studies.

Logan, J. & Venezia, J. (2007). Weighing US energy options: The WRI bubble chart, *WRI Policy Note.*

Long, R. G., White, M. C., Friedman, W. H., & Brazeal, D. V. (2000). The "qualitative" versus "quantitative" research debate: A question of metaphorical assumptions? *International Journal of Value-Based Management, 13,* 189-197.

Luo, C. & Kuo, Y. (2010). Applying scenario technology analysis for new product dynamic strategic planning. In proceedings of the *IEEE International Conference on Management of Innovation and Technology.*

Macdonald, A. (2010). Renewable energy development. Statement of Dr. Alexander Macdonald, Deputy Assistant Administrator, Laboratories and Cooperative Institutes, National Oceanic and Atmospheric Administration to the Committee on House Science and Technology Subcommittee on Energy and Environment. Washington, DC.

McCarthy,T. & Mentzer, T. (2006). The evolution of sales forecasting management: A 20-year longitudinal study of forecasting practices, Journal of Forecasting, *25 (5),* 303-324.

Mason, D. (2003). Scenarios and strategies: Making the scenario about the business. *Strategy and Leadership 31(1),* 23-31.

McCoun, R. (2002). Why a psychologist wins the Nobel Prize in economics. *APS Observer, 15 (1),* 2002-2011.

Michell, J. (2004). The place of qualitative research in Psychology. *Qualitative Research in Psychology, 1,* 307-319.

Mintzberg, H. (1994). *The rise and fall of strategic planning.* New York, NY: Free Press.

Montibeller, G. & Gummer, H. (2006). Combining scenario planning and multi-criteria decision analysis in practice. *Journal of Multi-Criteria Decision Analysis 15 (5),* 5-20.

Moss, R. & Edmonds, J. (2010). The next generation of scenarios for climate change research and assessment. *Nature, 463 (11),* 747-756.

Nakicenovic, N. (2000). *Special report on emission scenarios.* Cambridge, UK: Cambridge University Press.

Oakley, A. (2000). *Experiments in Knowing: Gender and Method in the Social Sciences.* Cambridge, MA: Polity Press.

Parker, I. (2004). Criteria for qualitative research in psychology. *Qualitative Research in Psychology, 1,* 95-106.

Phelps, R. (2001). Does scenario planning affect performance? Two exploratory studies. *Journal of Business Research 51 (3),* 223-32.

Piore, M. (2006). Qualitative research: does it fit in economics? *European Management Review, 3,* 17-23.

Pons-Novell, J. (2003). Strategic bias, herding behavior and economic forecasts. *Journal of Forecasting 22,* 67-77.

Ponterotte, J. (2005). Integrity qualitative research requirements into professional psychology training programs in North America: Rationale and curriculum model. *Qualitative Research in Psychology 2,* 97-116.

Pope, C. & Mays, N. (1995). Reaching the parts other methods cannot reach: An introduction to qualitative methods in health and health services research. *Medicine Journal, 311,* 42.

Porter, M. (1980). *Competitive strategy.* New York, NY: Free Press.

Pressman, S. (2006). Kahneman, Tversky and institutional economics. *Journal of Economic Issues XL (2),* 501-506.

Qualk, J. (2010, February). Renewable energy perspective. *Environmental Design & Construction.* February 2010, 22-26.

Reinstaller, A. & Sanditov, B. (2005). Social structure and consumption: On the diffusion of consumer good innovation. *The Journal of Evolutionary Economics, 15,* 505-531.

Ringland, G. (1998). *Scenario planning: Managing for the future.* New York, NY: John Wiley & Sons.

Robson, C. (2002). *Real world research.* Malden, MA: Blackwell Publishing.

Roney, C. (2003). Planning for strategic contingencies. *Business Horizons* (2003, February), 35-42.

Rousseau, C. & Mekki-Berrada. (2001). Trauma and extended separation from family among Latin American and African refugees in Montreal. *Psychiatry, 64*, 40-59.

Schneider, S. (2009). The worst-case scenario. *Nature 458*, 1104-1105.

Schoemaker, P. (1991). When and how to use scenario planning: A heuristic approach with illustration. *Journal of Forecasting (10)*, 549-64.

Schoemaker, P. (1995). Scenario planning: A tool for strategic thinking. *Sloan Management Review* (1995, April), 25-40.

Schulze, B. & Angermeyer, M. (2003). Subjective experience of stigma: A focus group study of schizophrenic patients, their relatives and mental health professionals. *Society Science and Medicine, 56*, 299-312.

Schwab, J. (1969). The practical language of curriculum. *School Review, 78*, 1-23.

Schwartz, P. (1996). *The art of the long view:Planning for the future in an uncertain world*. New York, NY: Doubleday.

Shank, G. & Villella, O. (2004). Building on new foundations: Core principles and new directions for qualitative research. *The Journal of Educational Research, 98*, 46-55.

Shapiro, C. (1989). The theory of business strategy. *The RAND Journal of Economics 20 (1)*, 125-137.

Shefrin, H. & Statman, M. (2003). The contributions of Daniel Kahneman and Amos Tversky. *The Journal of Behavioral Finance 4 (2)*, 54-58.

Sills, B. (2010, August). Spain proceeds with plans to cut solar subsidies after talks break down. *Bloomberg News*. August 1st, 2010.

Stahl, M. & Grigsby, D. (1992). *Strategic management for decision making*. New York, NY: PWS Kent Publishing.

Stiglitz, J. (2002). Information and the change in the paradigm in economics. *American Economics Review, 93*, 460-501.

Strandholm, K. (2004). Examining the interrelationships among perceived environmental change, strategic response, managerial characteristics, and organizational performance. *Journal of Business Research (57)*, 58-68.

Svyantek, D. & Deshon, R. (1991). The illusion of certainty: A catastrophe model of decision framing. *Current Psychology: Research & Reviews, 10 (2)*, 199-209.

Teske, S. & Lins, C. (2010). *Energy [r]evolution*. Brussels, Belgium: European renewable Energy Council.

Trigg, A. (2001). Veblen, Bourdieu, and conspicuous consumption, *Journal of Economic Issues, 35*, 99-115.

UKERC. (2009). Global oil depletion, an assessment of the evidence for a near-term peak in global oil production. London, UK: UK Energy Research Center.

Ulal, H. (2008). Critical issues for commercialization of thin-film photovoltaic technologies. *Solid State Technology, 51 (2)*, 52-54.

United Nations Development Program. (2004). *World energy assessment overview 2004*. The United Nations. New York, NY.

United States Department of Energy. (2007). Peaking of world oil production: Recent forecasts, DOE/NETL-2007/1263. Washington, DC: US Department of Energy.

United States Energy Information Administration (2010). *International Energy Outlook 2010*. Washington, DC: US Department of Energy.

United States Energy Information Administration (2010, February). *Monthly Energy Review February 2010*. Washington, DC.: US Department of Energy.

United States Energy Information Administration (2010, May). Renewable energy to grow rapidly over the next 28 years. *Energy Efficiency & Renewable Energy Network News*. Washington, DC.

Valente, M. (1995). *Network models of the diffusion of innovations*. Hampton, NJ: Hampton Press.

Van der Heijden, K. (1996). *Scenarios: The art of strategic conversation*. New York, NY: John Wiley & Sons.

Veblen, T. (1921). *The theory of the leisure class: study of institutions*. New York, NY: MacMillan Publishers.

Wack, P. (1985). Scenarios: Shooting the rapids. *Harvard Business Review* (1985, December), 139-50.

Walsh-Bowers, R. (2002). Constructing qualitative knowledge in psychology: Students and faculty negotiate the social context of inquiry. *Canadian Psychology, 43*. 163-178.

Whiteley, R. & Crawford, M. (2005). Qualitative research in psychiatry. *Canadian Journal of Psychiatry, 50*, 108-114.

World Economic Forum (2010). *Global risks 2010.* Davos, Switzerland.

World Nuclear Association (2005). *The New Economics of Nuclear Power.* London, UK: World Nuclear Association.

World Nuclear Association (2010). *WNA Nuclear Century Outlook.* London, UK: World Nuclear Association.

Wright, A. (2005). Using scenarios to challenge and change management thinking. *Total Quality Management 16 (1)*, 87-103.

Yingliang, X. & Linhai, X. (2010). Application of system dynamics to enterprise financial scenario planning. In proceedings of the *IEEE 4th International Conference on Wireless Communications, Networking and Mobile Computing.*

【参考文献（最終章日本語版）】

ANRE (2014). Announcement regarding the present status of introduction of facilities generating renewable energy as of April 30, 2014, and a new measure for publicizing such information. Downloaded electronically from
http://www.meti.go.jp/english/press/2014/0806_02.html

ASEAN (2014). Thinking globally, prospering regionally: ASEAN economic community 2015. Download electronically from
http://www.asean.org/images/resources/2014/May/AECKeyMessagesBooklet_DINAL30Apr2014.pdf

BBC (2011). South Korea to renew stem cell research after scandal. The South Korean president at that time considered Stem Cells to be a good investment. Downloaded electronically from
http://www.bbc.com/news/world-asia-pacific-14968613

BBC (2014). Russia signs 30-year gas deal with China. Downloaded electronically from
http://www.bbc.com/news/business-27503017

Bioethics Center. The cloning scandal of Hwang woo-suk. This has a wealth of information, well worth reading it! Downloaded electronically from
http://stemcellbioethics.wikischolars.columbia.edu/The+Cloning+Scandal+of+Hwang+Woo-Suk

Bloomberg (2014).Talk open to end tariffs on wind turbines, water filters.This Bloomberg piece is interesting because it highlights ways to overcome the recent trade dispute with a more open trade platform. Downloaded electrically from
http://www.bloomberg.com/news/2014-07-08/talks-open-to-end-tariffs-on-wind-turbines-water-filters.html

Cooperrider, D. & Srivastava, S. (1987). Appreciative inquiry in organizational life in Research in Organizational Change and Development Vol 1 (129-169)

EIA (2014). Energy information Administration – Japan country analysis overview. Downloaded electronically from
http://www.eia.gov/countries/country-data.cfm?fips=JA

Ex-Im Bank (2012). Ex-Im Bank, Japan Bank for International Cooperation sign co-financing agreement to facilitate US, Japanese export sales. Downloaded electronically from
http://www.exim.gov/newsandevents/releases/2012/Ex-Im-Bank-Japan-Bank-for-International-Cooperation-Sign-Co-financing-Agreement.cfm

Financial Times (2014). Japan renewable energy curb could spark nuclear restart. Downloaded electronically from
http://www.ft.com/cms/s/0/8a0823dc-457e-11e4-ab86-00144feabdc0.html#axzz3H1Z8XzFH

IEA/IRENA (2014). IEA/IRENA Joint policies and measures database. This is a wonderful resource on policies and it is monitored by IEA and IRENA; it is not just for Japan, but rather for the rest of the world as well. Downloaded electronically from
http://www.iea.org/policiesandmeasures/renewableenergy/?ountry=Japan

JAC (2004). Japan Arts Council. The JAC has a very good page explaining Bunraku and it even has some videos, it is a good source. Downloaded electronically from
http://www2.ntj.jac.go.jp/unesco/bunraku/en/index.html

Japan Asia Group Energy (2010). JAG's homepage. The JAG has many interesting renewable energy projects, such as this solar array build on a former maglev train track in Tsuno. Downloaded electrically from
http://www.jag-energy.co.jp/english/service/domestic/index.html#con01

Japan Times (2014). Drug in Japan found to eradicate human lung cancer in mice. Downloaded electronically from
http://www.japantimes.co.jp/news/2014/10/23/national/drug-in-japan-found-to-eradicate-human-lung-cancer-in-mice/#.VEIMvRBdVZg

Juwi-Shizen (2014). Juwi-shizen Energy joint venture's homepage. Downloaded electronically from
http://juwi-shinzenenergy.com/homepage.html

Maketiwa, N. (2011). Advantages and disadvantages of international trade. Downloaded electronically from
http://www.insidebusiness360.com/index.php/advantages-and-disadvantages-of-international-trade-3278

Ministry of Economy, Trade and Industry (2014). Working group on grid connection of renewable energy to be established. The METI is consistently looking for solutions on renewable energy and seems to continuously work hard to make it a reality. Downloaded electronically from
http://www.meti.go.jp/english/press/2014/1010_02.html

National Geographic Society (2014). Deforestation and desertification. This article and accompanying video are sobering, worth watching. Downloaded electronically from
http://www.nationalgeographic.com/eye/deforestation/effect.html

Nature (2011). Europe tackles huge fraud. Eye opening article describing how the fraud took place and what the EC was doing about it. Downloaded electronically from
http://www.nature.com/news/2011/110614/full474265a.html

New American (2014). George Sore's giant globalist footprint in Ukraine's turmoil. There are many pieces on George Sore's contributions, this is one of them. I felt it was useful because it described his contributions in Ukraine – visibly a nation in conflict. Downloaded electronically from http://www.thenewamerican.com/world-news/europe/item/17843-george-soros-s-giant-globalist-footprint-in-ukraine-s-turmoil

New York Times (2014). Downloaded electronically from http://topics.nytimes/top/reference/timestopics/people/h/hwang_woo_suk/index.html

Voltairenet (2014). Meeting of the UN Security Council on Ukraine. Downloaded electronically from http://www.voltairenet.org/article182488.html

Noh (2014). Aoi no ue. I really like this site for in addition to the play description, it created PDFs that can be downloaded and taken to the theater, so one can follow the play. Downloaded electronically from http://the-noh.com/en/plays/data/program_006.html

US-China Institute (2012). Assignment: China – the week that changed the world. The center has lots of good materials on the US-China relationship and is a good reference. Downloaded electronically from http://china.usc.edu/ShowArticle.aspx?articleID=2672&AspxAutoDetectCookieSupport=1

Xinhua News (2014) Xinhua Insight: Peace-seeking China eyes more active international role. Downloaded electronically from http://news.xinhuanet.com/english/china/2014-03/08/c_133171267.htm

Wall Street Journal (2013). Novartis hit by scandal over Japanese drug studies. Downloaded electronically from http://online.wsj.com/articles/SB10001424127887323838204570040395258 1982

Washington Post (2014). Famed Japanese stem-cell researcher dies in apparent suicide amid retraction scandal. Downloaded electronically from http://www.washingtonpost.com/news/morning-mix/wp/2014/08/05/famed-japanese-stem-cell-scientist-dies-in-apparent-suicide-amid-retraction-scandal/

Watanabe, C. (2014). Japan approves solar power tariff cut, sets offshore wind. Downloaded electronically from http://www.renewableenergyworld.com/rea/news/article/2014/03/japan-approves-solar-power-tariff-cut-sets-offshore-wind

Zurawik, D. (1992). President Bill Clinton's sax solo on Arsenio still resonates memorable moments in Baltimore Sun. This is a good piece, it describes the moment, but there are some good youtube videos available if you would like to check the performance. Downloaded electronically from http://articles.baltimoresun.com/1992-12-27/features/1992362178_1_clinton-arsnio-hall-show

【著者プロフィール】
ロムロ・ウェイラン・ガイオソ（Romulo Werran Gayoso）
ブラジル出身。アメリカの経済学者、ビジネス戦略家。カペラ大学ビジネス大学院で Ph.D.（管理学博士号）、アリゾナ州立大学で MBA をそれぞれ取得。
インテル社で 14 年間ほど、技術者及びファイナンシャル部門長として勤務。現在、グランド・キャニオン大学及びウィルキーズ大学ビジネススクール准教授。専門は、計量経済モデル、競合情報分析、シナリオ・プランニング。『フォーチュン』誌が選ぶ 500 社の企業のビジネスモデルを予測する仕事にも従事する。出版物は、米国競合情報分析協会、世界未来学会、ビジネス予測研究所、ビジネス戦略情報局、エグゼクティブ・マインド・エックスチェンジ、マーケット・リサーチ・サミット、フューチャー・トレンド会議など、アメリカ国内および国際的な学術界でも発表されている。アリゾナ州フェニックス在住。

【訳者プロフィール】
奈良　潤（なら・じゅん）
東京都出身。意思決定学者。カペラ大学で Ph.D.（教育学博士号）を取得。長年にわたり外資系企業への就職のための人材育成と、東南アジア諸国での教育コンサルティングに従事してきた。現在、総合教育会社スカイビジネス代表。

戦略のためのシナリオ・プランニング

2015 年 6 月 3 日　第 1 刷発行

著　者　ロムロ・ウェイラン・ガイオソ
訳　者　奈良　潤
発行者　太田　宏
発行所　フォレスト出版株式会社
　　　　〒162-0824 東京都新宿区揚場町 2-18 白宝ビル
　　　　電話 03-5229-5750（営業）03-5229-5757（編集）

装丁・本文設計　常松靖史［TUNE］
DTP・図版作成　沖浦康彦
印刷・製本　萩原印刷株式会社

本書の無断複製（コピー、スキャン、デジタル化等）並びに無断複製物の譲渡及び配信は、著作権法上での例外を除き禁じられています。また、本書を代行業者などの第三者に依頼して複製する行為は、たとえ個人や家庭内での利用であってもいっさい認められておりません。

ⓒ Jun Nara 2015　Printed in Japan
ISBN978-4-89451-663-2

乱丁・落丁本はお取り替えいたします。古書店で購入したものについては、お取り替えできません。

本書掲載URLご案内

本書『戦略のためのシナリオ・プランニング』に掲載されているURLのリンクをご案内いたします。URLは、下記ページに一括しております。本書をさらにお役立ていただくために、ぜひご活用ください。

http://www.forestpub.co.jp/sp/

●

[URL入手方法]

フォレスト出版 を検索

- ヤフー、グーグルなどの検索エンジンで「フォレスト出版」と検索
- フォレスト出版のホームページを開き、URLの後ろに「sp」と半角で入力

※ご案内したサイトは削除されている可能性もございます。
※ご案内したサイトに関するご質問、お問い合わせにはご回答しかねます。ご了承ください。